"五个必由之路"研究丛书

内蒙古自治区党委宣传部 策划 洪向华 主编

# 中国特色社会主义

## ——实现中华民族伟大复兴的必由之路

梁 波◎主编

人民出版社

# 总　序

洪向华　解　超

　　2022 年 3 月 5 日，习近平总书记在参加第十三届全国人大五次会议内蒙古代表团审议时，首次以"五个必由之路"的重大论断，科学回答了"中国为什么能"的世界之问。党的二十大报告指出："全党必须牢记，坚持党的全面领导是坚持和发展中国特色社会主义的必由之路，中国特色社会主义是实现中华民族伟大复兴的必由之路，团结奋斗是中国人民创造历史伟业的必由之路，贯彻新发展理念是新时代我国发展壮大的必由之路，全面从严治党是党永葆生机活力、走好新的赶考之路的必由之路。"这是我们在长期实践中得出的至关紧要的规律性认识，必须倍加珍惜、始终坚持，系统阐明"五个必由之路"在推动中国取得经济快速发展和社会长期稳定奇迹中的重要作用，更有助于我们在奋进新征程、建功新时代的历史进程中，把握主动，看清楚"过去我们为什么能够成功"，弄明白"未来我们怎样才能继续走向成功"，从而创造新的中国奇迹。

## 一、"五个必由之路"生动诠释了新时代中国 为什么能够成功

"五个必由之路"是在对中国道路的探索中形成的系统完整、相互贯通的统一体，它深刻揭示了党的"三大规律"、揭示了党始终立于不败之地的力量之源、揭示了党始终走在时代前列的根本途径，回答了党的重大时代课题。

"五个必由之路"深化了对共产党执政规律、社会主义建设规律、人类社会发展规律的认识。"五个必由之路"以加强党的领导作为深化对共产党执政规律认识的逻辑起点，以全面从严治党作为保障，深刻阐释了理解和把握中国道路和中国奇迹成功密码的关键在于坚持党的全面领导，深刻揭示了全面从严治党不仅是保护党的肌体筋骨的有力屏障，更是实现中华民族伟大复兴的坚强政治引领和政治保障。对社会主义建设规律的认识，就是对中国特色社会主义的认识。从本质上讲，中国特色社会主义是在深刻认识社会主义建设规律根本问题的历史过程中逐步走向成熟定型的。中国共产党运用马克思主义矛盾运动原理，科学判断新时代我国社会主要矛盾的变化，从战略方向、战略目标、重点领域对新时代党和国家建设进行顶层设计，全面规划了到本世纪中叶建成富强民主文明和谐美丽的社会主义现代化强国的路线图和时间表，对中国社会的发展理路与发展进向进行了梳理，彰显了在新时代坚持和发展中国特色社会主义、走好中国道路的重要价值。在对人类社会发展规律的把控上，中国共产党辩证理解生产力与生产关系、经济基础与上层建筑矛盾运动，在坚持大历史观、大局观念、大发展观的前提下，提出了新发展理念，指出贯彻新发展理念是新时代我国发展壮大的必由之路。

　　"五个必由之路"科学回答了"新时代坚持和发展什么样的中国特色社会主义、怎样坚持和发展中国特色社会主义""建设什么样的社会主义现代化强国、怎样建设社会主义现代化强国""建设什么样的长期执政的马克思主义政党、怎样建设长期执政的马克思主义政党"等时代课题。道路之问，廓清前进方向。中国特色社会主义作为实现中华民族伟大复兴的唯一正确道路，其最本质的特征是中国共产党的领导。从"十四个坚持""十个明确"到"五个必由之路"，都将"党的全面领导"和"中国特色社会主义"纳入其中，进一步深化了对社会主义发展阶段、发展道路、发展目的、根本任务等一系列重大问题的认识，形成了党对中国特色社会主义建设规律认识深化和理论创新的重大成果，体现了党深刻把握历史发展规律、始终掌握党和国家事业发展的历史主动和使命担当。强国之问，锚定宏伟目标。从全面建成小康社会到基本实现现代化，再到全面建成社会主义现代化强国，是新时代中国特色社会主义发展的全局性、前瞻性、指导性战略安排。面对当前社会发展的不平衡不充分的系统性矛盾，把握新发展阶段、贯彻新发展理念、构建新发展格局成为时代强国重任，充分体现了党立足当下、着眼未来、注重总结和运用历史经验的高瞻远瞩和深谋远虑。强党之问，锻造坚强肌体。治国必先治党，治党务必从严。全面从严治党提出了以党的政治建设为统领的新时代党的建设总要求，提出了以伟大自我革命引领伟大社会革命，有效解决了世界政党包括马克思主义政党一直存在的自我监督的世界性难题，破解了国家治理的"哥德巴赫猜想"，充分体现党牢记初心使命、永葆生机活力的坚强意志和坚定决心。

　　坚持"五个必由之路"，中国取得了经济快速发展和社会长期稳定的奇迹。从纵向历史比较来看，党的十八大以来，我们在

"五位一体"总体布局和"四个全面"战略布局下，聚焦全面建成小康社会目标，固根基、补短板、强弱项，脱贫攻坚战取得全面胜利，污染防治攻坚战效果显著，防范化解重大风险攻坚战取得成效，三大攻坚战在不断闯关夺隘中取得了决定性成就，经济总量稳居世界第二位，国家经济实力、科技实力、综合国力跃上新台阶，全面从严治党取得新成效，反腐败斗争取得压倒性胜利并全面巩固，社会实现了长期稳定。从横向的国际比较看，部分西方国家出现经济增长乏力、贫富差距拉大、政治极化严重、民粹主义高涨、人权虚伪、社会撕裂加剧等资本主义自身不可克服的矛盾，而中国仍然"任凭风浪起，稳坐钓鱼台"，国家治理体系和治理能力现代化水平不断提高，社会主义民主制度化、规范化发展更加纵深，全党在思想上更加统一、在政治上更加团结、在行动上更加一致，与"西方之乱"产生了极为鲜明的对比。这彰示着在中国共产党高瞻远瞩的领导下，在中国特色社会主义"行得通、有生命力、有效率"的指引下，在人民团结奋斗力量的凝聚下，在新发展理念的前瞻性、科学性指引下，在全面从严治党的监督下，中国一定能够以更加昂扬的姿态迈进新征程、建功新时代，以更加高度的自信，从成功走向更加成功。

## 二、坚定不移走好"五个必由之路"，中国一定 能够继续取得新的成功

"必由之路"，就是胜利之路。"五个必由之路"浑然一体，交相融汇，共同为中国道路的持续稳定发展保驾护航。

奋进新征程，必须毫不动摇坚持党的领导。中国共产党的领导是党和国家的根本所在、命脉所在，是团结带领人民攻坚克难、开

拓前进最可靠的领导力量。我们能够在新冠疫情反复延宕，国际环境变幻莫测中实现"十四五"良好开局，取得"风景这边独好"的发展局面，归根结底是在中国共产党这个"主心骨"的领导下实现的。要走好新时代中国特色社会主义发展之道，唯有牢固坚持党的全面领导，保持高度的思想自觉、政治自觉、行动自觉，充分发挥党总揽全局、协调各方、多元整合的领导核心作用，才能够在复杂多变的国际国内形势下，保持"乱云飞渡仍从容"的战略定力，砥砺"不到长城非好汉"的奋斗精神，坚定不移开辟新天地、创造新成就，确保新时代中国特色社会主义的航船行稳致远。

奋进新征程，必须毫不动摇坚持和发展中国特色社会主义。中国特色社会主义既是我们必须不断推进的伟大事业，又是我们开辟未来的根本保证。在新的起点上，中国特色社会主义要求我们要提高战略思维、创新思维、辩证思维、底线思维、法治思维能力，增强原则性、创新性、系统性、预见性，更好贯彻党的理论和路线方针政策，坚定中国道路自信，弘扬中国精神、凝聚中国力量，一以贯之地将中国特色社会主义发展下去，为实现中华民族伟大复兴奠定坚实的基础。

奋进新征程，必须坚持团结奋斗，汇聚起再创历史伟业的磅礴伟力。"积力之所举，则无不胜也；众智之所为，则无不成也。"团结奋斗，不仅是中国共产党人领导中国人民在长期奋斗中形成的实践结晶和精神标识，更是中华文明赓续不绝的重要法宝。随着第一个百年奋斗目标的完成，我们开启了全面建设社会主义现代化国家新征程，我们党肩负着更加重大的时代使命、面临着更加艰巨的风险挑战。要使党像"铁一样地巩固起来"，就必须在党的领导下，"像石榴籽一样紧紧抱在一起"，既讲奋斗的决心与意志，又讲奋斗的策略与本领；既要同心同向、众志成城，敢于斗争、善于斗争，又要在初心不改、矢志不渝中，淬炼团结奋斗的品格，形成开创新时代勇往直前、无坚不摧的强大力量，推动中国实现从站起来、富起来到强起来的历史性飞跃。

奋进新征程，必须立足新发展阶段、贯彻新发展理念、构建新发展格局，推动高质量发展。立于两个"大局"，我们既要看到当前我国发展总体态势是好的，我们完全有基础、有条件、有能力取得新的伟大胜利，也要看到当前诸多矛盾叠加、风险挑战显著增多，我国发展面临着前所未有的复杂环境。在新形势下，必须进一步把握历史发展规律和发展大势，加强前瞻性思考，统筹国内国际两个大局，立足于根本宗旨、坚持问题导向、增强忧患意识，切实解决影响构建新发展格局、实现高质量发展的突出问题，增强发展动力、补齐发展短板、突破发展悖论，努力促进我国迈上更高质量、更有效率、更加公平、更可持续、更为安全的发展之路。

奋进新征程，必须坚持全面从严治党永远在路上，以赶考的清醒将反腐败斗争进行到底。当前，腐败和反腐败较量还在激烈进行，并呈现出一些新的阶段性特征，防范形形色色的利益集团成伙作势、"围猎"腐蚀还任重道远，有效应对腐败手段隐形变异、翻新升级还任重道远，彻底铲除腐败滋生土壤、实现海晏河清还任重道远，清理系统性腐败、化解风险隐患还任重道远。我们必须以永远在路上的政治自觉打好全面从严治党的攻坚战、持久战；以实际行动践行"两个维护"，强化党的先进性、纯洁性，实现管党治党的深化发展；以如履薄冰的谨慎和见叶知秋的敏锐，察大势、应变局、观未来，为平稳健康的经济环境、风清气正的政治环境、国泰民安的社会环境提供坚强保障。

# 目　录

# 前　言

　　旗帜决定方向，道路决定命运。一个国家实行什么样的主义，关键要看这个主义能否解决这个国家面临的历史性课题。2022 年 3 月 5 日，习近平总书记在参加第十三届全国人大五次会议内蒙古代表团审议时，首次提出了"五个必由之路"。在党的二十大报告中，习近平总书记要求全党必须牢记"五个必由之路"，强调这是我们在长期实践中得出的至关紧要的规律性认识，必须倍加珍惜、始终坚持，咬定青山不放松，引领和保障中国特色社会主义巍巍巨轮乘风破浪、行稳致远。其中，"中国特色社会主义是实现中华民族伟大复兴的必由之路"的重要论断科学揭示了推进伟大事业与实现伟大梦想之间的内在必然联系，不仅是对科学社会主义基本原理的丰富与发展，也为全党全国各族人民奋进新征程指明前进方向。坚持中国特色社会主义道路，是我们在前进道路上必须牢牢把握的重大原则之一。

　　历史和现实都告诉我们，只有社会主义才能救中国，只有中国特色社会主义才能发展中国，这是历史的结论、人民的选择。党的十八大以来，党中央团结带领全党全国各族人民，攻克了许多长期没有解决的难题，办成了许多事关长远的大事要事，经受住了来自政治、经济、意识形态、自然界等方面的风险挑战考验，为实现中华民族伟大复兴提供了更为完善的制度保证、更为坚实的物质基础、更为主动的精神力量。这些党和国家事业取得的历史性成就、发生的历史性变革充分印证了中国特色社会主义是发展中国的伟大创举，这条道路不仅走得对、走得通，而且一定能够走得稳、走得好。对此展开系统研究，将有助于我们深刻领悟中国特色社会主义道路的正确性，明确科学社会主义与中国特色社会主义之间"源"与"流"的关系，推动在新征程继续写好坚持和发展中国特色社会主义这篇大文章。

一切成功发展振兴的民族，都是找到了适合自己实际的道路的民族。当前，中华民族伟大复兴的战略全局与世界百年未有之大变局相互交织激荡。面对风云变幻的国际形势，我们更要坚持独立自主走自己的路，毫不动摇坚持和发展中国特色社会主义，用新的伟大奋斗创造新的光辉伟业，为人类文明进步作出更大贡献。

# 第一章 中国特色社会主义的
历史条件和实践基础

  马克思主义是中国共产党人的伟大旗帜。党的二十大报告指出："拥有马克思主义科学理论指导是我们党坚定信仰信念、把握历史主动的根本所在。"①马克思主义是具有实践性、人民性、革命性的科学体系，科学社会主义是马克思主义的核心内容，体现着马克思主义科学体系的鲜明特征。中国特色社会主义是科学社会主义基本原则与中国实际和时代特征相结合的社会主义，在当代

---

  ① 习近平：《高举中国特色社会主义伟大旗帜　为全面建设社会主义现代化国家而团结奋斗——在中国共产党第二十次全国代表大会上的报告》，人民出版社 2022 年版，第 16 页。

中国，坚持和发展中国特色社会主义，就是真正坚持马克思主义、坚持科学社会主义。坚持和发展中国特色社会主义，是改革开放以来我们党全部理论和实践的鲜明主题，坚持和发展中国特色社会主义，坚定走中国特色社会主义发展道路，反映了当代中国社会发展的现实要求，是历史的结论和人民的选择。中国特色社会主义道路，是实现中国式现代化、实现中华民族伟大复兴的必由之路，是创造人类解放的必由之路。

# 一、社会主义理论之源

自人类社会进入阶级社会以来，社会主义就成为人们思考和探索的重大历史课题。但在人类社会早期，人们对社会主义的认识只能是一种朦胧的想象。到了近代，社会历史的进程步入了资本主义社会，人们对社会主义的认识才具有了理性的思考。社会主义是一种反对资本主义剥削压迫的主张，它揭露资本主义制度的弊病和矛盾，要求以共产主义制度代替资本主义制度。科学社会主义，是马克思、恩格斯创立并由其后继者不断发展的社会主义的理论体系，是关于人类解放规律和社会发展规律的科学体系，是指导无产阶级及其政党进行社会主义革命和建设的科学理论，具有科学性、实践性和时代性等特性。1872年恩格斯在《论住宅问题》一文中第一次使用"科学社会主义"这一概念，之后科学社会主义在世界各国广泛传播并产生巨大影响，逐渐成为对人类历史发展进程产生巨大作用的科学理论。由于科学社会主义的诞生，使无产阶级及其政党认识到了社会主义代替资本主义的历史必然性，揭示了未来社会的发展方向和根本特征，找到了社会主义的实现道路和革命力量，阐明了科学社会主义的基本原理和基本原则。

　　科学社会主义在马克思主义理论体系中占据重要地位，与中国特色社会主义有着内在联系，中国特色社会主义是当代中国的马克思主义，中国特色社会主义理论体系，是中国共产党人将马克思主义基本原理与当今时代特征和中国具体实际相结合，所形成的有关在社会主义初级阶段的中国如何建成社会主义现代化强国，实现中华民族伟大复兴的理论。中国特色社会主义理论体系的形成与发展历程，标志着中国共产党对共产党执政规律、社会主义建设规律和人类社会发展规律已经有了比较系统科学的把握。中国特色社会主义在坚持科学社会主义基本原则的基础上，结合时代特点和本国国情，通过马克思主义中国化时代化，实现了对于科学社会主义的新发展。中国特色社会主义对科学社会主义的新发展主要表现在：

　　第一，中国特色社会主义是马克思主义普遍真理同中国具体实际相结合的产物，和马克思主义是一脉相承的理论体系。中国特色社会主义和马克思主义虽然产生于不同的历史时期，各有其明显的时代特征，但二者关于哲学、政治经济学、科学社会主义的基本原则是一致的，坚持运用辩证唯物主义、历史唯物主义分析观察事物的立场、观点和方法是一致的，所要实现的价值目标也是一致的。马克思主义是基础，是前提，没有马克思主义不可能产生中国特色社会主义；没有中国特色社会主义也就没有马克思主义的丰富和发展。因此，二者是坚持与继承、发展与创新相统一的关系。

　　中国特色社会主义理论体系在发展中始终坚持继承与发展的传统，和马克思列宁主义、毛泽东思想之间的关系，形象地讲就像活水与源头的关系，没有源头就不会有活水。因此，"老祖宗"不能丢，丢了就丧失根本。中国特色社会主义理论是对马克思主义基本原理的全面继承，使中国特色社会主义与马克思主义具有内在的联系性和高度的统一性。马克思主义哲学中的辩证唯物论和历史唯物论,是支撑中国特色社会主义理论的哲理部分,是更深层次的内容,实践中我们必须始终坚持马克思主义唯物史观的基本原理,坚持科学社会主义的价值目标。马克思主义提出的实现人的自由全面发展,毛泽东思想提出的全心全意为人民服务,邓小平理论提出共同富裕,"三个代表"重要思想提出代表最广大人民的根本利益,科学发展观提出的以人为本、社会和谐等目标,习近平新时代中国特色社会主义思想提出以人民为中心的发展思想、人类命运共同体都体现了我们坚持走社会主义道路的根本目的,是社会主义制度对于国家和人民的实质意义,是科学社会主义吸引和感召人民群众的力量源泉。

第二,中国特色社会主义理论是对马克思主义的创新性发展。这种发展不是对前人思想的背离,而是在恪守基本原则的基础上进行创新性发展。是在社会主义新的时代背景下,综合考量中国特色社会主义产生发展的历史文化基础、经济社会条件、国际国内形势等诸多因素后的新探索,是根据新的历史经验所进行的理论和实践创新,是对于社会主义发展和建设规律的不断深化。这种创新性发展就其性质和意义来说,不是表现在个别的或一般的问题上,而是表现在一系列基本问题上;不是通常的理论和实践的"修修补补",而是历史性的综合创新;不是单纯的理论观点的量的增加和延伸,而是一种理论体系的质的突破与飞跃。主要表现在为了适应时代发展和具体国情的客观要求,在连续不断地解答时代课题的实践中创新发展;在批判继承人类社会发展过程中创造的丰厚的文明成果、现时代的最新思想精华和科技成果,在不断实行科学创新与科技变革中持续发展;在不断战胜各种敌对思潮的攻击中,在同社会主义内部的错误倾向的不断斗争中持续向前发展。

中国特色社会主义的主题是坚持和发展社会主义,即研究探索如何建设社会主义现代化强国、实现中华民族伟大复兴的规律。中国特色社会主义的所有理论和实践问题,都是围绕这个主题进行的,这是中国特色社会主义始终要坚持的重要任务。这个主题和任务要求我们既要坚持科学社会主义的基本原则,又要将其同中国具体实际和时代特征相结合,体现鲜明的中国特色。表明中国共产党已不再是一般性地研究如何建设社会主义,而是具体探索在中国现时代如何实现社会主义现代化,怎样能够富民强国的客观规律。

习近平新时代中国特色社会主义思想始终坚持辩证唯物主义和历史唯物主义的基本原理,紧密结合新的时代条件和实践要求,贯彻了马克思主义世界观、方法论的精髓要义,在理论创新中坚持和发展了科学社会主义的基本原则。习近平新时代中国特色社会主义思想的创新发展就是在坚持唯物史观基本理论的基础上前进的,体现为不断结合发展实际进一步解放和发展生产力,着力正确判断并实现中国人民根本利益的过程,从根本上保障并彰显了中国特色社会主义以人民为中心的制度特色。党的二十大报告庄严宣告:“中国共产党是为中国人民谋幸福、为中华民族谋复兴的党,也是为人类谋进步、为世界谋大同的党。”[1] “坚持以人民为中心的发展思想。维护人民根本利益,增进民生福祉,不断实现发展为了人民、发展依靠人民、发展成果由人民共享。让现代化建设成果更多更公平惠及全体人民。”[2]

中国特色社会主义在解放和发展生产力问题上是与科学社会主义一脉相承的。邓小平在改革开放之初,总结社会主义建设的历史经验时明确指出:“什么叫社会主义,什么叫马克思主义?我们过

---

① 习近平:《高举中国特色社会主义伟大旗帜 为全面建设社会主义现代化国家而团结奋斗——在中国共产党第二十次全国代表大会上的报告》,人民出版社 2022 年版,第 21 页。
② 习近平:《高举中国特色社会主义伟大旗帜 为全面建设社会主义现代化国家而团结奋斗——在中国共产党第二十次全国代表大会上的报告》,人民出版社 2022 年版,第 27 页。

去对这个问题的认识不是完全清醒的。马克思主义最注重发展生产力。"① 他说，"在社会主义国家，一个真正的马克思主义政党在执政以后，一定要致力于发展生产力，并在这个基础上逐步提高人民的生活水平，这就是建设物质文明。过去很长一段时间，我们忽视了发展生产力，所以现在我们要特别注意建设物质文明。与此同时，还要建设社会主义的精神文明"②。由于正确地抓住了这一基本原则，围绕解放和发展生产力这条基本线索，提出了党的基本路线，开辟了中国特色社会主义道路，形成了中国特色社会主义事业的总体布局。

第三，中国特色社会主义的形成过程，也是正确判断和实现中国人民根本利益的过程。人民群众是中国特色社会主义社会的主体，党制定路线方针政策以及发展战略的出发点和落脚点是人民群众的根本利益。判断各项路线、方针、政策的标准就是要看是否有利于发展社会主义社会的生产力，是否有利于增强社会主义国家的综合国力，是否有利于提高人民群众的生活水平，这个标准是价值尺度与历史尺度的有机统一。历史唯物主义强调人民群众的社会主体和历史创造作用，在当前，马克思主义人民群众观点和人民利益标准，统一体现为以人民为中心的发展理念；体现为不断提高和改善民生，加强和创新社会治理；体现为依靠人民谋发展与发展成果与人民共享等方面。2013 年 12 月 31 日，习近平总书记在《切实把思想统一到党的十八届三中全会精神上来》中强调，"中国共产党是执政为民的党，人民的幸福就是我们最大的执政目标。解决民生问题是党和国家、人民事业不断发展的重要保证。我们必须在方

---

① 《邓小平文选》第三卷，人民出版社 1993 年版，第 63 页。
② 《邓小平文选》第三卷，人民出版社 1993 年版，第 28 页。

方面面做到时刻考虑着人民，时刻将民生问题作为我们工作的重中之重。只有实现好人民群众的切身利益，保障好人民群众幸福美好的生活，人民才会信任我们，才会成为我们的力量源泉和稳固依靠"①。

中国特色社会主义在党的指导思想层面的集中体现是党在社会主义初级阶段的基本路线。社会主义初级阶段的发展目标是实现现代化。社会主义社会必须建立在现代化的基础之上，现代化体现在经济、政治、文化、社会、生态等各个领域，中国特色社会主义现代化实现的是经济繁荣、政治民主、社会和谐、生态优良、国家安全的有机统一。中国特色社会主义现代化的核心内容是"以经济建设为中心"，目标是通过国家治理体系和治理能力的现代化，实现社会主义制度的不断完善和发展，从而为现代化提供强大的制度保障。实现现代化的动力是"改革开放"，必须通过全面深化改革开放，实现社会主义的自我发展和完善，确保中国特色社会主义充满生机和活力。中国特色社会主义初级阶段的基本路线在实践中体现为理论、道路、制度的统一。其中，中国特色社会主义理论是行动指南，中国特色社会主义道路是实现途径，中国特色社会主义制度是根本保障。习近平总书记指出："中国特色社会主义是实践、理论、制度紧密结合的，既把成功的实践上升为理论，又以正确的理论指导新的实践，还把实践中已见成效的方针政策及时上升为党和国家的制度。所以，中国特色社会主义特就特在其道路、理论体系、制度上，特就特在其实现途径、行动指南、根本保障的内在联系上，特就特在这三者统一于中国特色社会主义伟大实践上。在当代中国，坚持和发展中国特色社会主义，就是真正坚持

---

① 习近平：《切实把思想统一到党的十八届三中全会精神上来》，《求是》2014 年第 1 期。

社会主义。"①

中国特色社会主义在解放和发展生产力问题上与科学社会主义是一脉相承的。"人类解放"是科学社会主义的主题，但是在不同的历史条件下，在不同的发展阶段上，由于人类解放的侧重点不同，使得科学社会主义呈现出不同的理论形态。在和平建设时期，人类解放的主题将具体体现为生产力的解放和发展。社会主义初级阶段理论，是对我国基本国情的科学判断，是中国特色社会主义立论的国情依据，把我们党的路线、方针、政策置于现实的科学的基础之上，从而避免了犯迷失方向的"右"的错误和重蹈过去超越阶段的"左"的错误。中国特色社会主义理论是以"什么是社会主义、怎样建设社会主义"为主线，在发展过程中不断延伸和展开的，体现为道路、理论、制度、文化等多方面的基本问题的辩证统一。解放和发展生产力始终是社会主义的根本任务，要牢牢扭住经济建设这个中心，为发展中国特色社会主义打下坚实的物质基础。

现阶段，我们必须清楚地认识到我国仍处于并将长期处于社会主义初级阶段的基本国情没有变，社会主义道路在实践中，社会主义理论在发展中，社会主义制度在不断完善中。当然，看待实践检验结果有个立场和价值取向问题，解放思想、实事求是同样是有标准的。其中，最根本的标准是要尊重客观规律，特别是尊重生产力是社会发展最终决定力量的规律，尊重人民群众是历史的创造者的规律，坚持从我国的现实生产力状况出发，从广大人民的根本利益出发，把是否有利于生产力的发展，是否有利于人民利益的实现，作为判断一切是非得失、好坏优劣的根本标准和最高准则。

---

① 《十八大以来重要文献选编》上，中央文献出版社2014年版，第74页。

中国特色社会主义是科学社会主义共性和个性的辩证统一，其统一的基础就是建设中国特色社会主义的实践。新的实践要求我们要进一步加深对于社会主义基本理论的学习和解读，理清中国特色社会主义形成和发展的科学路径，明确中国特色社会主义的主要特色，解析中国特色社会主义的发展趋势，对这些重大问题的准确认识和科学分析，有助于我们进一步坚定共产主义的理想信念，为顺利建成社会主义现代化强国、推进实现中华民族伟大复兴中国梦奠定坚实的基础。

## 二、马克思主义中国化时代化进程

科学社会主义并非禁锢于书斋中的学问，而是起源于实践、归之于实践、又指导实践的科学理论。科学理解和全面掌握科学社会主义的实践性，既是推进科学社会主义理论研究和理论创新的内在要求，也是科学社会主义实践探索和实践创新的本质要求。马克思说："哲学家们只是用不同的方式解释世界，而问题在于改变世界。"[①] 科学社会主义正是在无产阶级独立登上欧洲政治舞台以后，根据无产阶级争取解放斗争的实践需要应运而生的。无产阶级是资本主义社会中深受剥削压迫的阶级，同时也是最富有革命性的阶级，他们要求得到自己的解放，必须依靠科学理论的指导。而科学社会主义在实践中深刻揭露了无产阶级遭受剥削压迫的根源，论证了无产阶级的伟大历史使命，指明了无产阶级实现解放的正确道路，是指导无产阶级争取解放实践活动的科学武器。

中国共产党是一个具有高度理论自觉和实践创新的政党。改革

---

① 《马克思恩格斯全集》第 3 卷，人民出版社 2002 年版，第 6 页。

开放以来，我们党不断深化对中国特色社会主义规律的认识，党的十二大提出"建设有中国特色的社会主义"这一崭新命题，从党的十三大到党的十七大，我们党相继提出了党的基本路线、基本理论、基本纲领、基本经验，不断对中国特色社会主义做出新概括、提出新要求，不断推动中国特色社会主义事业取得新胜利。中国特色社会主义理论体系的各个组成部分在根本立场、理论渊源、理论主题、理论品质上是一脉相承的，同时又探索和回答了改革开放不同时期、不同阶段的新情况新问题，在理论认识和实践发展中做出了创新性的贡献，既相互贯通又各具特色，体现出中国特色社会主义理论和实践相互促进、共同发展的特色，展现了中国特色社会主义是一个动态的、开放性的科学体系。

坚持马克思主义基本原理同中国具体实际相结合，毛泽东首先提出并确立了这一根本原则，其实质是马克思主义中国化时代化，这也是毛泽东从走自己的路中去开拓社会主义的思想基础。中国共产党自从诞生之日起，就是以马克思列宁主义作为指导思想的政党，但在较长一段时间内，在怎样运用马克思列宁主义指导中国革命的问题上，存在着严重的教条主义倾向。在大革命失败后，毛主席领导秋收起义部队上井冈山开辟革命根据地，再到转战赣南闽西探索中国革命道路的时候，就提出了"马克思主义同中国实际情况相结合"的根本原则。1930 年 5 月，毛泽东第一次在《调查工作》（即《反对本本主义》）一文中指出："马克思主义的'本本'是要学习的，但是必须同我国的实际情况相结合。"[①] 1938 年 10 月，毛泽东在党的六届六中全会上指出："共产党员是国际主义的马克思主义者，马克思主义必须通过民族形式才能实现。没有抽象

---

① 《毛泽东选集》第四卷，人民出版社 1991 年版，第 1307—1308 页。

的马克思主义，只有具体的马克思主义。所谓具体的马克思主义，就是通过民族形式的马克思主义，就是把马克思主义应用到中国具体环境的具体斗争中，因此，马克思主义的中国化，使之在其每一表现中带着中国的特征，即是说，照中国的特点去应用它，成为全党亟待了解并亟须解决的问题。洋八股必须废止，空洞抽象的调头必须少唱，教条主义必须休息，而代替之以新鲜活泼的，为中国老百姓所喜闻乐见的中国作风与中国气派。"① 毛泽东在这里指明了马克思主义基本原理同中国具体实际相结合，实质就是马克思主义中国化时代化，并阐明了"相结合"的两方面内涵：一是马克思主义基本原理同中国现实情况相结合，"就是把马克思主义应用到中国具体环境的具体斗争中去"；二是马克思主义基本原理同中国优秀文化相结合，"代替之以新鲜活泼的，为中国老百姓所喜闻乐见的中国作风与中国气派"，就是"民族形式的马克思主义"。1956 年 8 月 30 日，毛泽东在党的八大预备会议第一次全体会议上指出："马克思主义的普遍真理一定要同中国革命的具体实践相结合，如果不结合，那就不行。这就是说，理论与实践要统一。理论与实践的统一，是马克思主义的一个最基本的原则。"② 中国特色社会主义经历了"以俄为师""以苏为鉴"到走自己的路的艰辛探索的历程。新中国成立前夕，毛泽东在《论人民民主专政》中指出："十月革命帮助了全世界的也帮助了中国的先进分子，用无产阶级的宇宙观作为观察国家命运的工具，重新考虑自己的问题。走俄国人的路——这就是结论。"③ 到了 20 世纪 50 年代中期，中国

---

①　中央档案馆编：《中共中央文件选集》第 11 册，中共中央党校出版社 1991 年版，第 658—659 页。

②　中共中央文献研究室编：《毛泽东传（1949—1976）》上，中央文献出版社 2003 年版，第 523 页。

③　《毛泽东选集》第四卷，人民出版社 1991 年版，第 1471 页。

社会主义建设的实践使我们党的领导层开始认识到苏联模式的弊端以及斯大林有关社会主义的观点并不完全符合中国的实际。虽然苏联模式在苏联取得了良好效果，但是它仅仅作为与苏联国情相结合的产物，并非万能的、唯一的模式，如果将其应用到国情不同的中国，苏联模式的弊端和缺点就暴露无遗。如果一种发展模式不适合自己的国情，那么，这一模式只能是阻碍发展的消极因素。在此背景下，毛泽东果断提出要"走自己的路"的思想，以期探索出一条有别于苏联、有益于中国的社会主义建设道路，使其真正适合中国国情和具体实际。1956 年 4 月，毛泽东在《论十大关系》中指出，要调动一切积极因素为我国社会主义建设服务；在认清中国具体国情和缺乏建设经验的基础上，正确认清和把握我国社会主义发展阶段和主要矛盾；毛泽东曾鲜明地提出，社会主义社会的基本矛盾仍然是生产力和生产关系、经济基础和上层建筑之间的矛盾，要"以苏为鉴"。他依据我国社会主义建设的初步实践，结合苏联的经验教训，提出了中国式工业化道路这一精辟深刻的思路。

1957 年 2 月，毛泽东在最高国务会议第十一次（扩大）会议上作《关于正确处理人民内部矛盾问题》讲话中，首次把马克思主义哲学关于矛盾的学说与生产力和生产关系矛盾运动是人类社会发展动力的理论应用于社会主义社会，提出社会主义社会是充满矛盾的社会，并系统论述了社会主义社会的基本矛盾、敌我矛盾与人民内部矛盾两类矛盾及其正确区分与处理的原则，创造性地发展了马克思主义关于社会主义社会发展动力的理论。毛泽东揭示的社会主义社会基本矛盾规律，对当时处于迷茫中的关于社会主义发展问题的探索是一个重大贡献，它使人们对社会主义社会的整个面貌和发展动力问题有了清醒的认识。不仅如此，这个科学认识对我们党在十一届三中全会之后关于社会主义本质、发展道路、改革开放等问题的认识，也具有基础性的指导意义。但是，由于种种主客观原因，后来偏离了这一原则，导致了"左"的错误和"文化大革命"的灾难。

中国共产党虽然很早就开始了社会主义道路的艰辛探索，并在理论上取得了初步的成果，在实践中出现了良好的开局，但在执政理念上并没有及时从一个领导人民夺取全国政权奋斗的党转变为在全国执政并长期执政的党。党的十三大总结了马克思主义中国化的发展历程，"马克思主义与我国实践的结合，经历了六十多年。在这个过程中，有两次历史性飞跃。第一次飞跃，发生在新民主主义革命时期，中国共产党人经过反复探索，在总结成功和失败经验的基础上，找到了有中国特色的革命道路，把革命引向胜利。第二次飞跃，发生在十一届三中全会以后，中国共产党人在总结建国三十多年来正反两方面经验的基础上，在研究国际经验和世界形势的基础上，开始找到一条建设有中国特色的社会主义的道路，开辟了社会主义建设的新阶段。"① 党的十五大进一步明确指出："马克思列宁主义同中国实际相结合有两次历史性飞跃，产生了两大理论成果。第一次飞跃的理论成果是被实践证明了的关于中国革命和建设的正确的理论原则和经验总结，它的主要创立者是毛泽东，我们党把它称为毛泽东思想。第二次飞跃的理论成果是建设有中国特色社会主义理论，它的主要创立者是邓小平，我们党把它称为邓小平理论。这两大理论成果都是党和人民实践经验和集体智慧的结晶。"②

以党的十一届三中全会为发端，顺应世界改革浪潮所引发的世界发展形势，中国共产党领导和带领中国人民开始推进中国特色社会主义改革事业。中国特色社会主义从来没有满足于为人们描绘一

① 《改革开放三十年重要文献选编》上，人民出版社 2008 年版，第 501 页。
② 《十五大以来重要文献选编》上，人民出版社 2000 年版，第 9 页。

幅未来社会的美丽画卷，而是始终把寻求达到理想社会的具体道路，破解通向理想社会的各种难题作为自己全部工作的中心。中国共产党十分强调尊重实践，依靠实践，不唯书、不唯上，把实践作为检验真理的唯一标准，在实践中总结经验、修正错误，从实践中汲取营养不断发展。事实上，中国特色社会主义的理论、制度和道路，无一不是在党的领导下进行中国特色社会主义实践中逐渐形成、丰富和发展起来的。在此基础上，中国特色社会主义探索了经济文化落后国家建设和实现社会主义现代化这个历史性新课题，填补了科学社会主义在此领域的空白，实现了执政理念上从革命到建设的转变。1978年底召开的党的十一届三中全会既是改革开放和社会主义现代化建设新时期的起始标志，也是中国特色社会主义理论形成的历史起点。党的十一届三中全会重新确立了实事求是的思想路线，作出了党和国家工作重心转移到经济建设的战略决策，提出了改革开放的基本方针，提出了加强社会主义民主法制建设的基本要求，解决了一些重要的历史问题，形成了以邓小平同志为核心的党的第二代中央领导集体。以此为转折点，科学社会主义在中国重新焕发了新的生机和活力。

中国共产党历经百年伟大实践积累了丰富的社会主义建设经验，中国特色社会主义建设的核心理念是在经济上追求强国和富民的统一；政治上实现党的领导、人民当家作主和依法治国的统一；思想文化上坚持马克思主义的主导性与文化发展的多样性的统一。中国共产党始终把实现和维护人民利益放在首位，将事业的发展与人民利益的实现结合在一起，尊重群众的首创精神，不断总结和提升人民群众的实践经验，从而将经济的发展与社会的发展、人的发展有机结合，使其成为一体化的事业；将经济社会发展的阶段性与奋斗目标的明确性有机结合，把社会发展的过程性与奋斗目标的阶段性统一在一起，使奋斗目标贴近现实，贴近人民群众的愿望；中国共产党在执政实践中始终把现代化的实现、民族的复兴同社会主义的振兴紧密联系在一起，将中国的发展和世界的发展有机结合，赋予了马克思主义中国化时代化的鲜明特色。

中国共产党自成立以来，历届共产党人在领导人民群众进行社会主义建设的实践中始终坚持问题导向，以社会主义发展的阶段性特征为中心，以应对发展中的挑战、破解发展中的难题为目的，以不懈的探索实践为社会主义的发展积累了丰富的经验，接力回答了关于社会主义、党的建设、发展问题以及新时代中国特色社会主义建设问题，形成了体系完整、内容丰富的中国特色社会主义理论体系，深化了党对中国特色社会主义的发展规律及发展道路、基本特征的认识。正如马克思所说的："一切划时代的体系的真正的内容都是由产生这些体系的那个时期的需要而形成起来的。"① 因此中国特色社会主义理论体系正是中国共产党成立百年来中国共产党的建设理论实践的伟大结晶，而中国特色社会主义不断发展的全过程无不贯穿着马克思主义中国化时代化这一重要特征，探索了经济文化落后国家建设和发展社会主义这个历史性新课题，填补了科学社会主义在此领域的空白。中国特色社会主义在理论上脱离对马克思主义教条式解读和片面错误的理解，在改革实践中挣脱苏联社会主义模式的桎梏，始终坚持从对中国现实发展状况的科学研究中得出有关规律性认识，创新发展了对于社会主义的认识和现代化的实现形式。

进入新世纪新阶段，中国特色社会主义实践中出现了许多新情况、新要求。如何不断开创事业发展新局面，迫切需要执政党给出

---

① 《马克思恩格斯全集》第 3 卷，人民出版社 1960 年版，第 544 页。

更加明确科学的理论指引。党的十八大报告完整阐明了中国特色社会主义道路、中国特色社会主义理论体系、中国特色社会主义制度的科学内涵及其相互联系，强调了中国特色社会主义道路是实现途径，中国特色社会主义理论体系是行动指南，中国特色社会主义制度是根本保障，三者统一于中国特色社会主义伟大实践。这是中国特色社会主义的最鲜明特色。把生态文明建设纳入中国特色社会主义建设的总体布局之中，丰富和拓展了中国特色社会主义建设的总体布局。提出了培育和构建社会主义核心价值观的战略任务，明确提出了在新的历史条件下夺取中国特色社会主义新胜利必须牢牢把握的八项基本要求，进一步深化了我们党对中国特色社会主义建设规律的认识。

党的十八大以来，习近平总书记对坚持和发展中国特色社会主义需要把握的重大理论问题进行了系统而深刻的阐述，揭示了中国特色社会主义深厚的历史底蕴和实践价值。提出中国特色社会主义，是科学社会主义理论逻辑和中国社会发展历史逻辑的辩证统一；提出建设更加成熟、更加定型的制度体系，推进国家治理体系和治理能力现代化；提出以全面建成小康社会为战略目标和以全面深化改革、全面依法治国、全面从严治党为战略举措的"四个全面"战略思想。这些治国理政的重要思想反映了中国现阶段存在的主要问题，回应了人民群众的深切期盼，深化了对共产党执政规律、社会主义建设规律、人类社会发展规律的新认识，是我们党在新的历史起点上全面深化改革的科学指南和行动纲领。习近平新时代中国特色社会主义思想坚持马克思主义的指导作用，弘扬其真理性，提高马克思主义在实践中阐释问题、应对挑战能力的重要性，阐释了如何确保中国特色社会主义理论研究和实践发展始终不偏离社会主义发展方向，并且始终具有创新发展的内生力量的科学路径，提出了"在新的时代条件下，我们要进行伟大斗争、建设伟大工程、推进伟大事业、实现伟大梦想，仍然需要保持和发扬马克思主义政党与时俱进的理论品格，勇于推进实践基础上的理论创新"[①]。中国特色社会主义的时代特色，集中体现为中国特色社会主义的世界观和时代观。

具体表现：第一，中国特色社会主义是面向世界的社会主义，它反对闭关锁国，主动融入世界经济，加入国际经济大循环，坚持把对外开放作为自己的基本国策；它反对自我满足、自我陶醉，坚持面向世界，面向全球，用世界眼光看待自己取得的成绩与不足，统筹国内国际两个大局，制定国内国际协同发展的路线、方针、政策，始终坚持改革开放这一基本国策，保持了中国特色社会主义强劲的发展动力。

第二，中国特色社会主义是包容兼蓄的社会主义，它在强调认真总结自己发展经验的同时，也十分关注其他国家的成功做法，认真学习和借鉴其他国家的先进经验，坚持用人类文明的优秀成果不断充实和发展自己。

第三，中国特色社会主义是与时俱进的社会主义，它时刻关注着时代的发展变化，紧盯着人类社会的各项进步，不断根据时代的发展变化和要求调整自己的发展战略和发展思路，努力走在时代的前沿。中国特色社会主义，把改革创新作为推动社会主义发展的内在动力，并在尊重世界多样性和发展模式多样化的前提下，坚持和平发展、和谐发展、共同进步，与世界各种文明、各种社会制度和各种发展模式在竞争比较中取长补短，这就使马克思主义有了特色鲜明的时代内容。正如习近平总书记所说："中国特色社会主义，

---

① 《习近平谈治国理政》第二卷，外文出版社 2017 年版，第 62 页。

是科学社会主义理论逻辑和中国社会发展历史逻辑的辩证统一，是根植于中国大地、反映中国人民意愿、适应中国和时代发展进步要求的科学社会主义，是全面建成小康社会、加快推进社会主义现代化、实现中华民族伟大复兴的必由之路。"① 这一论断科学阐释了中国共产党在百年来领导社会主义建设的内在逻辑。

在中国特色社会主义新时代，以习近平同志为核心的党中央，准确界定了我国继续创新发展的历史起点，为实现历史性新飞跃提供了中国方案。同时，积极参与构筑人类命运共同体，为世界的共同进步贡献了中国智慧。中国共产党人已不再是一般性地探讨建设社会主义的具体问题，而是发展到自觉探索社会主义基本规律，就关键问题进行日益完善的科学总结和实践的阶段，在此过程中更加明确了发展的目标、坚定了政治定力。习近平总书记强调发展21世纪的马克思主义，不断推进理论与实践创新，实现了科学社会主义开放性和时代性原则与中国特色和时代特征的有机结合，赋予社会主义鲜明的中国特色。中国特色社会主义的蓬勃发展充分证明马克思主义的科学性、真理性，中国特色社会主义的不断胜利是科学社会主义与中国实际相结合的胜利，证明了社会主义作为新型社会形态的进步性与当代世界社会主义发展前景的光明性。中国特色社会主义的进一步丰富和发展是历史的要求、实践的要求、时代的要求。中国共产党还要不断解放思想，大力发扬与时俱进、开拓创新精神，及时总结党领导人民深化改革开放、推动科学发展创造的新鲜经验，及时解决实践中遇到的各种热点难点问题，坚持和发展中国特色社会主义，不断赋予中国特色社会主义以新的时代内涵。

---

① 《十八大以来重要文献选编》（上），中央文献出版社2014年版，第118页。

# 三、历史使命与历史任务

## （一）在追求真理中改造世界

实现现代化是中国走上社会主义道路的最初推动力。1840 年以来，中国的历史趋势和基本问题是中国社会的现代化转型。自鸦片战争之后，中华民族陷入深重灾难之中，在民族危亡之际，中国近代从器物、制度进而文化的反思和革新，虽然在一定区域和人群中开创了变法萌芽，传播了西方的科学技术和思想文化，但是并没有起到全面凝聚民族精神的作用，更谈不上完成救亡图存、实现强国富民的历史任务。不但没有化解中国的各种危机，反而使得各种危机日益加深。

中国近代救亡图存的历史任务，渴求强国富民的现代化愿望呼唤先进的领导力量和科学的理论指导。直到 20 世纪 20 年代，中国先进分子在马克思列宁主义真理力量的感召下，从俄国"十月革命"成功实践中找到了在经济文化落后国家实现美好理想的可行路径，担负着民族振兴重任的中国共产党应运而生。在先进政党的领导和推动下，中国现代化历经坎坷终于找到了其社会主义的实现形式，实现现代化这个中华民族坚守百年的历史任务至此才有可能得以完成，中国在此过程中逐步塑造出了科学社会主义在中国的民族形式。

中国式现代化的指导思想中恪守科学社会主义的基本原则，在发展中坚持结合当时历史条件的变化，成功实现了马克思主义的中国化时代化。中国式现代化坚持人民群众是历史主体力量的基本观点，恪守人的自由全面发展的价值追求，贯彻马克思主义社会进步的评价标准，坚持唯物史观中的生产力标准和人民利益标准，在实践中从生产力发展与人的发展相统一的视角审视和评判现代化发展成效。中国式现代化将马克思主义基本原理作为指导方针，科学调整现代化进程中目标和手段之间可能出现的不一致，始终以科学社会主义基本原则来保障中国式现代化的正确发展方向，强调生产力的基础地位，维护人的价值和尊严。建党 100 多年来，党和人民始终坚守实现现代化的民族夙愿，立足现实、励精图治，逐步使中华民族从站起来、富起来走向了强起来，中国所发生的历史性变革与中华民族现代化的艰辛探索一脉相承，构成了中国式现代化的主旋律，这是中华民族经历了艰难坎坷、通过认识与实践的循环往复不懈探索后的郑重选择。历史事实使人们坚信，只有走一条适合中国实际的现代化道路才能够真正发展中国，只有伟大的中国共产党才能赋予中国现代化以坚强的领导力量和源源不断的生命力。

中国共产党凭借艰辛的实践探索与丰富的经验总结成功破解了经济文化落后的中国如何建设社会主义现代化这一社会主义发展史上的重大历史课题，找到了一条适合中国国情、能够推动生产力持续健康发展、带领人民群众全面建成小康社会、走向共同富裕的中国式现代化道路。正如习近平总书记指出的："当代中国的伟大社会变革，不是简单延续我国历史文化的母版，不是简单套用马克思主义经典作家设想的模板，不是其他国家社会主义实践的再版，也不是国外现代化发展的翻版。"[①] 中国式现代化是中国共产党带领中国人民历经艰难探索后的历史选择，中国式现代化具有鲜明的原创性和科学性，是促进中国社会发展进步与中华文明永续繁荣的科学发展之路。

---

① 《十八大以来重要文献选编》下，中央文献出版社 2018 年版，第 327 页。

## （二）在艰辛探索中接力前行

科学社会主义并非禁锢于书斋中的学问，而是起源于实践、归之于实践、又指导实践的科学理论。中国式现代化在实践中实现了中国特色社会主义与科学社会主义共性与个性、继承与创新的辩证统一。中国式现代化的主题是坚持和发展社会主义，不懈探索如何建设社会主义现代化强国、实现中华民族伟大复兴的规律。在追逐百年现代化梦想的过程中不断接力前行，构建了科学的现代化发展战略、积累了丰富的现代化经验。中国式现代化的核心理念是在经济上追求强国和富民的统一；在政治上实现党的领导、人民当家作主和依法治国的统一；在思想文化上贯彻马克思主义主导性与文化发展多样性的统一。这个理念包含了中国式现代化的发展目标、实现途径、制度保证和发展动力等核心内容，体现了中国风格和中国气派。

中国共产党自成立以来，党带领中国人民自觉运用马克思主义基本原理，始终以破解现代化进程中的实际问题为导向，注重将经过实践检验为正确的经验适时地凝练上升为新的科学理论，用日益丰富的社会主义理论来指导解决现代化实践中不断出现的新难题，使马克思主义中国化时代化的进程与中国式现代化的进程融为一体，共同铸就了中国式现代化的新辉煌。中国共产党人积极以应对发展中的困难挑战、破解前进中的险阻难题为目的，筚路蓝缕、攻坚克难，接力回答了有关社会主义本质、党的建设、科学发展、全面深化改革、国家治理体系与治理能力现代化等重大问题，形成了体系完备的社会主义理论体系和系统科学的现代化发展战略，深化了党对中国式现代化的科学内涵、基本特征、制度设计、发展路径等规律性认识。

中国共产党人在百年筑梦的过程中，每一次对现代化具体目标的调整与战略部署的完善，都检验了其对现代化既定目标的完成程度以及对现代化规律性认识的不断深化，夯实了深入推进中国式现代化进程的制度根基。党的十八大以来，以习近平同志为核心的党中央通过全面深化改革、推进国家治理体系现代化、全面提升国家治理能力等战略安排，培育整合政府的汲取能力、控制能力和创新能力，重点攻克现代化进程中的深层次问题。通过"两个一百年"奋斗目标的新部署，科学引领人民群众在共建共治共享中追求美好生活。中国式现代化成功实现了经济、社会与人的协调发展，将发展的阶段性与奋斗目标的明确性有机结合，在中国现代化发展进程中积极带动世界的发展进步，坚守了社会主义现代化的政治方向和基本原则。

党的十九大定位了中国式现代化的历史方位，明确了社会主要矛盾的新内涵，提出了中国式现代化需要完成的新使命，科学制定了新时代新征程的战略布局。党的二十大明确了"从现在起，中国共产党的中心任务就是团结带领全国各族人民全面建成社会主义现代化强国、实现第二个百年奋斗目标，以中国式现代化全面推进中华民族伟大复兴"[①]。中国式现代化在制度设计、制度建设、制度安排的艰辛探索中接力前行，高瞻远瞩地以制度优势开创了中国式现代化的新格局。

## （三）在深化改革中守正出新

党的二十大指出："中国共产党为什么能，中国特色社会主义

---

① 习近平：《高举中国特色社会主义伟大旗帜　为全面建设社会主义现代化国家而团结奋斗——在中国共产党第二十次全国代表大会上的报告》，人民出版社 2022 年版，第 21 页。

为什么好，归根结底是马克思主义行，是中国化时代化的马克思主义行。"① 马克思主义把人的命运、社会的发展和人类解放作为其核心问题，主张通过无产阶级政党的领导来探寻无产阶级革命道路并最终实现全人类的解放。中国式现代化是历经百年创新与发展，科学社会主义基本原则在中华大地上的中国贡献，凝结着中国共产党作为马克思主义政党的历史使命和初心梦想。

中国特色社会主义是在正确判断和实现中国人民根本利益的过程中形成的，党制定路线方针政策及发展战略的出发点和落脚点是人民群众的根本利益。中国式现代化从关注人类发展进步的高度，强调生产力的发展是现代化实现的必需的实际的前提，强调社会主义的制度意义在于通过建立与生产力相适应的现代化制度来保障和实现人的自由全面发展，并将此目标作为有别于其他社会制度的重要特征，实现了现代化目标与手段、科学性与进步性的辩证统一。

"推进马克思主义中国化时代化是一个追求真理、揭示真理、笃行真理的过程。"② 中国式现代化坚持既不能丢"老祖宗"，又要"讲新话"的原则，从不停留在用经典作家的某些论断来裁剪中国现实，而是在实践中始终秉持马克思主义核心价值理念，将其作为社会主义吸引和感召人民群众的力量源泉。中国式现代化正是因为科学回答了"老祖宗"未曾遇到或者未曾正确解决的许多新课题，有效破解了实践中出现的艰难险阻，在现代化进程中彰显了中国特色社会主义深厚的历史底蕴和实践价值，赋予了马克思主义中国化

---

① 习近平：《高举中国特色社会主义伟大旗帜　为全面建设社会主义现代化国家而团结奋斗——在中国共产党第二十次全国代表大会上的报告》，人民出版社 2022 年版，第 16 页。
② 习近平：《高举中国特色社会主义伟大旗帜　为全面建设社会主义现代化国家而团结奋斗——在中国共产党第二十次全国代表大会上的报告》，人民出版社 2022 年版，第 16 页。

时代化以无限的发展空间。

中国式现代化是在深化改革中与时俱进、不断守正出新的现代化，现代化整体布局体现了明确的问题导向、鲜明的人民性，始终保障现代化的前进方向，体现为不断结合发展实际解放和发展生产力，着力正确判断并实现中国人民根本利益的过程。在中国式现代化的指标体系中将经济发展、社会发展和人的全面进步三方面等量齐观，尤其重视现代化进程中的民生保障，明确提出民生问题解决得好才能为发展提供动力和后劲，才能为实现中华民族伟大复兴凝聚最深厚的动力。

中国式现代化是在科学分析发展形势下制定的国家发展战略，通过构建一系列科学缜密的现代化制度体系，来整合社会发展中日益多元化的利益诉求，持续破解现代化进程中的发展难题，创造性转化中华传统文化中的思想精华，将其体现在社会主义核心价值和现代化发展理念的创新性发展中。

中国式现代化为实现社会全面进步提供了目标要求和行动准则，建设现代化国家治理体系的基本理念是协调好人民群众的根本利益，促进社会公平正义。这也是我国全面深化改革的出发点和落脚点，这个发展理念与社会主义本质规定一脉相承。中国式现代化高度重视人民主体地位的实现、人民民主权益的保障，坚决消除人民群众依法参与现代化建设、公平分享改革成果的各项桎梏，积极引领广大人民群众朝着共同富裕的目标不断前进，使得人民性日益成为推进中国特色社会主义发展与进步的动力之源，使得科学社会主义在中国特色社会主义的发展实践中焕发新的生机和活力。

## （四）在民族复兴中推进人类文明

21 世纪人类社会实践的最突出特点就是处于经济全球化和世

界一体化的高速进程之中，正在造就一个全新的世界历史格局，并对每一个国家、民族乃至个人带来极为现实、深刻而且久远的影响。现代化作为全球性的社会变迁进程，使人类生存方式发生了全面性变革，推动了人类社会的发展进步。长期以来，西方现代化的价值理念与实践模式，成为后发现代化国家普遍效仿的模板。然而，随着西方现代化在全球的扩张，其现代化内在逻辑与经验事实之间的矛盾日益突出，从而不断引起理论界和广大发展中国家的批判和反思。现代化发展历史证明了，西方不等于全球，个性不等于共性，西方国家的发展经验并不是适用于所有发展中国家的普遍真理，非西方发展中国家理应根据自身的历史文化传统和现实发展条件去选择实现现代化的路径。

中国式现代化包容多样性的世界形态和多样化的发展选择，坚持与世界各种文明形态、社会制度和发展模式互补共鉴、共同进步。中国共产党始终将推动人类文明的发展进步作为自己的责任和使命，努力走在时代的最前沿，坚持用现代化目标激励中华民族和世界各国人民不断迎接发展挑战、破解世界治理难题。中国共产党善于学习不同现代化发展模式的共同特征并将其植根于中华大地，在合规律性与合目的性的实践探索中，实现了中国式现代化从传统到现代的跃迁，开创了人类文明新形态。

中国式现代化探索实现人类社会发展规律的多样性。中国向来主张国家之间应该坚持合作共赢，打破了"国强必霸"的定律，通过实现各国优势互补，创新全球治理机制，维护文明发展多样性，推动世界各国共同繁荣发展，体现中国的大国担当。中国式现代化具有同整个世界文明的共通性和互鉴性，成功创造并丰富了人类文明新形态。

中国式现代化将中国的发展与世界的发展有机结合，进行构建世界新秩序的中国探索。中国坚持"达则兼济天下"的中华传统责任观，肩负起负责任大国的历史重担，致力于通过在共同利益方面平等相待、协商对话，在国际安全方面的共享共建，在文化方面的交流互鉴，在生态方面的解决人与自然的共同问题。集合世界各国人民的合力，将世界建成为人类命运共同体，推动人类社会繁荣进步。中华民族伟大复兴的实现，有利于构建平等公正的国际新秩序，有利于推动解决全球治理难题，有利于维护全人类的共同福祉。

# 第二章　开辟马克思主义中国化时代化新境界

"开辟马克思主义中国化时代化新境界"，是党的二十大提出并科学阐述的一个重大命题，党的二十大同时还指出："实践告诉我们，中国共产党为什么能，中国特色社会主义为什么好，归根到底是马克思主义行，是中国化时代化的马克思主义行。"①不断推进马克思主义中国化时代化，是对我们党成立以来党的理论创新和实践历程的深刻总结和高度凝练。当前，世界之变、时代之

---

① 习近平：《高举中国特色社会主义伟大旗帜　为全面建设社会主义现代化国家而团结奋斗——在中国共产党第二十次全国代表大会上的报告》，人民出版社 2022 年版，第 16 页。

变、历史之变正以前所未有的方式展开，全面贯彻习近平新时代中国特色社会主义思想，在新时代继续坚持和发展中国特色社会主义，就是要在实践基础上不断开辟这一历史进程的新境界。

## 一、实现了马克思主义中国化时代化新的飞跃

习近平总书记在党的二十大报告中指出："马克思主义是我们立党立国、兴党兴国的根本指导思想"，"拥有马克思主义科学理论指导是我们党坚定信仰信念、把握历史主动的根本所在"。① 回顾党的百年奋斗历程，我们党从成立开始，就把马克思列宁主义确立为指导思想，并在不断地探索和实践中把马克思主义基本原理同中国的具体实际相结合，顺应时代发展要求，领导全国各族人民取得了革命、建设、改革的胜利，不断推进马克思主义中国化时代化的历史进程。可以说，推动马克思主义中国化时代化，是一个追求真理、揭示真理、笃行真理的过程。

时代是思想之母，实践是理论之源。马克思曾说，一切划时代的体系的真正内容都是产生这些体系的时代需要，"任何真正的哲学都是自己时代的精神上的精华"②。当代中国正在经历着我国历史上最为广泛而又最为深刻的社会变革，也正在进行着人类历史上最为宏大而又独特的实践创新。这是一个需要思想而且一定能够产生思想的时代。党的十八大以来，面对国内外形势的新变化和社会主义实践的新要求，以习近平同志为主要代表的中国共产党人，坚

---

① 习近平：《高举中国特色社会主义伟大旗帜　为全面建设社会主义现代化国家而团结奋斗——在中国共产党第二十次全国代表大会上的报告》，人民出版社 2022 年版，第 16 页。

② 《马克思恩格斯全集》第 1 卷，人民出版社 2001 年版，第 220 页。

持把马克思主义基本原理同中国具体实际相结合、同中华优秀传统文化相结合，坚持毛泽东思想、邓小平理论、"三个代表"重要思想、科学发展观，举旗定向、谋篇布局、攻坚克难、强基固本、开辟治国理政新境界，开创党和国家事业发展新局面，并在实践中不断实现理论创新，创立了习近平新时代中国特色社会主义思想。党的十九大、十九届六中全会提出的"十个明确"、"十四个坚持"、"十三个方面成就"概括了这一思想的主要内容。党的二十大提出"六个必须坚持"，概括阐释了这一思想的世界观、方法论和贯穿其中的立场观点方法。

问题是时代的声音，坚持问题导向是马克思主义的鲜明特点。马克思主义中国化时代化，是中国共产党人通过探索时代发展提出的新课题、回应人类社会面临的新挑战，立足中国社会主义建设事业，不断推进理论创新、指导实践突破的思想结晶。党的十八大以来，中国特色社会主义进入新时代，习近平总书记坚持用马克思主义的立场观点方法观察时代、把握时代、引领时代，从新的实际出发，对关系新时代党和国家事业发展的一系列重大理论和实践问题进行了深邃思考和科学判断，就新时代坚持和发展什么样的中国特色社会主义、怎样坚持和发展中国特色社会主义，建设什么样的社会主义现代化强国、怎样建设社会主义现代化强国，建设什么样的长期执政的马克思主义政党、怎样建设长期执政的马克思主义政党等重大时代课题，提出一系列原创性的治国理政新理念新思想新战略，在内政外交国防、治党治国治军等方面取得了历史性成就、发生了历史性变革，深化了对共产党执政规律、社会主义建设规律、人类社会发展规律的认识，为推进中国特色社会主义事业提供了科学思想指引，实现了马克思主义中国化时代化新的飞跃。

从国际上看，世界正经历百年未有之大变局。国际力量对比深刻调整，世界各国文化相互渗透影响，新的科技革命和产业变革正不断深入，全球治理体系和全球秩序的变革迫在眉睫。同时，世界又面临许多新的挑战，新冠疫情影响深远，世界经济复苏乏力，全球供应链重组，互联网主权安全、全球气候变化、南北贫富差距拉大、局部地区战争冲突等重大问题亟待解决，逆全球化思潮、单边主义、保护主义、霸权主义、强权政治对世界和平与发展威胁上升，世界进入动荡变革期。在这个关键节点上，世界怎么了，世界向何处去，世界又一次站在历史的十字路口，何去何从取决于各国人民的抉择。以习近平同志为核心的党中央面对复杂严峻的国际形势和前所未有的外部风险挑战，准确把握世界发展态势和方向，统筹国内国际两个大局，健全党对外事工作领导体制机制，加强对外工作顶层设计，对中国特色大国外交作出战略谋划，推动建设新型国际关系，推动构建人类命运共同体，弘扬和平、发展、公平、正义、民主、自由的全人类共同价值，引领人类进步潮流。中国提出和促进的"一带一路"倡议成为共同繁荣发展的全新国际合作模式。截至 2017 年 10 月，中国与共建"一带一路"沿线国家和地区签署 130 多个双边和区域运输协定，与相关国家和地区开通了 356 条国际道路客货运输线路；中国与 43 个沿线国家实现空中直航，每周约 4200 个航班。2020 年，中欧班列开行 1.24 万列、发送 113.5 万标箱，同比分别增长 50%、56%，年度开行数量首次突破 1 万列，单月开行稳定在 1000 列以上，成为助力共建"一带一路"沿线国家和地区发展的"钢铁驼队"。

从国内来看，中国发展进入新方位。中国特色社会主义进入新时代，意味着近代以来久经磨难的中华民族迎来了从站起来、富起来到强起来的伟大飞跃，迎来了实现中华民族伟大复兴的光明前景；意味着科学社会主义在 21 世纪的中国焕发强大生机活力，在世界上高高举起了中国特色社会主义伟大旗帜；意味着中国特色社会主义道路、理论、制度、文化不断发展，拓展了发展中国家走向现代化的途径，给世界上那些既希望加快发展又希望保持自身独立性的国家和民族提供了全新选择，为解决人类问题贡献了中国智慧和中国方案。新时代以来，面对复杂严峻的外部环境和中国经济发展进入新常态等一系列深刻变化，我们党以巨大的政治勇气和强烈的责任担当，直面重大挑战、重大风险、重大阻力、重大矛盾，统筹推进"五位一体"总体布局，协调推进"四个全面"战略布局，推进了一系列变革性实践、实现了一系列突破性进展、取得了一系列标志性成果，经受住了来自政治、经济、意识形态、自然界等方面的风险挑战考验，解决了许多长期想解决而没有解决的难题，办成了许多过去想办而没有办成的大事，党和国家事业取得历史性成就、发生历史性变革，特别是消除了绝对贫困问题，全面建成小康社会，我国迈上全面建设社会主义现代化国家新征程。比如在经济建设方面，多年来，中国经济对世界经济增长贡献率超过30%，国内生产总值从2012年的54万亿元到2021年突破110万亿元，稳居世界第二位，我国经济总量占世界经济的比重达18.5%。2021年，我国人均GDP达80976元，折合12551美元，接近世界银行划设的高收入经济体人均门槛。中国还取得了许多"世界第一"：谷物总产量稳居世界首位，全社会研发经费支出从1万亿元增加到2.8万亿元，研发人员总量居世界首位，制造业规模、外汇储备稳居世界第一位，建成世界最大的高速铁路网、高速公路网等。

　　实践没有止境，理论创新也没有止境。习近平总书记指出，"社会总是在发展的，新情况新问题总是层出不穷的，其中有一些可以凭老经验、用老办法来应对和解决，同时也有不少是老经验、老办法不能应对和解决的。如果不能及时研究、提出、运用新思想、新理念、新办法，理论就会苍白无力"①。他在党的二十大报告中还强调："不断谱写马克思主义中国化时代化新篇章，是当代中国共产党人的庄严历史责任。"② 我们之所以说马克思主义行、中国化时代化的马克思主义行，是因为马克思主义揭示了客观世界特别是人类社会发展的一般规律，为我们认识世界和改造世界提供了科学的世界观和方法论，使中国化时代化的马克思主义在中国落地扎根，赋予了马克思主义这一普遍真理新的生命活力。

毛泽东在全党提出"使马克思主义在中国具体化"的任务，强调"使之在其每一表现中带着必须有的中国的特性，即是说，按照中国的特点去应用它"。③ 这里的"具体化"有空间和时间两个维度，从空间维度来看，马克思主义具体化首先是本土化，即中国化；从时间维度来看，具体化就是时代化。党的二十大提出不断开辟马克思主义中国化时代化新境界，发展中国化时代化的马克思主义。从"中国化和时代化"到"中国化时代化"，习近平新时代中国特色社会主义思想对中国化、时代化关系的认识，从以往的并列关系发展到一体关系，体现了对"具体化"的时间和空间两个维度的深入把握。马克思主义的中国化和时代化是不可分割的二元一体，时代化是中国化的前提条件，只有顺应时代发展要求的马克思主义创新理论，才能指导中国具体实践；中国化是时代化的应有之义，脱离中国具体实际的马克思主义必然是脱离时代要求的。"只有民族的才是世界的，只有引领时代才能走向世界。"④ 作为中

---

① 《习近平谈治国理政》第二卷，外文出版社 2017 年版，第 342 页。
② 习近平：《高举中国特色社会主义伟大旗帜　为全面建设社会主义现代化国家而团结奋斗——在中国共产党第二十次全国代表大会上的报告》，人民出版社 2022 年版，第 18 页。
③ 《毛泽东选集》第二卷，人民出版社 1991 年版，第 534 页。
④ 《习近平谈治国理政》第 2 卷，外文出版社 2017 年版，第 66 页。

国化时代化的马克思主义，习近平新时代中国特色社会主义思想既是中国的，又同时具有世界意义。习近平新时代中国特色社会主义思想是马克思主义中国化时代化的最新成果，是当代中国马克思主义、二十一世纪马克思主义，是中华文化和中国精神的时代精华，是党和人民实践经验和集体智慧的结晶，是全党全国人民为实现中华民族伟大复兴而奋斗的行动指南。我们要在党和国家各方面工作中，全面贯彻好习近平新时代中国特色社会主义思想这一马克思主义中国化时代化新飞跃的创新成果，理论联系实践，彰显其作为党的指导思想的时代伟力。

## 二、推进马克思主义中国化时代化
## 必须坚持"两个结合"

党的二十大指出："只有把马克思主义基本原理同中国具体实际相结合、同中华优秀传统文化相结合，坚持运用辩证唯物主义和历史唯物主义，才能正确回答时代和实践提出的重大问题，才能始终保持马克思主义的蓬勃生机和旺盛活力。"[①] 这是我们党百年来思想建党、理论强党历史经验的深刻总结，揭示了马克思主义在中国创新发展的现实路径和内在规律，科学回答了新时代怎样坚持马克思主义、如何发展马克思主义这一重大时代课题。

科学社会主义之所以是科学的，它同空想社会主义的本质区别就在于它不是从观念出发，而是从事实出发，深深根植于现实之中。恩格斯指出："为了使社会主义变为科学，就必须首先把它置

---

① 习近平：《高举中国特色社会主义伟大旗帜　为全面建设社会主义现代化国家而团结奋斗——在中国共产党第二十次全国代表大会上的报告》，人民出版社 2022 年版，第 17 页。

于现实的基础之上。"① 马克思恩格斯对未来社会主义社会的设想主要是理论上的，至于科学社会主义如何在世界各国乃至世界范围内付诸实践，这是需要后人依据现实条件来探索和回答的课题，但他们对具体实践中应秉持的方法论是十分明确的。列宁对此有一个精辟的总结，他说："马克思主义者必须考虑生动的实际生活，必须考虑现实的确切事实，而不应当抱住昨天的理论不放，因为这种理论和任何理论一样，至多只能指出基本的、一般的东西，只能大体上概括实际生活中的复杂情况。"② 复杂情况包括两种：一种是静态的情况，比如各国都有自己独特的历史文化，每一个国家在实践科学社会主义时面临着不同的条件和问题；另一种是动态的情况，比如资本主义本身就会发展变化，因此社会主义革命和建设就必须适应这种发展变化，尤其是要适应时代的要求，否则就会被历史所淘汰。习近平总书记指出："在五千多年中华文明深厚基础上开辟和发展中国特色社会主义，把马克思主义基本原理同中国具体实际、同中华优秀传统文化相结合是必由之路。这是我们在探索中国特色社会主义道路中得出的规律性认识。我们一直强调把马克思主义基本原理同中国具体实际相结合，现在我们又明确提出'第二个结合'。"③

中国共产党人在革命、建设、改革的历程中，高度重视推进马克思主义中国化时代化的方法论。我们党在革命年代曾有过把马克思主义教条化、苏俄经验神圣化的一段历史时期，不能准确判断中国的实际形势和国情，出现了许多不切实际甚至错误的决策，导致党遭受了许多挫折。毛泽东在 1938 年提出马克思主义中国化，标志着中国共产党人在思想上逐步走向成熟。他指出："马克思主义

---

① 《马克思恩格斯选集》第 3 卷，人民出版社 2012 年版，第 394 页。
② 《列宁选集》第 2 卷，人民出版社 2012 年版，第 26—27 页。
③ 习近平：《在文化传承发展座谈会上的讲话》，《求是》2023 年第 17 期。

必须和我国的具体特点相结合并通过一定的民族形式才能实现。马克思列宁主义的伟大力量，就在于它是和各个国家具体的革命实践相联系的。"① 邓小平反复强调，绝不能要求马克思、列宁承担为他们去世之后所产生的问题提供现成答案的任务，"真正的马克思列宁主义者必须根据现在的情况，认识、继承和发展马克思列宁主义"②，"世界形势日新月异，特别是现代科学技术发展很快。……不以新的思想、观点去继承、发展马克思主义，不是真正的马克思主义者。"③ 江泽民也指出，正确对待马克思主义，必须坚持马克思主义的科学态度，"如果不顾历史条件和客观情况的变化，把马克思主义经典作家讲的所有的话都当成不可更改的教条，那就会损害乃至窒息马克思主义的生命力"。④ 胡锦涛在总结我们党保持和发展马克思主义政党先进性的根本点时指出，要"以科学态度对待马克思主义，用发展着的马克思主义指导新的实践"⑤。"现在的情况""历史条件和客观情况的变化""新的实践"等，既包括当下的基本国情、延续至今的历史文化、社会主义建设中的新问题新要求，也包括对时代特征的正确认识。在中国共产党的话语体系中，常用"世情国情党情"来描述科学社会主义发展过程中的复杂情况，习近平总书记在不同场合反复强调，谋划和推进党和国家各项工作，要基于对世情国情党情的深入分析和准确判断。邓小平提出和平与发展的时代主题论，党的十九大提出中国特色社会主义进入新时代，以及习近平新时代中国特色社会主义思想的创立，都是在正确把握复杂情况下对科学社会主义的重大发展。正如习近平

---

① 《毛泽东选集》第二卷，人民出版社1991年版，第534页。
② 《邓小平文选》第三卷，人民出版社1993年版，第291页。
③ 《邓小平文选》第三卷，人民出版社1993年版，第291—292页。
④ 《江泽民文选》第三卷，人民出版社2006年版，第337页。
⑤ 《胡锦涛文选》第三卷，人民出版社2016年版，第528页。

总书记指出的，"社会主义并没有定于一尊、一成不变的套路"，要"把科学社会主义基本原则同本国具体实际、历史文化传统、时代要求紧密结合起来"。①

坚持把马克思主义基本原理同中国具体实际相结合。这一"结合"着眼解决新时代改革开放和社会主义现代化建设的实际问题，不断回答中国之问、世界之问、人民之问、时代之问，作出符合中国实际和时代要求的正确回答，得出符合客观规律的科学认识。首先要把握中国的基本国情。中国仍处于并将长期处于社会主义初级阶段，同时已经进入新发展阶段；中国仍然是世界最大发展中国家，同时经济实力、科技实力、综合国力、国际影响力已经显著提高；中国社会主要矛盾已经转化为人民日益增长的美好生活需要和不平衡不充分的发展之间的矛盾。这些都是在理论创造中需要紧密结合的基本国情。其次要把握时代大势。从 20 世纪到 21 世纪经济力量的变化情况来看，1900 年，英国、美国、法国、德国、意大利、俄国、日本和奥匈帝国作为当时世界上最发达的工业化国家；按购买力平价计算，其 GDP 总量达到了全世界的 50.4%，到了 2000 年，"新八国"（加拿大取代奥匈帝国）的占比为 47%，比 1900 年仅下降 3.4%。② 然而，进入 21 世纪，2018 年八国集团的经济总量占比已经降到 34.7%。此外，大变局之"变"，不仅是经济总量占比的变化，还反映在世界经济、政治、文化、外交等各个领域，是世界性的整体质变。从新一轮科技革命和产业变革深入发展的影响来看，以物联网、3D 打印、大数据、云计算、人工智能、量子科技等为代表的新一轮科技革命和产业革命的兴起，势必造就

---

① 《习近平谈治国理政》第三卷，外文出版社 2020 年版，第 76 页。
② 林毅夫：《中国式现代化的经济学逻辑与世界意义》，《科学社会主义》2023 年第 1 期。

新的生产力发展和生产方式变革，人们的思维方式、生活方式、交往方式正在发生深刻变化。在这个大变动的时代，世界再次面临向何处去的"时代之问"，各种主义和思潮都在尝试回答这个问题。在关系未来人类命运的这个重大问题上，中国的马克思主义者需要聆听时代的声音，回应时代的呼唤，以创新理论进行解答。最后要聚焦和回答现实问题。理论创新的目的是要回答并指导解决问题。推动中国特色社会主义事业高质量发展，不是轻轻松松、敲锣打鼓就能实现的，"既有问题"需要解决，同时也要做好应对"突发问题"的准备。中国改革发展稳定面临不少深层次矛盾躲不开、绕不过，党的建设特别是党风廉政建设和反腐败斗争面临不少顽固性、多发性问题，来自外部的打压遏制随时可能升级。中国发展进入战略机遇和风险挑战并存、不确定难预料因素增多的时期，各种"黑天鹅""灰犀牛"事件随时可能发生。我们要始终坚持用马克思主义之"矢"去射中国具体实际之"的"，形成与时俱进的理论成果，更好指导中国实践。

坚持把马克思主义基本原理同中华优秀传统文化相结合。"第二个结合"是党的十八大以来以习近平同志为核心的党中央提出的重大命题，是继续推进马克思主义中国化时代化的必由之路。中华优秀传统文化是中华民族的根和魂，是中国特色社会主义植根的文化沃土。习近平总书记指出："文化是一个国家、一个民族的灵魂。历史和现实都表明，一个抛弃了或者背叛了自己历史文化的民族，不仅不可能发展起来，而且很可能上演一幕幕历史悲剧。"①坚持和发展马克思主义，必须同中华优秀传统文化相结合。只有植根本国、本民族历史文化沃土，马克思主义真理之树才能根深叶

---

① 习近平：《在哲学社会科学工作座谈会上的讲话》，人民出版社 2016 年版，第 17 页。

茂。只有立足波澜壮阔的中华五千多年文明史，才能真正理解中国道路的历史必然、文化内涵与独特优势。习近平总书记指出："'结合'的前提是彼此契合。'结合'不是硬凑在一起的。马克思主义和中华优秀传统文化来源不同，但彼此存在高度的契合性。"①科学社会主义的主张最终能扎根中国大地、开花结果，绝不是偶然的，而是同中国传承了几千年的优秀历史文化和广大人民日用而不觉的价值观念融通的。天下为公、民为邦本、为政以德、革故鼎新、任人唯贤、天人合一、自强不息、厚德载物、讲信修睦、亲仁善邻等，是中国人民在长期生产生活中积累的宇宙观、天下观、社会观、道德观的重要体现，同科学社会主义价值观主张具有高度契合性。比如，"江山就是人民，人民就是江山"的马克思主义群众观与民贵君轻、政在养民的民本思想高度契合；"周虽旧邦，其命维新""天行健，君子以自强不息""苟日新，日日新，又日新"等体现了改革开放的精神之源；"先天下之忧而忧，后天下之乐而乐""苟利国家生死以、岂因祸福避趋之""富贵不能淫、贫贱不能移、威武不能屈"等价值取向是丰富和发展马克思主义建党学说的重要思想源泉；"天下大同、协和万邦""天下一家"等传统思想，滋养了今天我们构建人类命运共同体的理念。历史正反两方面的经验教训表明，"两个结合"是我们党取得成功的最大法宝。过去我们一直强调把马克思主义基本原理同中国具体实际相结合，现在我们又明确提出"第二个结合"。马克思主义基本原理和中华优秀传统文化，相互契合才能有机结，因此中国共产党既是马克思主义的坚定信仰者和践行者，又是中华优秀传统文化的忠实继承者和弘扬者。从"结合"的结果来看，两个"结合"是相互成就的。

---

① 习近平：《在文化传承发展座谈会上的讲话》，《求是》2023 年第 17 期。

"第二个结合"让马克思主义成为中国的，中华优秀传统文化成为现代的，让经由"结合"而形成的新文化成为中国式现代化的文化形态。从"结合"对中国道路的意义来看，"第二个结合"让中国特色社会主义道路有了更加宏阔深远的历史纵深，拓展了中国特色社会主义道路的文化根基。从"结合"的创新内涵来看，"第二个结合"是我们党又一次的思想解放，让我们能够在更广阔的文化空间中，充分运用中华优秀传统文化的宝贵资源，探索面向未来的理论和制度创新。从"结合"的文化意义来看，"第二个结合"巩固了我们的文化主体性，有了文化主体性，就有了文化意义上坚定的自我，文化自信就有了根本依托。总的来讲，正如习近平总书记所指出的，"第二个结合"，是我们党对马克思主义中国化时代化历史经验的深刻总结，是对中华文明发展规律的深刻把握，表明我们党对中国道路、理论、制度的认识达到了新高度，表明我们党的历史自信、文化自信达到了新高度，表明我们党在传承中华优秀传统文化中推进文化创新的自觉性达到了新高度。[①]

## 三、把握好"六个必须坚持"的世界观和方法论

习近平总书记在党的二十大报告中指出："继续推进实践基础上的理论创新，首先要把握好新时代中国特色社会主义思想的世界观和方法论，坚持好、运用好贯穿其中的立场观点方法。"[②] 报告

---

① 习近平：《在文化传承发展座谈会上的讲话》，《求是》2023 年第 17 期。
② 习近平：《高举中国特色社会主义伟大旗帜　为全面建设社会主义现代化国家而团结奋斗——在中国共产党第二十次全国代表大会上的报告》，人民出版社 2022 年版，第 18 页。

从六个方面作出概括和阐述，强调必须坚持人民至上、坚持自信自立、坚持守正创新、坚持问题导向、坚持系统观念、坚持胸怀天下。"六个必须坚持"深刻揭示了习近平新时代中国特色社会主义思想的理论品格和鲜明特质，是继续推进理论创新必须始终坚持的基本点。

## （一）坚持人民至上

人民群众是历史的创造者，是社会物质财富和精神财富的创造者，是推动社会历史变革的决定力量。这是马克思主义的基本观点之一。习近平总书记指出："为什么人、靠什么人的问题，是检验一个政党、一个政权性质的试金石。我们要始终把人民立场作为根本政治立场，把人民利益摆在至高无上的地位，不断把为人民造福事业推向前进。"[1] 马克思主义政党不是因成员的个人利益而结成的政党，而是因共同的理想信念而组织起来的政党，共产主义和社会主义的纲领、人民至上的根本政治立场，不会因时因势而变。因此，和资本主义国家的政党不同，马克思主义政党把人民放在心中最高位置，一切奋斗都致力于实现最广大人民的根本利益。坚持人民至上，是贯穿习近平新时代中国特色社会主义思想的一条红线。习近平总书记强调，"我们党来自于人民，为人民而生，因人民而兴"，"以百姓心为心，与人民同呼吸、共命运、心连心，是党的初心，也是党的恒心"；强调"民心是最大的政治"，"让人民生活幸福是'国之大者'"，"人民对美好生活的向往就是我们的奋斗目标"；强调"我的执政理念，概括起来说就是，为人民服务，担当起该担当的责任"，这些重要论述鲜明体现了习近平新时代中国特

---

[1] 《十八大以来重要文献选编》（下），中央文献出版社 2018 年版，第 400 页。

色社会主义思想的鲜明本色和根本立场。

## （二）坚持自信自立

中国人民和中华民族从近代以后的深重苦难走向伟大复兴的光明前景，从来就没有教科书，更没有现成答案。党的百年奋斗成功道路是党领导人民独立自主探索开辟出来的，马克思主义的中国篇章是中国共产党人依靠自身力量实践出来的，贯穿其中的一个基本点就是中国的问题必须从中国基本国情出发，由中国人自己来解答。习近平总书记指出："人类历史上，没有一个民族、没有一个国家可以通过依赖外部力量、跟在他人后面亦步亦趋实现强大和振兴。那样做的结果，不是必然遭遇失败，就是必然成为他人的附庸。"① 中国共产党百年的奋斗历程深刻揭示出一个道理：适合自己的才是最好的，只有立足自身实际，坚持走自己的路，把国家和民族发展放在自己力量的基点上，把发展进步的命运牢牢掌握在自己手中，独立自主地解决自己的问题，我们的事业才有前途和希望。在新征程上，我们要坚定道路自信、理论自信、制度自信、文化自信，以更加积极的历史担当和创造精神为发展马克思主义作出新的贡献，既不能刻舟求剑、封闭僵化，也不能照抄照搬、食洋不化。

## （三）坚持守正创新

我们从事的是前无古人的伟大事业，守正才能不迷失方向、不犯颠覆性错误，创新才能把握时代、引领时代。守正创新是习近平新时代中国特色社会主义思想的显著标识。守正与创新相辅相成，

---

① 习近平：《在纪念毛泽东同志诞辰 120 周年座谈会上的讲话》，人民出版社 2013 年版，第 21 页。

体现了"变"与"不变"、继承与发展、原则性与创造性的辩证统一。习近平总书记告诫我们：我们不仅要防止落入"中等收入陷阱"，也要防止落入"西化分化陷阱"。① 党的十八大以来，以习近平同志为核心的党中央在立场、方向、原则、道路等根本性问题上旗帜鲜明，坚持马克思主义基本原理、党的全面领导、中国特色社会主义不动摇，确保了党不变质、不变色、不变味。在百年未有之大变局的时代，中国面临的社会和现实条件不可能一成不变，如果不能推陈出新，党的治理就会失去发展动力。我们要以科学的态度对待科学，以真理的精神追求真理，在正本清源、固本培元的同时，把创新摆在国家发展全局的突出位置，顺应时代发展要求，着眼于解决重大理论和实践问题，积极识变应变求变，大力推进改革创新，充分激发全社会创造活力，以满腔热忱对待一切新生事物，不断拓展认识的广度和深度，敢于说前人没有说过的新话，敢于干前人没有干过的事情，以新的理论指导新的实践。

## （四）坚持问题导向

问题是时代的声音，回答并指导解决问题是理论的根本任务。今天我们所面临问题的复杂程度、解决问题的艰巨程度明显加大，给理论创新提出了全新要求。坚持问题导向，是习近平新时代中国特色社会主义思想的鲜明风格，是推进马克思主义中国化时代化的现实着眼点。习近平总书记指出："我们党领导人民干革命、搞建设、抓改革，从来都是为了解决中国的现实问题。"② 强烈的问题意识贯穿于我们革命、建设、改革的全部实践，成为推动马克思主

---

① 《习近平关于全面深化改革论述摘编》，人民出版社 2014 年版，第 22 页。
② 《习近平关于协调推进"四个全面"战略布局论述摘编》，中央文献出版社 2015 年版，第 87 页。

义中国化时代化的不竭动力。党的十八大以来，我们党推动全面深化改革，持之以恒纠治"四风"、以零容忍态度惩治腐败，打赢蓝天碧水净土保卫战，着力防范和化解重大风险，等等，都是聚焦重大理论和实践问题，把问题作为研究制定政策的出发点，把化解矛盾、破解难题作为打开局面的突破口。问题无处不在、无时不有，这是一个社会的普遍状态，但关键是要善于发现问题、分析问题从而解决问题。我们要增强问题意识，聚焦实践遇到的新问题、改革发展稳定存在的深层次问题、人民群众急难愁盼问题、国际变局中的重大问题、党的建设面临的突出问题，不断提出真正解决问题的新理念新思路新办法。

### （五）坚持系统观念

所谓不谋万世者，不足谋一时；不谋全局者，不足谋一域。万事万物是相互联系、相互依存的。只有用普遍联系的、全面系统的、发展变化的观点观察事物，才能把握事物发展规律。我国是一个发展中大国，仍处于社会主义初级阶段，正在经历广泛而深刻的社会变革，推进改革发展、调整利益关系往往牵一发而动全身。新时代以来，以习近平同志为核心的党中央统揽伟大斗争、伟大工程、伟大事业、伟大梦想，统筹推进"五位一体"总体布局、协调推进"四个全面"战略布局，统筹发展与安全，这些都是运用系统思维进行的全局谋划。在全面建设社会主义现代化国家新征程上，我们将面对更加深刻复杂变化的发展环境，面对更多两难、多难问题，要坚持和运用系统观念观察形势、分析问题、推动工作。我们要善于通过历史看现实、透过现象看本质，把握好全局和局部、当前和长远、宏观和微观、主要矛盾和次要矛盾、特殊和一般的关系，不断提高战略思维、历史思维、辩证思维、系统思维、创新思维、法治思维、底线思维能力，为前瞻性思考、全局性谋划、整体性推进党和国家各项事业提供科学思想方法。

### （六）坚持胸怀天下

中国共产党是为中国人民谋幸福、为中华民族谋复兴的党，也是为人类谋进步、为世界谋大同的党。在百年奋斗历程中，我们党始终以世界眼光关注人类前途命运，从人类发展大潮流、世界变化大格局、中国发展大历史正确认识和处理同外部世界的关系，始终站在历史正确的一边，站在人类文明进步的一边，为世界发展和人类进步事业作出了重要贡献。习近平总书记从人类前途命运出发，鲜明提出并深刻阐述了构建人类命运共同体的重大倡议，提出全球发展倡议、全球安全倡议，提出弘扬全人类共同价值、建设新型国际关系、推动共建"一带一路"高质量发展，描绘了建设持久和平、普遍安全、共同繁荣、开放包容、清洁美丽的世界的美好愿景，为维护世界和平与促进共同发展提供了中国智慧、中国方案，充分体现了中国的大国风范和大国担当。习近平总书记明确指出："我们要担负起引领方向的责任，把握和塑造人类共同未来。人民渴望富足安康，渴望公平正义。大时代需要大格局，大格局呼唤大胸怀。"① 我们要拓展世界眼光，深刻洞察人类发展进步潮流，积极回应各国人民普遍关切，为解决人类面临的共同问题作出贡献，以海纳百川的宽阔胸襟借鉴吸收人类一切优秀文明成果，推动建设更加美好的世界。

习近平新时代中国特色社会主义思想之所以具有强大的真理力量和实践伟力，就在于坚持马克思主义世界观和方法论，运用了科

---

① 《习近平谈治国理政》第四卷，外文出版社 2022 年版，第 424 页。

学的立场观点方法。人民至上、自信自立、守正创新、问题导向、系统观念、胸怀天下，明确了中国共产党理论创新的价值取向、基本立足点、原则方向、主要着力点、思想方法、应有的胸怀格局，是理解把握习近平新时代中国特色社会主义思想的"金钥匙"。

## 四、科学社会主义焕发出蓬勃生机活力

习近平总书记在党的二十大报告中指出："科学社会主义在二十一世纪的中国焕发出新的蓬勃生机，中国式现代化为人类实现现代化提供了新的选择，中国共产党和中国人民为解决人类面临的共同问题提供更多更好的中国智慧、中国方案、中国力量，为人类和平与发展崇高事业作出新的更大的贡献！"[①] 新时代新征程，我们党勇于进行理论探索和创新，不断深化对共产党执政规律、社会主义建设规律、人类社会发展规律的认识，一以贯之地坚持和发展中国特色社会主义，创立习近平新时代中国特色社会主义思想，使科学社会主义在中国发展到一个崭新阶段。

1516 年，怀着对广大劳苦群众的同情，生活在资本主义萌芽时代的英国人文主义者托马斯·莫尔写出了《乌托邦》，想象了一个财产公有、没有剥削、按需分配的美好国家制度。19 世纪上半叶，以圣西门、傅立叶、欧文为代表的空想社会主义发展到最高阶段，他们著书立说，尖锐批判资本主义旧制度，描绘社会主义新制度，欧文甚至还在自己领导的棉纺厂进行慈善试验，但最终他们的主张都没有变成现实，改造社会的试验都走向失败。空想社会主义

---

① 习近平：《高举中国特色社会主义伟大旗帜　为全面建设社会主义现代化国家而团结奋斗——在中国共产党第二十次全国代表大会上的报告》，人民出版社 2022 年版，第 16 页。

失败的根源，同不成熟的资本主义生产状况和阶级状况相适应，正如列宁所说，它"没有能够指出真正的出路"，"不会阐明资本主义制度下雇佣奴隶制的本质"，"不会发现资本主义发展的规律"，"不会找到能够成为新社会的创造者的社会力量"。[①] 随着资本主义的发展，马克思、恩格斯在新的历史条件下创立唯物史观和剩余价值学说，实现了社会主义从空想到科学的发展。当社会主义的历史发展进入 20 世纪，十月革命实现了社会主义从理想到现实的飞跃，从根本上推翻了人剥削人、人压迫人的制度，开辟了人类历史新纪元。在十月革命的影响下，社会主义成为许多国家赢得民族独立、民族解放和国家发展的重要选择，包括中国在内的一些国家先后走上社会主义道路，世界上近三分之一的人口一度生活在社会主义制度下，社会主义力量大大增强。

20 世纪 80 年代，在苏联模式走向衰败之际，中国特色社会主义在回应时代变局带来的机遇和挑战中兴起，马克思主义的时代化发展从"俄国阶段"进入"中国阶段"。80 年代末 90 年代初，苏联解体、东欧剧变后，世界社会主义运动走入低谷，中国特色社会主义在总结经验和吸取苏东剧变教训的基础上，顶住了巨大压力和挑战，坚守和捍卫了社会主义。东欧剧变导致国际格局大变，在意识形态领域，"第三波民主化浪潮""历史终结论""多米诺骨牌效应"等时兴理论和新潮观念兴起，不少人认为中国的社会主义必然走向苏东国家的结局，唱衰中国的声音不绝于耳。如今 30 余年过去了，中国成功在世界上举住和举稳了社会主义旗帜，使科学社会主义在 21 世纪的中国继续存在和向前发展具有了最基本的现实性。在和平与发展成为时代主题、新技术革命和新工业革命时代来

---

① 《列宁专题文集：论马克思主义》，人民出版社 2009 年版，第 71 页。

临之际，邓小平提出要抓住机遇、实行改革开放，建设有中国特色的社会主义。苏东剧变发生时，中国的改革开放已进行 10 余年，为中国度过这场世界性的社会主义危机创造了条件。在自主探索和改革开放的过程中，中国共产党逐渐认识到苏联模式的一系列弊端，比如不尊重经济规律，实行单一的生产资料公有制和指令性计划经济；忽视社会主义民主法制建设；面对经济社会发展困境进行体制调整时偏离正确方向；放弃民主集中制原则使党内从思想混乱演变到组织混乱；等等。在总结和吸取苏东剧变教训的基础上，中国共产党根据本国国情和时代特点，形成了中国特色社会主义理论体系，在关于社会主义发展阶段、社会主义本质、改革开放、市场经济等方面提出了一系列的创新观点，这些理论创新成为科学社会主义继续扎根中国并蓬勃发展的又一现实性。中国特色社会主义以"事实的存在"坚守和捍卫了科学社会主义。习近平总书记指出："十月革命的风吹进来了，但我们党最终也没有成为一个苏联式的党。冷战结束后，苏联解体、东欧剧变，我们仍然走自己的路，所以我们才有今天。"①

党的十八大以来，中国特色社会主义进入新时代，成功开辟了科学社会主义的新境界。中国特色社会主义进入新时代的深远影响，同时体现在理论和实践上。从理论层面看，中国特色社会主义把科学社会主义推向崭新的发展阶段，形成了道路、理论、制度、文化"四位一体"的科学体系，统筹推进了经济、政治、文化、社会、生态文明"五大建设"，社会主义的影响力感召力极大增强，使世界范围内两种意识形态、两种社会制度的历史演进及其较量，发生了有利于马克思主义、社会主义的深刻转变，在此背景下

---

① 《习近平总书记重要讲话文章选编》，中央文献出版社、党建出版社 2016 年版，第 134 页。

创立了习近平新时代中国特色社会主义思想，科学社会主义在中国焕发新生机。从实践层面看，依照历史唯物主义关于社会存在决定社会意识的基本原理，中国特色社会主义进入新时代最主要的现实基础是党的十八大以来所取得的历史性成就和实现的历史性变革。中国特色社会主义创造出的"中国奇迹"为历经磨难的社会主义注入强大生命力，中国在社会主义制度下取得的各方面成就在世界上重振了人们对社会主义的信心。

中国特色社会主义实践还为人类文明进步作出了新的贡献，走出了中国式现代化道路。新中国成立特别是改革开放以来，我们用几十年时间走完西方发达国家几百年走过的工业化历程，创造了经济快速发展和社会长期稳定的奇迹。党的十八大以来，我们党在已有基础上继续前进，不断实现理论和实践上的创新突破，成功推进和拓展了中国式现代化，初步构建中国式现代化的理论体系，这是科学社会主义的最新重大成果。经过一百多年为现代化而持续探索和奋斗的过程，中国已经走过了"西天取经"（"向西方学习"）的阶段，开启了独立探索"中国式现代化"的新阶段，即从"现代化在中国"发展到"中国式现代化"，这无论对中国和世界的未来发展都具有重大意义。① 党的二十大报告明确概括了中国式现代化是人口规模巨大的现代化、是全体人民共同富裕的现代化、是物质文明和精神文明相协调的现代化、是人与自然和谐共生的现代化、是走和平发展道路的现代化这 5 个方面的中国特色。中国式现代化，打破了"现代化＝西方化"的迷思，展现了现代化的另一幅图景，拓展了发展中国家走向现代化的路径选择，为人类对更好社会制度的探索提供了中国方案。中国式现代化，"深深植根于中华

---

① 杨学功：《从"现代化在中国"到"中国式现代化"：重思全球化背景下的中国现代化道路》，《中国文化研究》2021 年第 3 期。

优秀传统文化，体现科学社会主义的先进本质，借鉴吸收一切人类优秀文明成果，代表人类文明进步的发展方向，展现了不同于西方现代化模式的新图景，是一种全新的人类文明形态"，其"蕴含的独特世界观、价值观、历史观、文明观、民主观、生态观等及其伟大实践，是对世界现代化理论和实践的重大创新"。①

当前，中国特色社会主义已经成为世界社会主义的中流砥柱，中国特色社会主义的历史命运意味着科学社会主义在 21 世纪的历史命运。习近平总书记强调，坚持和发展中国特色社会主义是一篇大文章，中国共产党人要必须把这篇大文章继续写下去，不断把对中国特色社会主义规律的认识提高到新的水平，不断开辟当代中国马克思主义发展新境界，用鲜活丰富的当代中国实践推动世界社会主义发展。

---

① 《正确理解和大力推进中国式现代化》，《人民日报》2023 年 2 月 8 日。

# 第三章 以中国式现代化全面推进
## 中华民族伟大复兴

在党的文献中，"以中国式现代化推进中华民族伟大复兴"重要论断较早是在党的十九届五中全会第二次全体会议上被提及，习近平总书记在会议上明确指出："我国要坚定不移推进中国式现代化，以中国式现代化推进中华民族伟大复兴，不断为人类作出新的更大贡献。"①随后，党的十九届六中全会审议通过的《中共中央关于党的百年奋斗重大成就和历史经验的决议》再次强调"以中国式现代化推进中华民族伟大

---

① 《十九大以来重要文献选编》中，中央文献出版社2021年版，第825页。

复兴"①。2022 年 7 月，习近平总书记在省部级主要领导干部专题研讨班的重要讲话中也提及此观点，进一步强调我们推进的现代化是中国共产党领导的社会主义现代化，必须坚持以中国式现代化推进中华民族伟大复兴。2022 年 10 月，党的二十大在京胜利召开，习近平总书记明确指出："从现在起，中国共产党的中心任务就是团结带领全国各族人民全面建成社会主义现代化强国、实现第二个百年奋斗目标，以中国式现代化全面推进中华民族伟大复兴。"②由此可见，"以中国式现代化全面推进中华民族伟大复兴"被正式列入新时代新征程党的中心任务。与之前的表述相比，党的二十大报告增加了"全面"二字，从"推进"变成"全面推进"，进一步提高了对于中华民族伟大复兴的要求。党的二十大报告第三部分明确阐述了中国式现代化的中国特色、本质要求、战略重点与重大原则，可以说初步构建了新时代中国式现代化的理论体系，这也为"以中国式现代化全面推进中华民族伟大复兴"重要命题提供了坚实的理论基础。

## 一、中华民族伟大复兴的重要使命

实现中华民族伟大复兴是中国共产党的重要使命，也是亿万中华儿女由衷的夙愿与奋斗的动力。习近平总书记在全国脱贫攻坚总结表彰大会上强调："中国共产党从成立之日起，就坚持把为中国人民谋幸福、为中华民族谋复兴作为初心使命，团结带领中国人民

---

① 《中共中央关于党的百年奋斗重大成就和历史经验的决议》，人民出版社 2021 年版，第 24 页
② 习近平：《高举中国特色社会主义伟大旗帜 为全面建设社会主义现代化国家而团结奋斗——在中国共产党第二十次全国代表大会上的报告》，人民出版社 2022 年版，第 21 页。

为创造自己的美好生活进行了长期艰辛奋斗。"① 党的二十大报告明确定位了新时代新征程中国共产党的中心任务，即团结带领全国各族人民全面建成社会主义现代化强国、实现第二个百年奋斗目标，以中国式现代化全面推进中华民族伟大复兴。那么，为何是以中国式现代化全面推进中华民族伟大复兴？中国式现代化又何以能够全面推进中华民族伟大复兴？要回答这两个兼具理论意义与现实意义的问题，就必须首先厘清中华民族伟大复兴中国梦的由来与发展脉络以及中华民族伟大复兴与现代化建设存在的逻辑关系。

### （一）中华民族伟大复兴中国梦的提出

2012 年 11 月 29 日，就在党的十八大闭幕不久后，习近平总书记在参观国家博物馆《复兴之路》展览时，深情感慨道："我以为，实现中华民族伟大复兴，就是中华民族近代以来最伟大的梦想。"② 如今，距离中国梦的提出已经过去了十余年。回首新时代十年的伟大变革，以习近平同志为核心的党中央深刻把握世界百年未有之大变局与中华民族伟大复兴的战略全局，于危机中寻找先机，于变局中开创新局，着力把百年变局的方向朝着有利于中华民族伟大复兴的方向加速推进。党的十九大明确指出实现伟大梦想，必须进行伟大斗争，建设伟大工程，推进伟大事业，并且深刻指出"四个伟大"之间是存在紧密联系、相互作用的关系并且统一于新时代坚持和发展中国特色社会主义的伟大实践中。这里的伟大梦想，毫无疑问指的是中华民族伟大复兴中国梦。伟大梦想虽然是中国共产党人提出的，但不只是共产党员矢志不渝的追求，它是国家

---

① 习近平：《在全国脱贫攻坚总结表彰大会上的讲话》，人民出版社 2021 年版，第 3 页。
② 《习近平谈治国理政》第一卷，外文出版社 2018 年版，第 36 页。

的梦，是中华民族的梦，更是每一个中国人民的梦。只有国家富强、民族复兴，人民群众才能过上好日子。反过来，实现伟大梦想也需要全体人民共同努力创造美好明天。中国式现代化以其人口规模巨大必然产生巨大的规模效应。从积极的层面来看，每个人为民族复兴贡献一份力量，单份贡献乘以 14 亿得到的就是巨大的成果。可以说，民族复兴，人人有责，人人尽责，指日可待。只要我们每个人将人生理想融入民族复兴的伟大梦想中去，就会为中国梦的实现汇聚强大力量！对于个人来说，在实现自身梦想的道路上也会充满荆棘与挑战，但因为心中有梦想的指引、有过硬的本领驾驭、有不屈不挠的精神支撑，有公平的机制作为保障，梦想总会有实现的那一天。对于国家来说也是这样。中华民族伟大复兴不是敲锣打鼓、简简单单就能实现的。对于美好愿景我们欣然向往，对于前进征程中的风险挑战我们也要预先估计且拿出应对方案。第一，实现伟大梦想，必须进行伟大斗争。党的二十大报告第三部分在阐述中国式现代化需要把握的重大原则时就特别提到坚持发扬斗争精神。和谁斗争？怎么斗争？为什么要强调斗争？实际上，伟大斗争是伴随着社会矛盾运动而来的，有矛盾存在的地方就会有斗争。而社会要向前发展，矛盾是普遍存在的，自然斗争也避免不了。强调伟大斗争，一是强调斗争行为，即在民族复兴路上要对歪曲社会主义、诋毁党的一切言行敢于斗争、敢于亮剑，拥有清晰的边界感与底线思维。二是强调斗争精神，即在前进道路上随时做好破解难题、应对风雨、直击矛盾的准备。至于斗争的方式，那就是涉及原则底线问题，坚决不让步。其他问题，视情节轻重以及外界形势的变化进行灵活处理。既要不过度反应从而激化矛盾，也要不刻意回避从而无限妥协。第二，实现伟大梦想，必须建设伟大工程。这里的伟大工程是指党的建设新的伟大工程，伟大工程在"四个伟大"中起到决定性作用。早在革命时期，毛泽东同志就总结了中国革命胜利必不可少的三大法宝即统一战线、武装斗争、党的建设。其中，党的建设就是这三大法宝的核心。如今，中国特色社会主义进入新时代，党的建设依然是重中之重。历史经验告诉我们：没有中国共产党的坚强领导，民族复兴无望。在实现中国梦的征途中，如何跳出"历史周期率"？如何创造经济快速发展且社会长期稳定的"两大奇迹"？如何有效应对"四大考验"？答案都在党。中国共产党保持先进性与纯洁性的秘诀就在于党敢于自我革命，这也是中国共产党与其他政党的重要区别。实现中华民族伟大复兴中国梦，党的领导是必不可少的政治保证。第三，实现伟大梦想，必须推进伟大事业。伟大事业着力于回答民族复兴举什么旗、走什么路的问题。中国特色社会主义是实现中华民族伟大复兴的必由之路。道路问题事关方向。坚持和发展中国特色社会主义是改革开放以来党的全部理论和实践的主题。解放和发展生产力是中国特色社会主义的根本任务，因此伟大事业的推进需要坚持"一个中心，两个基本点"的基本路线，需要深入贯彻以人民为中心的发展思想，需要不断增进人民福祉。在通往民族复兴的路途中，我们既不走封闭僵化的老路，也不走改旗易帜的邪路，只有中国特色社会主义道路才可以抵达"复兴站"。

## （二）中华民族伟大复兴与现代化的关系

中华民族伟大复兴与现代化的关系问题，既是一个学术问题，也是一个现实问题，引发了学术界的广泛关注。陈金龙教授专门撰文阐述《中国式现代化与中华民族伟大复兴的内在联系》，他指出："中国式现代化体现了过程与结果的统一。从过程的视角出发，推进中国式现代化的过程就是实现中华民族伟大复兴的过程；

从结果的维度来看，社会主义现代化强国的全面建成以及中华民族伟大复兴是一前一后两个相继发生的结果。"① 笔者认为，中华民族伟大复兴与现代化存在相互作用、相互影响的逻辑关系。第一，中华民族伟大复兴中国梦的产生是源于现代化的挑战。1840年鸦片战争后，我国被西方列强的坚船利炮被迫打开国门，遭受了前所未有的劫难。为什么中国会落后于世界饱受欺凌？是西方人厉害中国人不厉害吗？答案当然是否定的。不是西方人种具有的优越性而是西方率先开启的现代化使得西方国家资产阶级生产力大幅跃升。什么是现代化？罗荣渠在《现代化新论》中明确指出：广义的现代化是指自工业革命以来现代生产力导致社会生产方式的大变革，引起世界经济加速发展和社会适应性变化的大趋势。狭义的现代化主要是指第三世界经济落后国家采取适合自己的高效率途径，通过有计划的经济技术改造和学习世界先进，带动广泛的社会改革，以迅速赶上先进工业国和适应世界环境的发展过程；也就是说，现代化进程的客观内容，是欠发达和不发达国家在现代国际体系的影响下，向现代工业社会的转变、加速社会发展和缩小与发达国家差距的过程。西方开启的现代化历程如果追溯到第一次工业革命属实比中国要早百余年的时间。西方资本主义国家也正是在这百余年得到了飞速发展。在世界现代化进程中，有先发国家也有后发国家。由于现代化发轫于西方并且西方发达国家有较为丰富的发展经验，作为现代化后发国家的中国需要从已经实现现代化的国家中广泛汲取和借鉴现代化的一般规律，并结合本国国情走出一条适合本国发展的中国式现代化道路，全面融入世界现代化的浪潮中去。可以说，中国梦源起于西方现代化的迅猛发展给中国带来的震撼与挑战。第

---

① 陈金龙：《中国式现代化与中华民族伟大复兴的内在联系》，《中国高校社会科学》2022年第6期。

二，中华民族伟大复兴的核心要义就是要实现现代化。现代化是一个动态的过程性的概念，推进中华民族伟大复兴的过程就是实现现代化的过程，同样，实现现代化的过程也是推进中华民族伟大复兴的过程，二者是相辅相成的关系。党的二十大报告也明确把全面建成社会主义现代化强国列为新时代新征程中国共产党的中心任务。第三，实现中华民族伟大复兴的途径方法就是要以中国式现代化来全面推进。具体来看，关键是要以中国式现代化道路全面推进中华民族伟大复兴。举什么旗、走什么路对于国家发展起到至关重要的作用。历史和实践无数次地证明：中国式现代化道路是符合社会主义建设一般规律、体现人类社会发展规律、契合中国具体国情的、可以全面推进中华民族伟大复兴的康庄大道。以上论述的这三点实际上回答了为何要实现中华民族伟大复兴、什么是中华民族伟大复兴、如何推进中华民族伟大复兴的问题。而答案都指向了现代化。

## 二、中国式现代化的基本特征

党的二十大报告鲜明指出："中国式现代化，是中国共产党领导的社会主义现代化，既有各国现代化的共同特征，更有基于自己国情的中国特色。"① 党的二十大报告从 5 个方面深刻阐发中国式现代化的基本特征，即中国式现代化是人口规模巨大的现代化、中国式现代化是全体人民共同富裕的现代化、中国式现代化是物质文明和精神文明相协调的现代化、中国式现代化是人与自然和谐共生的现代化、中国式现代化是走和平发展道路的现代化。这 5 个特征

---

① 习近平：《高举中国特色社会主义伟大旗帜 为全面建设社会主义现代化国家而团结奋斗——在中国共产党第二十次全国代表大会上的报告》，人民出版社 2022 年版，第 22 页。

的提炼是基于中西比较视野下的阐释，每一个特征都具有鲜明的中国特色。这 5 个方面的中国特色既是理论概括，也是实践要求，为全面建成社会主义现代化强国、实现中华民族伟大复兴指明了一条康庄大道。西方发达国家的现代化历程比中国早许多年，很多西方发达国家已经步入现代化国家的行列。中国作为后发国家搞赶超型的现代化，就要充分发挥后发优势。"先进国家往往是先行者，它们的每一项成功与失败都是后进者的宝贵财富，充分地利用这笔财富正是后进国家的优势所在。"① 所谓后发优势最重要的一点，就是充分借鉴和吸取发达国家现代化建设的经验与教训，基于中国国情加以转化与创新，从而更好地发展中国式现代化。除此以外，值得一提的是，中国式现代化的五个特征并不是党的二十大报告才被首次提出的，而是早在 2020 年 10 月党的十九届五中全会第二次全体会议上的讲话中，习近平总书记就概括为这五个方面。而后，又在 2021 年 1 月省部级主要领导干部学习贯彻党的十九届五中全会精神专题研讨班上的讲话进行了重申。2022 年 10 月习近平总书记在党的二十大报告中对于中国式现代化的每个特征又进行了更为深刻、系统地阐述。

## （一）人口规模巨大的现代化

习近平总书记在《中国式现代化是强国建设、民族复兴的康庄大道》一文中指出："人口规模巨大是中国式现代化的显著特征。"② 人口规模巨大是中国的基本国情，也是中国式现代化不容

---

① 郭熙保、张进铭：《论发展中国家的后发障碍与后发优势》，《经济评论》2000 年第 5 期。

② 习近平：《中国式现代化是强国建设、民族复兴的康庄大道》，《求是》2023 年第 16 期。

忽视的客观条件与现实基础。早在改革开放初期，邓小平就指出了中国实现四个现代化需要注意的两点：一是"底子薄"，二是"人口多，耕地少。"① 当时全国人口有九亿多，大多都是农民，由此构成了中国式的现代化的难点。现如今，根据国家统计局公布的最新全国人口普查主要数据显示，"截至 2021 年年末，我国全国总人口为 141260 万人，其中城镇人口约为 91425 万人，乡村人口约为 49835 万人。"② 纵观 20 年来人口数据，我国城乡人口结构发生了显著变化，随着社会经济的不断发展，人们思想观念的与时俱进，全国常住人口城镇化率也有大幅提升。从矛盾的普遍性来看，城市化也是现代社会不同于传统社会的重要特征与衡量指标，我国近 20 年来城镇化率的提升也在一定程度上表明我国城市化进程的加速发展、现代化发展的不断推进。

人口规模巨大对中国式现代化的进程会带来双重效应，只有分析清楚巨大人口规模带来的积极因素以及有可能的风险挑战才能确保中国式现代化的健康可持续发展。第一，从积极效应的角度来看，可以分为对国内和世界的积极作用。对国内来说，巨大规模的人口有助于提供充足的人力资源和超大规模市场，为现代化建设奠定强大的物质基础。当今时代是数字经济蓬勃发展的时代，数字经济具有畅通经济循环、激发动能的作用。从需求侧看，超大规模的网民数量会带来超大规模的市场优势以及创造巨大的需求潜力。由此进一步带来三点优势：一是不易发生生产过剩；二是巨大规模的消费市场不断驱动创新发展，反过来催生更大规模、更多元化的内

① 《邓小平文选》第二卷，人民出版社 1994 年版，第 163—164 页。
② 中华人民共和国国家统计局：《中华人民共和国 2021 年国民经济和社会发展统计公报》，国家统计局网站，https://data.stats.gov.cn/easyquery.htm? cn = C01&zb = A0301&sj = 2021。

需市场；三是数字经济有助于经济韧性的增强。从供给侧来看，数字经济较传统经济呈现边际成本低、更新迭代快的特征在网络效应的倍增影响下会对生产力的进步产生"幂数效应"。从对世界现代化进程的影响来看，世界上实现现代化的国家不超过 30 个，人口约为 10 亿。而中国一国的人口目前就达到了 14 亿多，等到 2035 年我国基本实现现代化，那将意味着世界上将有更多的人口享受到现代化的优越性，中国将在世界现代化的版图中留下更多的占比。"我们这个世界上最大发展中国家实现了现代化，意味着比现在所有发达国家人口总和还要多的中国人民将进入现代化行列，其影响将是世界性的。"[①] 第二，从可以预见的艰巨性和复杂性来看，人口规模巨大也给中国式现代化的进程带来了一系列的问题与挑战。毋庸置疑，1 亿人口的国家走向现代化和 14 亿多人口的国家走向现代化所面临的困难是截然不同的，不同国度实现现代化所采取的途径、方法与手段也是不同的。中国人口多且分布不均匀。由于中国人口规模巨大这一显著特征，现代化进程中在中国再小的问题乘以十四亿多人口也会演变为特大难题。中国式现代化的社会主义本质属性就要求它是以人民为中心的现代化，人民福祉是发展的根本目的，现代化的成果要惠及每一个人。在现代化建设的过程中，如何破解不平衡不充分的问题使得 14 亿多人口每个人都能感到幸福感、安全感、获得感是必须破解的难题，也是其复杂性所在。因此，要清醒地意识到解决吃饭、就业、医疗、教育、养老等 14 亿多人民群众的民生问题会面临前所未有的艰巨困难，需要保持历史耐心、坚持稳步推进。中国的特殊性在于世界现代化史上从没有如此大规模人口且经济文化落后的发展中国家实现现代化的先例可以

---

① 中共中央宣传部编：《习近平新时代中国特色社会主义思想学习纲要》，学习出版社、人民出版社 2019 年版，第 60 页。

遵循借鉴。西方现代化经历的是一个工业化、城镇化、农业现代化、信息化发展的"串联式"过程,中国式现代化将是一个工业化、信息化、城镇化、农业现代化叠加发展的"并联式"过程。中国式现代化的发展途径和推进方式必然具有自己的特点、具有中国特色。我们只能从本国国情出发探索一条适合于中国推进现代化的路径。

## (二)全体人民共同富裕的现代化

习近平总书记在《中国式现代化是强国建设、民族复兴的康庄大道》一文中指出:"全体人民共同富裕的现代化是中国式现代化的本质特征,也是区别于西方现代化的显著标志。"[①] 现代化可被理解为一个国家从贫穷走向富裕的过程,是人类社会发展到一定程度的阶段性特征。从如何实现富裕和如何共享富裕两个维度,可以简单划分为西方资本主义现代化道路和中国式现代化道路。"西方资本主义现代化所实现的富裕,并非个体和群体意义上的共同富裕,而是人均 GDP 富裕掩盖下的少数人的富裕和大多数人的贫穷;并非共同发展意义上的共同富裕,而是以抑制其他国家发展为前提的少数国家的富裕。"[②] 由此可见,现代化可以解决富裕的问题,但是西方资本主义现代化难以从根本上解决共同富裕的问题。西方现代化虽然创造了巨大的财富,但是现代化的成果却长期被少数人垄断享用,社会中的绝大多数人并没有享受到现代化带来的红利。皮凯蒂在《21 世纪资本论》中用翔实的数据论述西方资本主义财

---

[①] 习近平:《中国式现代化是强国建设、民族复兴的康庄大道》,《求是》2023 年第 16 期。

[②] 文丰安:《以中国式现代化扎实推进共同富裕的辩证关系与创新路径研究》,《西南大学学报(社会科学版)》2023 年第 1 期。

富分配的不平等现象最令人惊讶的事实无疑是，在所有这些社会里，半数人口几乎一无所有：最贫穷的50%人群占有的国民财富一律低于10%，一般不超过5%。①而两极分化会使得资源、财富、政治都掌握在1%的极少数人手中，社会的大多数人处在贫困与上升无望的痛苦与绝望中难寻出口，于是在美国有不少中下层群体以及千禧一代、Z世代的年轻群体把目光投向了社会主义。当然，他们理解的社会主义与中国特色社会主义以及苏联社会主义有很大的区别，而是一种类似于高福利、全民医保、公立大学免费、男女同工同酬的社会制度。生产力决定生产关系，经济基础决定上层建筑。马克思主义的矛盾运动规律也可以恰如其分地解释美国这样一个资本主义国家为何会出现社会主义思潮，桑德斯所宣扬的社会主义制度何以在美国总统竞选的擂台上赢得那么多选票。现代化并不一定意味着共同富裕，但是中国式现代化道路一定是实现全体人民共同富裕之路，这是由中国特色社会主义的本质要求所决定的。社会主义的本质是解放生产力，发展生产力，消灭剥削，消除两极分化，最终达到共同富裕。

党的十八大以来，以习近平同志为核心的党中央把逐步实现全体人民共同富裕摆在更加重要的位置上，推动区域协调发展，采取有力措施保障和改善民生，打赢脱贫攻坚战，全面建成小康社会，为促进共同富裕创造了良好条件。现在，已经到了扎实推动共同富裕的历史阶段。面向未来，本世纪中叶全面建成社会主义现代化强国之时，我国要基本实现全体人民共同富裕。那么，什么是社会主义制度下的全体人民共同富裕呢？习近平总书记明确指出：共同富裕是全体人民的富裕，是人民群众物质生活和精神生活都富

---

① ［法］托马斯·皮凯蒂：《21世纪资本论》，巴曙松等译，中信出版社2014年版，第261页。

裕，不是少数人的富裕，也不是整齐划一的平均主义，要分阶段促进共同富裕。① 由此可见，第一，共同富裕的主体是全体人民而非如西方的少数人。第二，共同富裕并非单向度地只重视经济指标，而是一个包含物质与精神的相对全面的概念，精神生活共同富裕也同样重要，正如英格尔斯在《人的现代化》一书中阐述的那样。第三，共同富裕并不是劫富济贫，也不是回到计划经济时期的平均主义，而是强调人在现代化建设中的主体性作用与参与度。第四，共同富裕不是一下子就能达到的，而是要分阶段、分重点且有序地渐进式推进。新时代新征程进一步推进全体人民共同富裕的现代化也面临一系列的挑战与问题。中国式现代化既要解放和发展生产力即做大"蛋糕"，又要避免西方资本主义现代化的两极分化即分好"蛋糕"。那么如何应对与解决这一难题呢？习近平总书记于2023 年 2 月 7 日在中央党校学习贯彻党的二十大精神研讨班开班式上发表重要讲话时强调，既要创造比资本主义更高的效率，又要更有效地维护社会公平，更好实现效率与公平相兼顾、相促进、相统一。②

## （三）物质文明与精神文明相协调的现代化

习近平总书记指出："既要物质富足、也要精神富有，是中国式现代化的崇高追求。"③ 中国式现代化是一个全面的概念，要求在经济、政治、文化、社会、生态等方面都达到现代化的标准，并

---

① 新华社：《习近平主持召开中央财经委员会第十次会议强调　在高质量发展中促进共同富裕　统筹做好重大金融风险　防范化解工作》，《人民日报》2021 年 8 月 18 日。
② 《习近平在学习贯彻党的二十大精神研讨班开班式上发表重要讲话强调　正确理解和大力推进中国式现代化》，《人民日报》2023 年 2 月 8 日。
③ 习近平：《中国式现代化是强国建设、民族复兴的康庄大道》，《求是》2023 年第16 期。

非唯 GDP 论的现代化。2021 年 7 月 1 日，习近平总书记在庆祝中国共产党成立 100 周年大会上的讲话中也鲜明指出："我们坚持和发展中国特色社会主义，推动物质文明、政治文明、精神文明、社会文明、生态文明协调发展，创造了中国式现代化新道路、创造了人类文明新形态。"① 习近平总书记在七一讲话中强调物质文明、政治文明、精神文明、社会文明、生态文明五种文明的协调发展的重要性，而在党的二十大报告中论及中国式现代化的特色时也特别指出了物质文明与精神文明协调发展的重要性。对于物质文明与精神文明的特别强调值得我们的重点思考。从中西方比较视野来分析，西方现代化是资本主导的现代化，资本本身具有逐利性与不断增值的特性。西方现代化的内在逻辑是把人归属于资本的过程。那么，人在资本中受到统治就会带来劳动的异化，从而诱发人精神世界的迷失。西方现代化由于是以资本为中心的现代化，其过于强调物质利益的重要性，这会带来物质世界的不断增值与人的精神世界的不断贬值，继而使得天平两端的物质文明与精神文明处于严重失衡的状态。而中国式现代化与西方现代化最大的不同点在于中国式现代化是以人民为中心的现代化，注重现代化进程中人的发展的健康性与可持续性。但这也并不是说中国式现代化不注重物质基础的积淀而单方面关注精神领域的建设。关于发展生产力的重要性，邓小平在《社会主义必须摆脱贫穷》以及南方谈话社会主义本质论中都有重要阐述。那么，所谓物质文明与精神文明相协调的现代化，就是指在现代化的进程中这两大文明之间要达到相对均衡、相对协调、相互促进的状态，而非单向度地偏向一边的盲目发展。

---

① 习近平：《在庆祝中国共产党成立 100 周年大会上的讲话》，《人民日报》2021 年 7 月 2 日。

推进物质文明与精神文明相协调的现代化，就必须把握好这两种文明的关系。正如《中共中央关于加强社会主义精神文明建设若干重要问题的决议》强调："物质文明是基础，经济建设这个中心必须牢牢把握，毫不动摇，但是精神文明搞不好，物质文明也要受破坏，甚至社会也会变质。"① 第一，物质文明为精神文明奠定基础。毫无疑问，社会主义现代化建设离不开生产力的发展。物质文明的发展是根基、是必备的前提条件。没有物质基础作为支撑与保障，何谈精神文明建设？随着社会的发展，人们对美好生活有着更高的追求与向往。中国式现代化作为以人民为中心的现代化就必然要满足人们对于更好物质生活的需求。通过推动高质量发展、加快构建以国内大循环为主体、国内国际双循环相互促进的新发展格局等方式来奠定坚实的物质基础，从而推动精神文明的发展与进步。第二，精神文明指导物质文明的发展。物质文明的发展需要正确价值观的引领。对于共产主义远大理想与中国特色社会主义共同理想的认同与使命感、对于百年党史峥嵘岁月的学习与领悟、对于社会主义核心价值观的内化于心都是补足精神之"钙"的重要途径，同样也是中国共产党在前进道路上得以抵御外部分裂和一切风险挑战的重要依托。一个人活在世上不能没有精气神，所谓的精气神其实就是一种信仰，那是一种发自内心的信奉以及愿意为之奋斗终生的力量。作为一名中国共产党党员，更要把共产党人精神谱系代代相传，时刻牢记为中华民族伟大复兴而奋斗！只有精神足够富足、信仰足够坚定，才能找到奋斗的方向与动力，才能以实际行动投入到社会主义现代化的物质建设中去。

---

① 《中共中央关于加强社会主义精神文明建设若干重要问题的决议》，人民出版社1996年版，第2页。

## （四）人与自然和谐共生的现代化

习近平总书记指出："尊重自然、顺应自然、保护自然，促进人与自然和谐共生，是中国式现代化的鲜明特点。"[①] 人与自然的关系关乎人类社会的可持续发展。不论是西方现代化还是中国式现代化，世界各个国家的现代化进程都是在自然中进行的，也在一定程度上依赖于自然环境的馈赠。人生存在自然界中，人与自然构成了生命共同体。反过来，人类对自然的过度消耗与破坏最终会殃及人类自身。只有尊重自然规律、保护自然环境，在经济增长与生态保护二者之间找到一个合理的平衡点，才能最终保护我们赖以生存的地球家园。

西方现代化在一定程度上是以过度消耗自然资源为代价达到物质财富积累的现代化，采取的是先污染后治理的模式。西方的工业化进程对生态环境造成了不可逆的破坏。工业化与现代化是什么关系呢？广义上来看，工业化是走向现代化的重要途径，高度发达的工业社会是现代化的重要标志。而工业化进程中如果不加以控制必然会导致污染。诚然，自然界拥有消纳一定污染物排放的能力，但是工业化生产中所产生的大量工业废气、废水、固体废料等有害物质的排放会远远超过其自然消纳的能力，从而对自然界造成更为深远、持久的损害。比如，令人耳熟能详的伦敦烟雾事件。伦敦作为最著名的工业化城市之一，曾经在长达 60 年的时间里被人称为"雾都"，这是因为工业革命后化石能源的大规模应用使得伦敦的燃煤量骤增，煤炭燃烧时生成的煤灰、硫氧化物、氮氧化物笼罩在城市的上空。仅在 1952 年 12 月中短短的一周内就造成了约 4000 人的死亡，并在随后的 2 个月中造成近万人的死亡，部分伦敦市民

---

[①]　习近平：《中国式现代化是强国建设、民族复兴的康庄大道》，《求是》2023 年第 16 期。

的呼吸系统也遭到了不同程度的损伤。此后十年内又爆发了数次烟雾事件，不论是对生态环境还是对人民群众的健康都造成了巨大的破坏。除此之外，1956 年日本水俣病事件也备受关注。日本的工厂将含有重金属离子的工业废水排放到自然界中，富集在自然界的贝类和鱼虾中，而后被人类食用，造成近千名汞中毒病的确诊患者，危及两万余人。西方现代化对生态环境破坏的不可逆性就体现在其持久性的破坏力上。大自然对人类破坏环境的反馈并不是立即显现、过后不咎的，而是长远持续的负面效应。人类只有一个家园，随着环境污染的加剧，子孙后代看到的家园或许已不是他们的祖辈最初看到的样子，但是破坏环境的恶果却由他们来承担。也正是因为西方现代化进程中有太多的资源枯竭、环境恶化的现象，20 世纪 80 年代初生态现代化理论应运而生，最早由约瑟夫·胡勃提出，主要观点是寻求经济增长与环境保护二者之间的协调发展。

中国作为现代化的后发国家，在充分借鉴与批判西方以污染环境为代价发展现代化的基础之上，提出了构建人与自然和谐共生的现代化的理念。中国式现代化强调绿水青山就是金山银山，奉行节约优先、保护优先、自然恢复为主的发展方针。习近平总书记强调："生态文明建设功在当代、利在千秋。我们要牢固树立社会主义生态文明观，推动形成人与自然和谐发展现代化建设新格局，为保护生态环境作出我们这代人的努力！"①

## （五）走和平发展道路的现代化

习近平总书记指出："坚持和平发展，在坚定维护世界和平与

_____

① 《习近平谈治国理政》第三卷，外文出版社 2020 年版，第 41 页。

发展中谋求自身发展，又以自身发展更好维护世界和平与发展，推动构建人类命运共同体，是中国式现代化的突出特征。"① 中国式现代化与西方现代化的重要区别还在于发展现代化的方式不同。有一些西方国家在现代化的发展历程中采取战争、掠夺、奴役、殖民、血腥的资本积累方式，是以牺牲、侵占他国利益为代价的现代化。而中国式现代化坚持走和平发展道路，通过激发内生动力与和平利用外部资源相结合的方式来实现国家发展，不以任何形式压迫其他民族、掠夺他国资源财富。这是由中华民族的文化基因以及社会主义本质属性所决定的。

从流淌在中国人血液中的文化基因来看，中华民族作为拥有上下五千多年历史的文明古国，始终将和平发展融入精神谱系之中。自古以来，"以和为贵""和而不同""太平盛世""和谐万邦""国泰民安""化干戈为玉帛""抱德炀和"等观念深入人心，国民普遍享受和平安宁的盛世，在那里百姓安居乐业、家人四世同堂，远离战火的残酷。正所谓"国虽大，好战必亡"。中国也曾被西方的坚船利炮被迫打开国门，曾被迫沦为半殖民地半封建的国家，饱受战乱之苦与救亡图存之难。正是因为自己经历过，才不想让他国也战火纷飞。中国没有称王称霸的基因，自己发展得好的同时也希望他国发展得好。从社会主义本质属性来看，消灭剥削是邓小平社会主义本质论提到的一点。走和平发展道路的现代化就要求我们同一切殖民主义、霸权主义斗争到底。中国不以殖民扩张占领别国领土为发展现代化的手段，而是积极维护和践行多边主义，构建人类命运共同体，先后提出全球发展倡议、全球安全倡议、全球文明倡议，推动全球治理体系朝着更加开放、包容、普惠、平衡、共赢的方向发展。

---

① 习近平：《中国式现代化是强国建设、民族复兴的康庄大道》，《求是》2023 年第 16 期。

## 三、中国式现代化的基本原则

党的二十大报告提出：前进道路上，必须牢牢把握以下重大原则，即坚持和加强党的全面领导、坚持中国特色社会主义道路、坚持以人民为中心的发展思想、坚持深化改革开放、坚持发扬斗争精神。[①] 这五大原则的提出是为了应对我国现代化建设过程中可能遇到的惊涛骇浪与艰难险阻。这五个重大原则不是凭空提出的，而是基于国际国内形势的变化所制定的方针方略。根据党的二十大报告的谋篇布局也可以看出，在重大原则提出之前有不小的篇幅来阐述我国战略机遇与风险挑战并存的形势判断。具体来看，机遇体现在世界百年未有之大变局加速演进、国际力量对比深刻调整与新一轮科技革命和产业变革深入发展。挑战体现在世界进入动荡变革期、外部势力对我国的打压与遏制以及我国国内改革面临的深层次的矛盾。全面建设社会主义现代化国家确实不是敲锣打鼓、轻轻松松就能达成的。在前进的征途中，它需要坚强的领导力量稳大局、把方向；需要走一条适合本国发展的道路；需要从社会主义本质属性出发谋划蓝图；需要找到破除顽疾、激发动力的妙手；需要以昂扬的姿态正确应对风险挑战。这五大原则是在客观分析世情、国情、党情的基础上对于国内外形势的变化给予的科学研判，是对中国共产党百年奋斗历史经验的深刻总结，是推动社会主义现代化行稳致远的重要保证。

---

[①] 习近平：《高举中国特色社会主义伟大旗帜 为全面建设社会主义现代化国家而团结奋斗——在中国共产党第二十次全国代表大会上的报告》，人民出版社 2022 年版，第 26—27 页。

### （一）坚持和加强党的全面领导

万山磅礴看主峰，民族复兴党引领。坚持中国共产党的全面领导是中国式现代化得以发展的根本保证。党的十九大报告也特别指出，明确"中国特色社会主义最本质的特征是中国共产党领导，中国特色社会主义制度的最大优势是中国共产党领导，中国共产党是最高政治领导力量"[①]。党的二十大报告也指出中国式现代化是中国共产党领导的社会主义现代化，这里对中国式现代化作出了两个限定：第一，确定了中国式现代化的领导力量是中国共产党而不是其他政党或组织。第二，确定了中国式现代化的属性是社会主义而不是资本主义。由社会主义本质属性继而规定了中国式现代化的发展目标、发展步骤、发展方向、价值取向以及逻辑线索等。那么，回归到第一点，中国式现代化的领导力量是中国共产党。回顾历史，在1921年中国共产党成立之前中国的早期现代化进程的图景是怎样的呢？这也就能解释中国共产党的领导是否为必需的这个问题。以1921年党的成立为分界线，对比可以看出，不论是洋务运动、维新运动、立宪运动，还是辛亥革命，没有任何政治力量代表最广大人民群众的利益，同样也无法担负得起人民解放、民族复兴这一重大历史使命。中国共产党应运而生，在中国共产党的英明领导下，中国从积贫积弱走向繁荣富强，人民从落后挨打走向美好生活，实现了生产力的大幅跃升，逐步走向世界舞台的中心位置。立足当下，站在向第二个百年奋斗目标踔厉奋发之际，对于党的领导的反复强调也颇具深意。随着百年变局与中华民族伟大复兴战略全局叠加激荡，随着世纪疫情对全球经济

---

① 习近平：《决胜全面建成小康社会　夺取新时代中国特色社会主义伟大胜利——在中国共产党第十九次全国代表大会上的报告》，人民出版社2017年版，第6页。

复苏的影响，随着全球安全冲突的演进，随着外部环境对我国社会经济发展的干预与打压，我国进入危机与先机并存的时期。那么如何化危为机？无疑必须坚持和加强党的全面领导。习近平总书记指出，党的领导直接关系中国式现代化的根本方向、前途命运、最终成败。① 一是要在各项举措中严格落实党中央的思想、政策，确保充分发挥党总揽全局、协调各方的领导核心作用。二是发挥党凝心聚力把方向的作用。中国共产党是以人民为中心的政党，在任何时候都坚持人民至上。党确保社会主义现代化的正确方向也是朝着人民福祉的方向发展，党永远是全体人民的主心骨与可以依靠的政治力量。

## （二）坚持中国特色社会主义道路

中国特色社会主义是实现中华民族伟大复兴的必由之路。独特的中华传统文化、独特的历史经历、独特的国情也就决定了中国式现代化必然要走一条适合本国特点的发展道路，这条道路就是中国特色社会主义道路。在中国现代化道路的探索初期，我们不是没有尝试过向欧美学习、向苏联学习，但是实践告诉我们试图照搬照抄别国的现代化模式是一条行不通的道路。将他国成功的经验做法直接移植到我国可能会导致"水土不服"，甚至会与我国现代化目标渐行渐远。但是这并不是说中国特色社会主义道路是不需要汲取借鉴别国道路有益部分的。毕竟，就现代化建设而言，中国作为后发国家是正在进行时，而西方一些资本主义国家是已经完成时。中国式现代化道路是在借鉴发达国家经验的基础上不断发展、完善、赶超的道路。习近平总书记指出："中国立足自身国情和实践，从中

---

① 《习近平在学习贯彻党的二十大精神研讨班开班式上发表重要讲话强调　正确理解和大力推进中国式现代化》，《人民日报》2023 年 2 月 8 日。

华文明中汲取智慧，博采东西方各家之长，坚守但不僵化，借鉴但不照搬，在不断探索中形成了自己的发展道路。"① 道路问题关乎党和国家的前途命运，我们要坚定不移地走中国特色社会主义道路，坚持以经济建设为中心，坚持四项基本原则，坚持改革开放，把中国发展的命运牢牢把握在自己手中。

### （三）坚持以人民为中心的发展思想

人民性是马克思主义政党的根本属性，也是马克思主义政党区别于其他政党的鲜明标志。唯物史观认为，人民群众是历史的创造者，是推动社会发展的决定性力量。其中，马克思关于人民在历史创造中的决定性作用的思想包含三层含义：第一，人民群众是物质财富的创造者，人民群众拥有最先进的生产力。第二，人民群众是精神财富的创造者。人民群众创作了先进的文学作品、艺术作品、科学文化等。第三，人民是社会变革的决定力量。人民群众绝对不是受苦受难的群体，他们是推动社会变革的主要力量，他们是推翻旧制度建立新社会的根本力量。人民群众扮演着"孕育着新社会的旧社会的助产婆"② 的历史角色。中国共产党带领全国各族人民进行社会主义现代化建设，始终坚持把现代化的出发点和落脚点放在人民上。为什么要发展？怎样发展？发展成果归谁所有？这三个问题的答案都指向人民。中国共产党的根本宗旨就是全心全意为人民服务。坚持发展为了人民，发展依靠人民，发展成果由人民共享是党能够抵御风险挑战、获得群众拥护与信任的重要法宝。一段时间，关于改革、发展、稳定三者的关系成为学术讨论的热点问题。从人民性的视角切入不难看出，改革是为了人民更好地发展，实现更好

---

① 《习近平谈治国理政》第二卷，外文出版社 2017 年版，第 482 页。
② 《马克思恩格斯文集》第 5 卷，人民出版社 2009 年版，第 861 页。

的发展离不开社会局势的稳定，发展是为了人民能够改善生活质量、过上更好的日子。这三者内在统一于以人民为中心的发展思想之中。坚持以人民为中心是全面建设社会主义现代化国家的应有之义。以人民为中心不是一句标语口号仅仅存在于党的文件中，而是党一以贯之的执政理念，它体现在每项政策的前期考量与具体实施中，落实在与人民群众生活息息相关的衣食住行里。新时代以来，我国社会主要矛盾发生了变化。随着经济的不断发展，人民群众不仅对物质生产有需要，还对于政治参与、文明赓续、社会公平正义、生态环境的绿色等方面有更高的需求与期待，正如现代化是一个全面多维度多样化的概念，绝不仅仅唯经济指标论一样。由此，不平衡且不充分的发展就成为影响人民追求美好生活的重要方面，也是以人民为中心的中国共产党需要着力解决的重点。从不平衡的角度来看，我国由于地理因素、文化因素、历史因素等原因，确实存在城乡之间、区域间以及群体间发展不平衡的现象，这也是扎实推进全体人民共同富裕必须要解决的现实问题。推进全体人民共同富裕的现代化，既要考虑如何"做大蛋糕"，更要考虑如何"分好蛋糕"。一个典型的例子是我国城乡之间、发达与欠发达地区之间存在的教育资源的不均等、不平衡的问题。中国式现代化的现实基础是人口规模巨大。随着人口老龄化的不断加深，如何从"人口红利"向"人才红利"转化是现代化建设阶段需要考虑的问题。教育无疑是提高人口素质、加速垒实人才资本的不二途径。随着新一轮科技革命和产业变革的加速演进，我国要防止在高精尖科技领域受人掣肘，就必须注重本土人才的全方位培养。从一定程度上来说，数字技术可以破除时空壁垒，使得身居不同地区的孩子可以通过网络享受同等优质的教育资源，缩小差距。同时，国家也在大力出台政策，鼓励名校毕业生到祖国的偏远山区支教或者任职，给予他们保研资格或进山费补贴等相关福利待遇。可以看出，中国式现代化是以增进全体人民的福祉为方向的现代化，在教育、医疗、住房等民生领域心系人民、为人民排忧解难，促进现代化朝着整体性、协同性的方向推进。

### （四）坚持深化改革开放

改革开放是决定当代中国命运与走向的关键一招。在中国共产党和国家面临向何处去的重要关头，1978 年党的十一届三中全会的召开，标志着整个国家的中心任务从"以阶级斗争为纲"转变到"以经济建设为中心"的社会主义现代化建设上来。"把四个现代化建设，努力发展社会生产力，作为压倒一切的中心任务。在这个基础上制定了一系列新的方针政策，主要是改革和开放政策。"[1]为什么要进行改革开放？这是国内的经济形势、国际大环境、人民改善生活的意愿以及党对社会主义革命和建设规律的认知等多重因素共同推动的结果。现如今，改革开放已经 40 余年了，中国的面貌已然焕然一新，从温饱不足到富裕强盛，中国以全新的姿态屹立于世界舞台。作为世界第二大经济体、第一大制造业大国、货物贸易第一大国的中国，我们有理由说中国的改革开放是成功的、是充满自主性探索与内生动力激发的现代化之路。中国的改革开放是以渐进的方式展开，首先从经济领域开展，继而扩展至政治领域、文化领域、生态文明、社会领域、党的建设等方方面面。具体来看，从农村推行"家庭联产承包责任制"到城市鼓励非公经济的发展、从经济特区试点到全国范围内的普遍推广、从"计划经济为主、市场调节为辅"到"社会主义市场经济制度"的确立，可以看出中国式现代化采取的是目标分解、分阶段渐进推进的模式，即根据

---

[1] 《邓小平文选》第三卷，人民出版社 1993 年版，第 237 页。

中国国情与试点的情况随时随地调整战略而非教条式指令性的发展方式。湖北省沙市在 1981 年曾被列为中国第一个进行经济体制综合改革的试点城市。为什么要建立试点城市？为什么要设立经济特区而不是直接大规模推广采用？这是党的政治智慧与历史经验结合的产物。所谓试点就是在大规模普及之前先在小范围建立试验田，如果效果好、具备推广的价值，那就再铺开进展。如果试验效果不理想，那就直接放弃，避免更大的损失。这是从实际出发所采取的摸着石头过河的办法，也是对国家和人民都负责任的一种做法。摸着石头过河型改革在缺乏相关经验的改革初期确实是一种合理的探索模式，因为其具有相当高的稳妥性。中国具有大国规模效应，如果直接在全国范围内采取某项政策以失败告终，其本身的破坏性以及对于党初期探索改革开放的信心的打击都是无法估量的。但是，客观来讲，随着改革进程的推进，一直采用摸着石头过河的改革模式也是不可取的，因为它无法应对日益复杂深刻的社会矛盾，甚至会激发新的社会矛盾。因此，党的十八大以来，党中央要求摸着石头过河和加强顶层设计相结合，从而提高决策的科学性。改革开放没有完成时，只有进行时。新时代，更要坚持全面深化改革，着力破解体制机制障碍，不断增强社会主义现代化建设的动力，更好地把制度优势转化为治理效能。

## （五）坚持发扬斗争精神

习近平总书记曾在多个场合提到发扬斗争精神的必要性。2019年 9 月，习近平总书记出席中央党校（国家行政学院）中青年干部培训班开班式就明确提出，前进的道路上机遇与挑战并存，必须发扬斗争精神、要增强斗争本领以确保党的目标任务的胜利完成。2021 年 3 月，习近平总书记在中央党校强调敢于斗争是中国共产党的鲜明品格，寄语年轻干部要在斗争中学会斗争，在斗争中成长提高。可以说，敢于斗争才能胜利的理念贯穿于中国共产党的革命、建设与改革的实践中。如果不敢于斗争且善于斗争，恐怕中国至今还难以摆脱半殖民地半封建的悲惨命运，也不会走上自主探索社会主义现代化的这条康庄大道。同样，要想实现中华民族伟大复兴中国梦，就必须进行伟大斗争。历史和实践告诉我们：任何畏惧斗争、逃避斗争、应付斗争的想法与做法都是在自欺欺人。时代在变化、世界在变化，国际关系随着利益格局的调整也在发生深刻的变革，面对危机与挑战，发扬斗争精神、提高斗争水平是必要的维护国家安全的手段与方式。与此同时，与诋毁、歪曲、否定中国共产党与我国社会主义制度的一切言行进行斗争也是每一个中华儿女、每一名中国共产党党员义不容辞的责任。但是，斗争不是逞一时口舌之快，也不是靠挥舞拳脚的蛮横手段。斗争是要讲究方式方法的，是有原则立场、有理有据的。比如，在面对分裂我国领土、干涉我国内政的重大政治事件上，发扬斗争精神是必须的。这也需要广大人民群众不仅敢于斗争，还要善于斗争。坚持发扬斗争精神，十分重要的一点就是坚持马克思主义的指导地位，对于新形势下斗争的复杂性、长期性与多样性要有清晰的判断与预期，时刻准备为全面建设社会主义现代化国家的宏伟事业排除障碍、以逢山开路、遇水架桥之斗争精神推动事业迈上新台阶。

## 四、中国式现代化的国家战略

中国共产党对于国家战略目标的设置是基于该阶段社会经济情况的考量的。随着我国社会生产力的不断发展，随着中国共产党对现代化建设规律的不断深化认识，我国社会主义现代化国家的发展奋斗目标也在不断拓展，由此实现现代化的战略安排也随着发展的情况在不断推进。在新中国成立之初，党就提出了要在本世纪末实现"四个现代化"的目标，并且建立起比较完整的工业体系与国民经济体系。1979 年 3 月，邓小平在会见外宾时提出了"中国式的现代化"的概念，后来将其解释为小康之家的水平。随着国家战略目标的不断演进，为实现目标所制定的战略安排也在不断发展。党的十三大制定了到 21 世纪中叶"分三步走"实现现代化的发展战略。党的十五大提出"新三步走"发展战略。党的十六大提出的全面建设小康社会纲领的制定是对十三大"三步走"战略和十五大"新三步走"战略的丰富和发展，并首次把生态环境的改善纳入其中。党的十七大将现代化目标的发展表述为"把我国建设成为富强民主文明和谐的社会主义现代化国家"，将现代化发展目标从"三位一体"扩展为"四位一体"。党的十八大提出"两个一百年"奋斗目标，党的十九大提出分"两步走"实现富强民主文明和谐美丽的社会主义现代化强国的战略安排。党的二十大提出的战略目标与战略安排与十九大基本一致，二十大报告特别对于2035 年我国发展的总体目标给出了更为精准、详尽的擘画，对于未来五年这一关键时期的主要目标任务作出了更为清晰的安排。

## （一）战略目标

党的二十大报告明确指出："从现在起，中国共产党的中心任务就是团结带领全国各族人民全面建成社会主义现代化强国、实现第二个百年奋斗目标，以中国式现代化全面推进中华民族伟大复兴。"[1]

---

[1] 习近平：《高举中国特色社会主义伟大旗帜　为全面建设社会主义现代化国家而团结奋斗——在中国共产党第二十次全国代表大会上的报告》，人民出版社 2022 年版，第 21 页。

迄今为止，第一个百年奋斗目标即在建党百年全面建成小康社会已经实现，从即刻起中国共产党带领全国各族人民迈向实现建成富强民主文明和谐美丽的社会主义现代化强国的第二个百年奋斗目标。党的二十大报告把全面建设社会主义现代化国家列入中国共产党的中心任务以及大会的主题，由此可见其占据的重要地位与达到的政治高度。中国共产党如期全面建成小康社会，不负众望地达成了第一个百年奋斗目标。9899万农村绝对贫困人口全部脱贫，这不论对国内脱贫攻坚战的打赢还是对全球的贫困治理而言都是里程碑式的大事迹。那么，全面建成小康社会后，就必须着重考虑如何解决相对贫困的问题、如何化解返贫风险的问题。全面脱贫、全面小康以及共同富裕这三者到底存在怎样的逻辑关系呢？从共性的视角出发，毫无疑问，不论是全面脱贫、全面建成小康社会还是共同富裕，它们都是党根据国家战略发展的需要、人民生活改善的需要所确立的发展目标。从演进的视角来看，这三个目标存在逐层递进、不断深化的关系。全面建成小康社会的必然要求就是实现绝对贫困人口的清零，但不止于脱贫攻坚这一项指标。与此同时，全面小康又是共同富裕的重要基础。不论是脱贫攻坚还是全面小康，最终的目标还是落脚在全体人民共同富裕上。但是，从全面脱贫直接一步跨越到共同富裕的难度很大、可实现性不强。因此，这三者形成了相互联系、各有侧重、互相影响、逐步进阶的内在逻辑关系。

### （二）战略安排

为了实现全面建成社会主义现代化强国的战略目标，中国共产党采取新时代"两步走"发展战略。其基本内容是从2020年到本世纪中叶，即从实现第一个百年奋斗目标到实现第二个百年奋斗目标，分两个阶段来安排：第一个阶段，从2020年到2035

年，在全面建成小康社会的基础上，再奋斗 15 年，基本实现社会主义现代化；第二个阶段，从 2035 年到本世纪中叶，在基本实现现代化的基础上，再奋斗 15 年，把我国建成富强民主文明和谐美丽的社会主义现代化强国。"分两步走"的战略安排实际上是把总体目标分阶段来完成，每个阶段又有具体的目标要求。党的十九大和二十大对于"两步走"战略安排的设计是一样的。同样是分阶段分解战略目标，纵向对比党的十三大报告中提出的"分三步走"战略安排与党的十九大、二十大报告中提出的"分两步走"战略安排，可以分析出两点：第一，将基本实现现代化的时间提前 15 年，从 21 世纪中叶提前至 2035 年；第二，国家现代化的辐射面维度更加广泛，从对政治、经济、文化的要求拓展到涉及社会、生态文明建设等领域。党的二十大"两步走"战略安排相比党的十三大"三步走"战略安排对于中国式现代化的进程提出了更高的要求，中国共产党正在通往现代化的道路上加速奔驰。

党的二十大报告还着墨于 2035 年我国发展的总体目标。同样，在党的十九大报告以及党的十九届五中全会中都有对于 2035 年目标的规划，对比这三份党的重要文献关于同一部分的规划可以分析出以下几点。第一，关于生态问题。十九大的规划只提到"生态环境根本好转，美丽中国目标基本实现"。十九届五中全会和二十大在此基础上增加了"广泛形成绿色生产生活方式，碳排放达峰后稳中有降"。笔者认为，这是为我国美丽中国目标达成所提供的路径，体现了贯彻新发展理念以推动高质量发展。一方面，从居民生产生活的方式上号召、培养绿色生活的观念；另一方面，2030 年达成碳达峰的目标后必须逐步下降，减少工业化进程造成的碳排放对全球生态系统产生的不可逆的破坏作用。第二，关于经济层面。十九大规划的 2035 年目标宏观地概述我国经济实力将大幅跃升。十九届五中全会在此基础上补充了"经济总量和城乡居民人均收入将再迈上新的大台阶,人均国内生产总值达到中等发达国家水平"。党的二十大报告将"人均国内生产总值迈上新的大台阶"提到了前面,并形容其程度为"迈上新的大台阶",删除了"经济总量和城乡"这几个字眼,只提到居民可支配收入再上新台阶。同样,"再上新台阶"与"迈上新的大台阶"所表达的意思也是不同的。这处先后顺序与修辞的变动体现了党的二十大报告对于 2035 年人均国内生产总值的高要求与高度重视,对其达到中等发达国家水平的硬性指标衡量。这里也需要注意中等发达国家水平的含义,中等发达国家水平不等于发达国家的中等水平。第三,关于科技创新。十九大提到"跻身创新型国家前列",十九届五中全会在此基础上补充关键核心技术实现重大突破。党的二十大报告把"关键核心技术实现重大突破"这句话替换为"实现高水平科技自立自强",并且特别提出科技强国的建成。这三个报告关于科技部分的阐述,相同点是都以创新型国家前列作为根本目标。不同点在于,对于科技创新的要求越来越高。关键核心技术的掌握是科技自立自强的前提,但并不是突破了关键核心技术就能达到高水平的科技自立自强。可以说,科技自立自强需要体制机制的保障、需要科技人才的长期专业化的培养、需要社会从价值观层面对于创新的鼓励与引导、需要愈加开放且高端的实验平台与交流窗口。自立意味着不依赖他国的技术与资源,而自强意味着我国自主研发平台的建立与高效运转。自立是自强的前提,自强是自立的底气。二者相互作用、相互影响。也正是因为党的二十大报告中提到 2035 年我国要达成高水平自立自强的目标,才会接着提到科技强国的建成。在十九届五中全会规划中没有提到科技强国,只提到了我国要建成文化强国、教育强国、人才强国、体育强国、健康中国。而党的二十大报告不仅特别添加了科技强国，而且把它放置于教育强国后的位列第二的位置。由此可见，从现在到 2035 年，党和国家将要在科技创新领域做出更为系统、更为精准的战略规划与政策扶持。

# 第四章　坚持以人民为中心的发展思想

　　"我将无我，不负人民。"① "人民"，是中国共产党的精神根基，是为之奋斗的根本动力。党的二十大报告中，"人民"一词出现了 177 次。报告中指出："江山就是人民，人民就是江山。中国共产党领导人民打江山、守江山，守的是人民的心。治国有常，利民为本。为民造福是立党为公、执政为民的本质要求。"报告强调全面建设社会主义现代化国家必须牢牢把握五个重大原则，其中一个就是"坚持以人民为中心的发展思想"，要维护人民根本利益，增进民

①《习近平谈治国理政》第三卷，外文出版社 2020 年版，第 144 页。

生福祉，不断实现发展为了人民、发展依靠人民、发展成果由人民共享，让现代化建设成果更多更公平惠及全体人民。

中国特色社会主义之所以具有强大生命力，关键就在于中国共产党能够永远同人民站在一起；中国式现代化之所以具有无穷动力，关键就在于坚持发展为了人民、发展依靠人民、发展成果由人民共享，让现代化建设成果更多更公平惠及全体人民。① 以人民为中心，坚持人民至上，是马克思主义政党同其他政党的根本区别，也是中国共产党人矢志不渝的初心。

## 一、坚持人民至上是中国共产党的根本立场

中国共产党从诞生之日起，就始终把人民利益放在心中最高位置，以拯救中华民族、解放劳苦大众为己任，忠实地为人民的利益而英勇奋斗。我们党干革命、搞建设、抓改革，从来都是为了让人民过上美好幸福的生活。这首先是由中国共产党的性质宗旨和根本政治属性决定的。马克思、恩格斯在《共产党宣言》中指出："过去的一切运动都是少数人的，或者为少数人谋利益的运动。无产阶级的运动是绝大多数人的，为绝大多数人谋利益的独立的运动。"②

中国共产党以马克思列宁主义为指导思想和行动指南，在最初建立之时，就在党纲中体现了为人民服务的思想。1921 年，中国共产党刚刚诞生，便在党的纲领中庄严申明自己的奋斗目标：承认无产阶级专政，直到阶级斗争结束，即直到消灭社会的阶级区分；

① 习近平：《中国式现代化是强国建设、民族复兴的康庄大道》，《求是》2023 年第 16 期。
② 《马克思恩格斯选集》第 1 卷，人民出版社 2012 年版，第 41 页。

消灭资本家私有制。① 这个宗旨表明，中国共产党代表广大劳动人民的根本利益，要为中国人民的解放和幸福进行斗争。

延安时期，全心全意为人民服务作为党的根本宗旨被明确地提了出来。1938 年 10 月，毛泽东在《中国共产党在民族战争中的地位》一文中指出："共产党员在民众运动中，应该是民众的朋友，而不是民众的上司，是诲人不倦的教师，而不是官僚主义的政客。共产党员无论何时何地都不应以个人利益放在第一位，而应以个人利益服从于民族的和人民群众的利益。"② 1944 年 9 月 8 日，毛泽东同志在追悼中央警备团战士张思德的会议上发表了著名演讲《为人民服务》，提出了"完全""彻底"为人民服务的观点，把为人民服务明确为对我党、我军和一切革命同志的普遍要求。他语重心长地说："我们的共产党和共产党所领导的八路军、新四军，是革命的队伍。我们这个队伍完全是为着解放人民的，是彻底地为人民的利益工作的。"③ 1945 年 4 月 24 日，毛泽东同志在党的七大报告上正式提出"全心全意为人民服务"，并将其作为党的宗旨。毛泽东同志在党的七大题为《两个中国之命运》的开幕词中说："我们应该谦虚、谨慎、戒骄、戒躁，全心全意地为中国人民服务。"

党的七大第一次将"全心全意为人民服务"的宗旨写入了党章，并将其作为党员必须履行的义务之一确定下来。党章"总纲"中明确规定："中国共产党人必须具有全心全意为中国人民服务的精神，必须与工人群众、农民群众及其他革命人民建立广泛的联系。并经常注意巩固与扩大这种联系。每一个党员都必须理解党的

---

① 《中国共产党历史》第 1 卷上册，中共党史出版社 2002 年版，第 86 页。
② 《毛泽东选集》第二卷，人民出版社 1991 年版，第 522 页。
③ 《毛泽东选集》第三卷，人民出版社 1991 年版，第 1004 页。

利益与人民利益的一致性，对党负责与对人民负责的一致性。"①党的八大更加明确地强调了"必须全心全意地为人民群众服务"。以后的历次党代会也坚持把全心全意为人民服务的宗旨写入党章。

1945 年 8 月，毛泽东赴重庆与蒋介石进行和平谈判，期间与《大公报》总编王芸生多次会面。《大公报》在抗战期间坚持团结抗战，仗义执言，敢于揭露国民党暗中反共，制造摩擦的种种背信弃义的可耻行径，日本投降后又揭露和抨击国民党抢夺胜利果实，大肆"劫收"，搜刮民财的丑恶行为，反映了人民的呼声。通过几次交谈，王芸生对中国共产党有了不少新的了解，但对蒋介石仍心存幻想，劝毛泽东"不要另起炉灶"。毛泽东耐心地解释说："不是我们要另起炉灶，而是国民党的炉灶里不许我们造饭。"他说，希望《大公报》能够成为人民大众说话的报纸。晚宴结束时，王芸生请毛泽东为《大公报》题词，毛泽东欣然应允，提笔写下"为人民服务"。

在日本帝国主义进攻中国，中华民族面临生死存亡的关键时刻，中国共产党主动提出停止内战共同抵御外侮的主张，使人民群众看到中国共产党是为整个国家民族利益着想的党。全民族抗战爆发后，中国共产党在总结经验教训的基础上，大幅度地调整土地政策，制定了一系列符合实际的方针政策，赢得了最广大群众的认同与支持，取得了抗日战争和人民解放战争的胜利。

毛泽东的《论政策》一文是革命时期中国共产党人坚持人民至上的典型代表。这篇文章详细论述了，为保障人民利益，党根据形势变化，在抗日战争时期实施了与土地革命时期具有重大区别的政策。毛泽东认识到，中国革命具有半殖民地的资产阶级民主革命

---

① 《中国共产党党章汇编》，人民出版社 1979 年版，第 48 页。

和革命的长期性这两个基本特点，在此基础上，他指出，在整个抗日战争时期，无论在何种情况下，我党的抗日民族统一战线的政策是决不会变更的。关于政权组织，强调必须坚决地执行"三三制"，共产党员在政权机关中只占三分之一，吸引广大的非党人员参加政权。不论政府机关和民意机关，均要吸引那些不积极反共的小资产阶级、民族资产阶级和开明绅士的代表参加；必须容许不反共的国民党员参加。关于劳动政策，强调必须改良工人的生活，才能调动工人的抗日积极性，但是切忌过左，加薪减时，均不应过多。在中国目前的情况下，八小时工作制还难以普遍推行，在某些生产部门内还须允许实行十小时工作制。其他生产部门，则应随情形规定时间。劳资间在订立契约后，工人必须遵守劳动纪律，必须使资本家有利可图。否则，工厂关门，对于抗日不利，也害了工人自己。关于土地政策，一方面强调应该规定地主实行减租减息，方能发动基本农民群众的抗日积极性，但也不要减得太多。地租，一般以实行二五减租为原则；到群众要求增高时，可以实行倒四六分，或倒三七分，但不要超过此限度。利息，不要减到超过社会经济借贷关系所许可的程度。另一方面，要规定农民交租交息，土地所有权和财产所有权仍属于地主。不要因减息而使农民借不到债，不要因清算老账而无偿收回典借的土地。也正因为有了这样的政策，既照顾了广大工人、农民的利益，又兼顾到了地主和民族资产阶级的利益。这样做的目的，就在于团结争取一切力量去反对日本帝国主义。没有这样的政策，就不会有广泛的抗日民族统一战线，也就不会有抗日战争的胜利，同样不会有中共自身在抗战中的发展壮大。关于人民权利，强调一切不反对抗日的地主资本家和工人农民有同等权利。

中国共产党自成立以来，便心系民生福祉，在革命战争的艰苦年代更是如此。中国共产党就是为人民谋利益的党，利益一定是群众看得见、感受得到的。对于这个问题，毛泽东 1934 年 1 月在江西瑞金召开的第二次全国工农兵大会上所作的报告中就指出："解决群众的穿衣问题，吃饭问题，住房问题，柴米油盐问题，疾病卫生问题，婚姻问题。总之，一切群众的实际生活问题，都是我们应当注意的问题。"[①]

1949 年 10 月 1 日，中华人民共和国成立，中华民族成为一个"站起来"的民族。通过社会主义改造，中国共产党带领中国人民建立了社会主义制度。有了社会主义制度的强大支撑，中国共产党便有了强大的基础和能力，能够更好地践行全心全意为人民服务宗旨，为最广大人民谋幸福。为此，中国共产党在经济、政治、社会各领域进行了全面探索。

中央人民政府成立时，财政经济极为困难，物价上涨，市场混乱。能不能遏止涨价风潮，成为关系人民生活、社会安定的重大问题。面对复杂形势，党和人民政府采取必要的行政手段和有力的经济措施，成功组织了同投机资本作斗争的"银元之战"和"米棉之战"，使物价趋于回落。随着实行现金管理、整顿税收、推销公债等措施，全国物价进一步回落并趋于平稳。稳定物价和统一财经，结束了自抗战以来连续多年使人民深受其害的恶性通货膨胀、物价飞涨的局面，有力地推动了在全国范围内将半殖民地半封建经济改造成独立自主的新民主主义经济的转变，为安定人民生活，恢复和发展工农业生产创造了条件。

第一届全国人民代表大会于 1954 年 9 月 15 日至 28 日在北京召开。会议通过《中华人民共和国宪法》《全国人民代表大会组织

---

① 《毛泽东选集》第一卷，人民出版社 1991 年版，第 136—137 页。

法》《国务院组织法》《人民法院组织法》《人民检察院组织法》等文件，选举产生以毛泽东为主席的新的国家机构领导人。人民代表大会制度正式建立起来。在新中国第一部宪法中，明确规定了保障人民生活、提供社会保障的任务：一切公民都有劳动的权利，国家通过国民经济有计划的发展，逐步扩大劳动就业，改善劳动条件和工资待遇，以保证公民享受这种权利；劳动者在年老、疾病或丧失劳动能力的时候，有获得物质帮助的权利，国家举办社会保险、社会救济和群众卫生事业，并且逐步扩大这些设施，以保证他们享受这种权利。公民有受教育的权利。国家设立并且逐步扩大各种学校和其他文化教育机关，以保证公民享受这种权利。①

从中国共产党的成立到改革开放前夕，党领导人民完成新民主主义革命和社会主义革命，消灭一切剥削制度，实现了中华民族有史以来最为广泛而深刻的社会变革，实现了一穷二白、人口众多的东方大国大步迈进社会主义社会的伟大飞跃，为中国特色社会主义的开创发展提供了宝贵经验、理论准备和物质基础。中国人民从此站起来了，人民真正成为国家的主人和建设者。

党的十一届三中全会实现了党的工作重心的转移，开启了改革开放和社会主义现代化建设新时期。在改革开放新的历史条件下，中国共产党人坚持人民是推动历史发展的根本力量，将全心全意为人民服务具体化、形象化，以人民的利益为重，把人民拥护不拥护、赞成不赞成、高兴不高兴、答应不答应作为制定各项方针政策的出发点和归宿。邓小平指出，党的全部任务就是"全心全意为人民服务，一切以人民利益作为每一个党员的最高准绳"。② 他强

---

① 中共中央文献研究室编：《建国以来重要文献选编》第5册，中央文献出版社1993年版，第540—541页。
② 《邓小平文选》第一卷，人民出版社1994年版，第257页。

调，贫穷不是社会主义，社会主义要消灭贫穷，要在解决人民的温饱和发展问题上体现有效率的优越性。1982 年，邓小平指出："要一心一意搞建设。国家这么大，这么穷，不努力发展生产，日子怎么过？我们人民的生活如此困难，怎么体现出社会主义的优越性……因此，我强调提出，要迅速地坚决地把工作重点转移到经济建设上来。"① 邓小平强调社会主义的根本目标是实现全体人民共同富裕，社会主义要在解决人民的收入差距问题上体现注重公平的优越性。他对社会主义本质进行了新归纳："解放生产力，发展生产力，消灭剥削，消除两极分化，最终达到共同富裕。"邓小平强调要以人民的利益为重，要把是否有利于发展社会主义社会的生产力，是否有利于增强社会主义国家的综合国力，是否有利于提高人民的生活水平作为判断一切工作是非得失的标准。邓小平还特别强调通过制度保障人民群众的各项权利，调动人民群众的积极性，巩固和发展安定团结、生动活泼的政治局面。

从十三届四中全会到十六大，以江泽民同志为核心的党的第三代中央领导集体提出"三个代表"重要思想，以实现和维护最广大人民的愿望和利益为最高价值标准，突出了"立党为公、执政为民"的本质要求。江泽民认为，"三个代表"的核心要求是代表广大人民群众的根本利益。他还提出了关于实现好、维护好、发展好最广大人民的根本利益的思想。他指出，全心全意为人民服务、密切联系群众是我们党区别于其他任何政党的一个显著标志；政治问题主要是对人民群众的态度问题，同人民群众的关系问题。2001年，江泽民同志在庆祝中国共产党成立八十周年大会上的讲话中提出："全心全意为人民服务，立党为公、执政为民，是我们党同一

---

① 《邓小平文选》第三卷，人民出版社 1993 年版，第 10 页。

切剥削阶级政党的根本区别。任何时候我们都必须坚持尊重社会发展规律与尊重人民历史主体地位的一致性，坚持为崇高理想奋斗与为最广大人民谋利益的一致性，坚持完成党的各项工作与实现人民利益的一致性。"①

党的十六大以来，面对复杂多变的国际环境和艰巨繁重的改革发展任务，以胡锦涛同志为总书记的新一届中央领导集体提出科学发展观，推动党和国家工作取得新的重大成就。科学发展观蕴含着新时期中国共产党的核心执政理念，即"以人为本"理念，进一步发展了全心全意为人民服务的思想。胡锦涛指出："坚持以人为本，就是要以实现人的发展为目标，从人民群众的根本利益出发谋发展、促发展，不断满足人民群众日益增长的物质文化需求，切实保障人民群众的经济、政治和文化权益，让发展的成果惠及全体人民"。② 在十七大报告中，他对"以人为本"的依据、内涵和要求作了高度的概括："全心全意为人民服务是党的根本宗旨，党的一切奋斗和工作都是为了造福人民。要始终把实现好、维护好、发展好最广大人民的根本利益作为党和国家一切工作的出发点和落脚点，尊重人民主体地位，发挥人民首创精神，保障人民各项权益，走共同富裕道路，促进人的全面发展，做到发展为了人民、发展依靠人民、发展成果由人民共享。"③

党的十八大以来，中国特色社会主义进入新时代，以习近平同志为核心的党中央坚持以人民为中心的发展思想，通过提高保障和改善民生水平，加强和创新社会治理，带领人民创造更加幸福美好

---

① 《江泽民文选》第三卷，人民出版社 2006 年版，第 279 页。
② 中共中央文献研究室编：《科学发展观重要论述摘编》，人民出版社 2008 年版，第 29 页。
③ 中共中央文献研究室编：《科学发展观重要论述摘编》，人民出版社 2008 年版，第 30 页。

生活，不断增强广大人民群众获得感、幸福感、安全感，促进人的全面发展和社会全面进步。以习近平同志为核心的党中央立足中国发展实际，创造性提出了"共享发展"新理念，强调发挥社会主义优势，实现社会主义本质属性和内在要求。习近平总书记指出："共享理念实质就是坚持以人民为中心的发展思想，体现的是逐步实现共同富裕的要求。"① 习近平总书记强调："国家建设是全体人民共同的事业，国家发展过程也是全体人民共享成果的过程。"② "改革发展搞得成功不成功，最终的判断标准是人民是不是共同享受到了改革发展成果。"③ "必须在全体人民共同奋斗、经济社会发展的基础上，加紧建设对保障社会公平正义具有重大作用的制度，逐步建立社会公平保障体系。"④ 习近平总书记指出，要高度重视分配不公、收入差距等问题，"把不断做大的'蛋糕'分好"⑤，让社会主义制度的优越性得到更充分体现，让人民群众有更多获得感。特别是要加大对困难群众的帮扶力度，坚决打赢农村贫困人口脱贫攻坚战，补齐全面建成小康社会的最大、最突出的短板，保证全面小康、共享发展、共同富裕路上，"13 亿多中国人，一个都不能少"!⑥

坚持以人民为中心，与党的全心全意为人民服务根本宗旨一脉相承，是在新的历史条件下践行这一根本宗旨思想的价值依托和具

① 习近平：《深入理解新发展理念》，《求是》2019 年第 10 期。
② 习近平：《在庆祝"五一"国际劳动节 2015 年 4 月 29 日表彰全国劳动模范和先进工作者大会上的讲话》，《人民日报》2015 年 4 月 29 日。
③ 中共中央文献研究室：《习近平关于社会主义社会建设论述摘编》，中央文献出版社 2017 年版，第 35 页。
④ 《习近平谈治国理政》第一卷，外文出版社 2018 年版，第 13 页。
⑤ 习近平：《深入理解新发展理念》，《求是》2019 年第 10 期。
⑥ 习近平：《抓住世界经济转型机遇谋求亚太更大发展——在亚太经合组织工商领导人峰会上的主旨演讲》，《人民日报》2017 年 11 月 11 日。

体要求，是新时代我们党坚持和发展中国特色社会主义的根本政治立场。

## 二、实现好、维护好、发展好
## 最广大人民根本利益

"以人民为中心"体现在发展上，就是要"实现好、维护好、发展好最广大人民根本利益，紧紧抓住人民最关心最直接最现实的问题"①，就是要聚焦人民根本利益、现实利益、最大利益，不断满足人民群众对美好生活的需要，不断提升人民群众的获得感、幸福感、安全感。

中国特色社会主义进入新时代，人民对美好生活的向往更加强烈。习近平总书记说，我们的人民热爱生活，期盼有更好的教育、更稳定的工作、更满意的收入、更可靠的社会保障、更高水平的医疗卫生服务、更舒适的居住条件、更优美的环境，期盼着孩子们能成长得更好、工作得更好、生活得更好。人民对美好生活的向往，就是我们的奋斗目标。党的十八大以来，习近平总书记一再强调要让人民群众有更多的获得感，强调要"多谋民生之利、多解民生之忧"。只有自觉维护群众利益，给人民群众以看得见的物质利益和切实感受到的政治权益，人民群众才真正认可共产党是为其谋利益的，才会认同共产党的领导地位，真心实意地跟共产党走。

我国发展仍然处于重要战略机遇期，但内外部条件发生深刻复杂变化。党的十九大对中国当前所处的时代和社会的主要矛盾作出了全新判断，我国社会主要矛盾已经由转化为人民日益增长的美好

---

① 《习近平著作选读》第一卷，人民出版社 2023 年版，第 38 页。

生活需要和不平衡不充分的发展之间的矛盾。随着决胜全面建成小康社会取得决定性成就，人民美好生活需要日益广泛，不仅是对物质文化生活提出了更高的要求，而且在民主、法治、公平、正义、安全、环境等方面出现了多样化、更高层次的要求。党的十九大报告着重强调，针对日益增长的多样化要求，必须坚持两个"不断"，即"不断满足人民日益增长的美好生活需要，不断促进社会公平正义"。

当前，发展不平衡不充分问题制约着人民日益增长的美好生活需要，城乡区域发展和收入分配差距较大，民生保障存在短板，社会治理还有弱项。未来五到十年，能否通过社会改革与社会建设破解累积而成的结构性社会矛盾，将决定中国能否胜利开启全面建设社会主义现代化国家新征程，能否为成功推进深层次改革、实现全面建成社会主义现代化强国奠定坚实基础。要更加清醒地认识到，我们党的"根基在人民、血脉在人民、力量在人民"①，失去了人民拥护和支持，党的事业和工作就无从谈起。要着力从解决人民群众最关心、最直接、最现实的利益问题入手，坚持实现好、维护好、发展好最广大人民根本利益。从思想和行动上自觉坚持以人民为中心，坚持人民至上，为实现人民对美好生活的向往持续奋斗、不断奋斗。

党的十八大以来，民生建设坚持全覆盖、保基本、多层次、可持续方针，以增强公平性、适应流动性、保证可持续性为重点，全面建成覆盖城乡居民的更加充分更加平衡的高质量民生保障体系。2016年，习近平总书记在江西省考察时发表重要讲话指出："集中力量做好普惠性、基础性、兜底性民生建设，不断提高公共服务共

---

① 习近平：《在党的群众路线教育实践活动工作会议上的讲话》，《人民日报》2013年6月18日。

建能力和共享水平，织密扎牢托底的民生'保障网'、消除隐患，确保人民群众安居乐业、社会秩序安定有序。"① 党的十九大也强调"兜底线、织密网"。世界上任何社会保障系统都不是完美无缺的，都有方方面面的漏洞，重要的是社会保障网的主体功能能否良性运行，能否惠及最大多数的民众。党和政府的目标是要通过努力，把人人享有基本社会保障作为优先目标，通过法律强制和利益引导相结合，完善政策和工作推动相结合，把更多的人纳入制度安排，体现"人人有份"的原则。如何适应流动性是当前社会民生保障体系建设的制度重点和难点。习近平总书记在党的十九大报告中指出："破除妨碍劳动力、人才社会性流动的体制机制弊端，使人人都有通过辛勤劳动实现自身发展的机会。"② 增强可持续性的核心是实现经济发展与社会建设的良性循环。习近平总书记曾指出："'十三五'时期，财政收入不可能像原来那样高速增长，要处理好发展经济和保障民生的关系，既要在经济发展的基础上不断加大保障民生力度，也不要脱离财力作难以兑现的承诺。"③ 一方面，要"尽力而为，量力而行"。尽力而为，就是坚决守住民生底线。"民生工作直接同老百姓见面、对账，承诺了的就一定要兑现，要做到件件有着落、事事有回音。"量力而行，就是不提不切实际的目标，不做超越阶段和能力的事情。绝不能开空头支票，也要防止把胃口吊得过高。另一方面，要努力使民生改善成为持续发展之源。

党的十九大把实现全体人民共同富裕作为全面建成社会主义现代化强国的重要内容。十九届五中全会进一步明确提出，二〇三五

---

① 《习近平谈治国理政》第二卷，外文出版社 2017 年版，第 362 页。
② 《习近平谈治国理政》第三卷，外文出版社 2020 年版，第 36 页。
③ 《习近平谈治国理政》第二卷，外文出版社 2017 年版，第 80 页。

年远景目标包括"全体人民共同富裕取得更为明显的实质性进展",并为此提出了一些重要要求和重大举措。习近平总书记指出:"这样表述,在党的全会文件中还是第一次,既指明了前进方向和奋斗目标,也是实事求是、符合发展规律的。"① 我们要紧扣新时代我国社会主要矛盾变化,自觉用新发展理念统领发展全局,着力破解发展不平衡不充分问题,促进社会公平正义,推动实现全体人民共同富裕不断取得新成就。

新时代 10 年,我们在幼有所育、学有所教、劳有所得、病有所医、老有所养、住有所居、弱有所扶上持续用力,人民生活全方位改善。人均预期寿命增长到 78.2 岁。居民人均可支配收入从 16500 元增加到 35100 元。城镇新增就业年均 1300 万人以上。建成世界上规模最大的教育体系、社会保障体系、医疗卫生体系,教育普及水平实现历史性跨越,基本养老保险覆盖 104000 万人,基本医疗保险参保率稳定在 95%。及时调整生育政策。改造棚户区住房 4200 多万套,改造农村危房 2400 多万户,城乡居民住房条件明显改善。互联网上网人数达 103000 万人。人民群众获得感、幸福感、安全感更加充实、更有保障、更可持续,共同富裕取得新成效。

许多外国专家高度评价中国"以人民为中心"取得的巨大成就。俄罗斯科学院哲学研究所研究员布罗夫说,过去 40 多年里,中国人民的物质条件有了很大改善,无论是城市居民还是农村居民,无论是干部、知识分子还是农民。所有变化都是因为中国共产党和政府在社会经济政治中坚持"以人民为中心"原则,践行

---

① 《习近平谈治国理政》第四卷,外文出版社 2022 年版,第 116 页。

"发展""公平""正义"等价值观。① 尼泊尔人、西安医学院中尼友好拉吉姆医学实验室主任，陕西省"三秦友谊奖"获得者拉吉姆·库玛·贾哈（Rajiv Kumar Jha）表示："无论外部环境如何变化，中国共产党始终坚持为提高中国人民生活品质而努力。"②

## 三、坚持人民主体地位，依靠人民创造历史伟业

习近平总书记在党的二十大报告中强调，必须"坚持人民主体地位，充分体现人民意志、保障人民权益、激发人民创造活力"。在党的十九大报告中，习近平总书记指出："人民是历史的创造者，是决定党和国家前途命运的根本力量。必须坚持人民主体地位，坚持立党为公、执政为民"，"依靠人民创造历史伟业"③。在十三届全国人大第一次会议上，习近平总书记也强调："人民是历史的创造者，人民是真正的英雄。波澜壮阔的中华民族发展史是中国人民书写的！博大精深的中华文明是中国人民创造的！历久弥新的中华民族精神是中国人民培育的！中华民族迎来了从站起来、富起来到强起来的伟大飞跃是中国人民奋斗出来的！"④

坚持人民主体地位，必须依靠人民创造历史伟业。习近平总书记指出，"仍然要把发展作为第一要务"，"发展是硬道理的战略思

① 《外国专家中国坚持以人民为中心》，中国日报网，https://baijiahao.baidu.com/s?id=1718859803588670165&wfr=spider&for=pc。
② 科技部国外人才研究中心：《外国专家热议二十大㉒｜"以人民为中心，一起向未来"》，科技部官方网易号，https://www.163.com/dy/article/HT59VRTS051494VN.html。
③ 习近平：《决胜全面建成小康社会　夺取新时代中国特色社会主义伟大胜利——在中国共产党第十九次全国代表大会上的报告》，《人民日报》2017年10月28日。
④ 习近平：《在第十三届全国人民代表大会第一次会议上的讲话》，《人民日报》2018年3月21日。

想要坚定不移坚持"①，"这就要充分调动人民群众的积极性、主动性、创造性，举全民之力推进中国特色社会主义事业，不断把'蛋糕'做大"②。人民群众中蕴藏着无尽的智慧和不竭的力量，在人民面前，"我们永远是小学生"，要"充分尊重人民所表达的意愿、所创造的经验、所拥有的权利、所发挥的作用"③。

　　坚持人民主体地位，依靠人民创造历史伟业，必须尊重群众首创精神。"改革开放在认识和实践上的每一次突破和发展，改革开放中每一个新生事物的产生和发展，改革开放每一个方面经验的创造和积累，无不来自亿万人民的实践和智慧。"④

　　1999 年 2 月，福建省南平市选派首批 225 名科技人员，深入215 个村开展科技服务。2002 年，时任福建省省长的习近平同志进行了专题调研，在《求是》杂志刊发《努力创新农村工作机制——福建省南平市向农村选派干部的调查与思考》一文，指出南平的做法是"市场经济条件下创新农村工作机制的有益探索，值得认真总结"。同年 10 月，科技部总结福建南平科技特派员实践经验，在宁夏、陕西、甘肃、青海、新疆等西北五省区开展科技特派员试点工作。2003 年，时任浙江省委书记的习近平同志到下姜村调研，聊起如何解决贫困问题，村民们说，我们缺技术、缺人才。经省里研究，科技特派员工作开始在浙江推行，第一批科技特派员走进田间地头。如今，科技特派员制度从地方创新探索逐步推

---

① 中共中央文献研究室：《习近平关于社会主义经济建设论述摘编》，中央文献出版社 2017 年版，第 9、10 页。

② 习近平：《在省部级主要领导干部学习贯彻党的十八届五中全会精神专题研讨班上的讲话》，人民出版社 2016 年版，第 28 页。

③ 习近平：《在纪念毛泽东同志诞辰 120 周年座谈会上的讲话》，《人民日报》2013 年12 月 27 日。

④ 中共中央文献研究室：《习近平关于全面深化改革论述摘编》，中央文献出版社 2014年版，第 138 页。

广上升为国家政策，成为中国农村改革中战略性、结构性的一项重要制度创新。

在保障和改善民生工作中，习近平总书记一直强调应人人参与、人人尽力、人人享有。民生保障事业要强化多层次，形成"重担大家挑"的局面。比如，一个国家的养老保险体系，只有国家、企业、个人多方参与，才能"众人拾柴火焰高"。下一步要在加大公共财政投入的同时，充分调动各方积极性，加快形成多支柱的养老保险体系。此外，"社区居家养老"的思路就是要发挥家庭养老优势，同时调动广泛的政府、市场、社会、社区力量广泛参与。

习近平总书记在党的十九大报告中指出，打造共建共治共享的社会治理格局。社会治理也需强调共建和共治，强调社会协同和公众参与。早在 2005 年 8 月习近平同志在浙江省民政厅调研时就曾发表重要讲话指出："在推进政府职能转变、社会转型和市场体系培育的过程中，社团、社会中介机构等社会组织在社会生活中扮演着越来越重要的角色。"① 为此，要正确处理政府和社会关系，加快实施政社分开，推进社会组织明确权责、依法自治、发挥作用。适合由社会组织提供的公共服务和解决的事项，交由社会组织承担。

坚持人民主体地位，必须"自觉摆正同人民群众的关系"②，不断增进与人民群众的真挚感情，设身处地、换位思考，时刻把人民群众的安危冷暖挂在心上；"共产党员永远是劳动人民的普通一

---

① 习近平：《干在实处　走在前列》，中共中央党校出版社 2016 年版，第 249 页。
② 习近平：《结合新的实际大力弘扬焦裕禄精神》，《求是》2009 年第 10 期。

员"①,"任何时候都不能忘记为了谁、依靠谁、我是谁,真正同人民结合起来"②。

坚持人民主体地位,需要相应的制度保障。人民当家作主是社会主义政治的基本特征之一。1929年12月下旬,红四军党的第九次代表大会在福建省上杭县古田召开,这就是古田会议。古田会议内容十分丰富,中心内容就是要用无产阶级思想建设无产阶级的政党和人民军队。古田会议结合中国共产党和中国革命的具体情况,灵活地运用马克思列宁主义,创造性地提出了思想建党的原则,初步回答了在党员以农民为主要成分的情况下,如何同群众站在一起,同时又能保持党的无产阶级先锋队性质的问题。决议还提出了加强党的组织建设的任务,要求"厉行集中指导下的民主生活",同时,古田会议规定了人民军队的为人民服务宗旨,从此便有了中国共产党绝对领导下的人民军队。

1931年11月,中国共产党在江西瑞金引进苏联的议行合一制度,召开苏维埃代表大会,选举产生了中华苏维埃共和国中央执行委员会。人民政权中如何认识党的领导和人民的关系?1940年3月,关于根据地政权的建设,毛泽东明确指出:"所谓领导权,不是要一天到晚当做口号去高喊,也不是盛气凌人地要人家服从我们,而是以党的正确政策和自己的模范工作,说服和教育党外人士,使他们愿意接受我们的建议。"③"在这里,我们要讲清领导的性质。什么叫做领导?它体现于政策、工作、行动,要在实际上实行领导,不要常常叫喊领导。常常叫喊领导,人家不愿听,就少说

---

① 中共中央文献研究室:《习近平关于党风廉政建设和反腐败斗争论述摘编》,中央文献出版社2015年版,第94页。
② 《习近平谈治国理政》第三卷,外文出版社2020年版,第520页。
③ 《毛泽东选集》第二卷,人民出版社1991年版,第742页。

些。对领导权要弄清其性质，而不要天天像背经似地去念。"①
1940 年 8 月，老革命家谢觉哉在解释为什么在政权问题上要实行
"三三制"时就曾说过："什么叫领导？领导是带路的意思，有正
确的政策与模范的行动，大多数人们自然跟着走。如果靠党员占权
位的人多，使少数人不敢不跟着走，那是压迫，不算领导。"②

　　新中国成立后，中国共产党领导了一系列民主改革，以真正
地、具体地实现广大人民群众当家作主。在民主改革的基础上，各
国营厂矿以生产为中心对劳动组织进行整顿，建立新的劳动制度和
劳动组织，把一批在生产上有经验、在群众中有威信的工人和职员
提拔到生产和行政管理岗位上来，使企业的各级领导权掌握在工人
阶级手中。在经济民主和社会民主初步实现的基础上，政治民主建
设也逐步展开。到 1951 年 10 月，全国大多数省、市、县都召开了
人民代表会议，其中有 17 个省、69 个市、186 个县的人民代表会
议代行人民代表大会的职权，通过民主选举方式，选出政府负责工
作人员。到 1952 年底，人民代表会议形成一项经常的制度，在全
国普遍实行。通过这一组织形式，人民群众开始学习如何行使自己
的民主权利，各级人民政府也在民主建政实践中提高了行政效率和
组织管理能力。

　　发展社会主义民主是中国特色社会主义政治发展的重要任务。
历经曲折发展、建设与改革，最终形成了人民民主专政的国家制
度、议行合一的人民代表大会制度、民族区域自治制度以及特别行
政区制度，创造了一整套独具特色的社会主义民主政治制度体系政
治协商制度。改革开放以来，我们总结发展社会主义民主正反两方

---

① 《毛泽东文集》第三卷，人民出版社 1993 年版，第 328 页。
② 《谢觉哉文集》，人民出版社 1989 年版，第 404 页。

面经验，强调人民民主是社会主义的生命，坚持国家一切权力属于人民，不断推进政治体制改革，社会主义民主政治建设取得重大进展，成功开辟和坚持了中国特色社会主义政治发展道路，为实现最广泛的人民民主确立了正确方向。中国特色社会主义政治发展道路，是近代以来中国人民长期奋斗的必然结果，是坚持党的本质属性、践行党的全心全意为人民服务根本宗旨的必然要求，是发展坚持人民主体地位、社会主义民主政治、体现人民意志、保障人民权益、激发人民创造活力、保障人民当家作主的必然要求。

## 四、由人民评判，争取人民满意

全心全意为人民服务宗旨是否落实到位，必然由人民来检验、以人民拥护不拥护、赞成不赞成、高兴不高兴、答应不答应作为根本标准。习近平总书记指出："我们党的执政水平和执政成效都不是由自己说了算，必须而且只能由人民来评判。人民是我们党的工作的最高裁决者和最终评判者。"[1] "知屋漏者在宇下，知政失者在草野。"群众意见是一把最好的尺子，最能衡量党的方针政策、党的各级领导干部工作的长短优劣。对于城市建设来讲，金杯银杯不如百姓口碑，老百姓说好才是真的好。[2] 对于农业农村农民来说，党中央制定的政策好不好、要看乡亲们是哭还是笑。要是笑，就说明政策好。要是有人哭，我们就要注意，需要改正的就要改正，需要完善的就要完善。[3] 对于党风廉政建设来说，干部作风是否确实

---

[1] 习近平：《在纪念毛泽东同志诞辰 120 周年座谈会上的讲话》，《人民日报》2013 年 12 月 27 日。

[2] 《开创富民兴陇新局面——习近平总书记甘肃考察纪实》，《人民日报》2019 年 8 月 24 日。

[3] 《百姓情怀百姓心》，《人民日报》2015 年 6 月 18 日。

好转，也要以人民满意为标准，要广泛听取群众意见和建议，群众不满意的地方就要及时整改①；要发挥人民监督作用，织密群众监督之网、开启全天候探照灯，各级党组织和党员、干部的表现都要交给群众评判。② 总之，党所制定的各项路线方针政策及其在实践中的成效如何，"最终都要看人民是否真正得到了实惠，人民生活是否真正得到了改善，人民权益是否真正得到了保障"③。

坚持以人民为中心，坚持人民是党的工作的"最高裁决者"和"最终评判者"，必然要求领导干部"干事创业一定要树立正确政绩观，做到民之所好好之，民之所恶恶之"，"决不能为了树立个人形象，搞华而不实、劳民伤财的'形象工程政绩工程'"④。组织部门也要"多到基层干部群众中、多在乡语口碑中了解干部"；要把干部干了什么事、干了多少事、干的事群众认不认可作为选拔干部的根本依据，而不能简单唯票、唯分、唯 GDP、唯年龄；对干部干事创业的考核评价，要"既看发展又看基础，既看显绩又看潜绩，把民生改善、社会进步、生态效益等指标和实绩作为重要考核内容，再也不能简单以国内生产总值增长率来论英雄了"。⑤总之，中国共产党把为民办事、为民造福作为最重要的政绩，把为老百姓办了多少好事实事作为检验政绩的重要标准。⑥

要更加清醒地认识到，在社会主义的中国，人民是国家的

① 《习近平在十八届中央纪委二次全会上发表重要讲话强调　更加科学有效地防治腐败坚定不移把反腐倡廉建设引向深入》，《人民日报》2013 年 1 月 23 日。
② 《历史使命越光荣奋斗目标越宏伟越要增强忧患意识越要从严治党》，《人民日报》2014 年 10 月 9 日。
③ 习近平：《在纪念毛泽东同志诞辰 120 周年座谈会上的讲话》，《人民日报》2013 年 12 月 27 日。
④ 习近平：《做焦裕禄式的县委书记》，中央文献出版社 2015 年版，第 7 页。
⑤ 《十八大以来重要文献选编》（上），中央文献出版社 2014 年版，第 343—344 页。
⑥ 《习近平在山西考察时强调　全面建成小康社会乘势而上　书写新时代中国特色社会主义新篇章》，《人民日报》2020 年 5 月 13 日。

"主人"，党的各级领导干部是人民的"公仆"，"公仆公仆，一要为公，不能有私心；二要为仆，不能有官气"①。任何党员、干部，只有为人民服务的责任和义务，没有当官做老爷的权力。"一切国家机关工作人员，无论身居多高的职位，都必须牢记我们的共和国是中华人民共和国，始终要把人民放在心中最高的位置，始终全心全意为人民服务，始终为人民利益和幸福而努力工作。"② "我们党要使人民胜利，就要当工具，自觉地当工具。"③ 作为人民的"工具"，就要永远"把人民利益摆在至高无上的地位"④。"老百姓是天，老百姓是地"⑤，忘记了人民，脱离了人民，我们就会成为无源之水、无本之木，就会一事无成。党的十八大以来，习近平总书记风雨兼程、访贫问苦，足迹遍布大江南北，听民声、察民情、思对策，以百姓心为心，以"我将无我，不负人民"⑥ 的责任担当和为民情怀，为全党模范践行了人民至上理念。

---

① 习近平：《做焦裕禄式的县委书记》，中央文献出版社 2015 年版，第 64 页。
② 习近平：《在第十三届全国人民代表大会第一次会议上的讲话》，《人民日报》2018 年 3 月 21 日。
③ 《毛泽东文集》第三卷，人民出版社 1996 年版，第 373—374 页。
④ 习近平：《在纪念红军长征胜利 80 周年大会上的讲话》，《人民日报》2016 年 10 月 22 日。
⑤ 习近平：《在纪念红军长征胜利 80 周年大会上的讲话》，《人民日报》2016 年 10 月 22 日。
⑥ 《"欢迎你到中国去"（习近平主席访问欧洲微镜头）》，《人民日报》2019 年 3 月 24 日。

# 第五章　创造经济高质量发展的振兴之路

发展是党执政兴国的第一要务。[①]中国特色社会主义进入新时代，我国社会主要矛盾已经转化为人民日益增长的美好生活需要和不平衡不充分的发展之间的矛盾。[②]面对这一新的历史性变化，习近平总书记深刻指出："发展中的矛盾和问题集中体现在发展

---

[①] 习近平：《高举中国特色社会主义伟大旗帜　为全面建设社会主义现代化国家而团结奋斗——在中国共产党第二十次全国代表大会上的报告》，《人民日报》2022年10月26日。

[②] 习近平：《决胜全面建成小康社会　夺取新时代中国特色社会主义伟大胜利——在中国共产党第十九次全国代表大会上的报告》，《人民日报》2017年10月28日。

质量上""新时代新阶段的发展必须贯彻新发展理念，必须是高质量发展""必须把发展质量问题摆在更为突出的位置，着力提升发展质量和效益"①。党的二十大报告进一步明确高质量发展的重大意义，强调"高质量发展是全面建设社会主义现代化国家的首要任务"②。实现以中国式现代化全面推进中华民族伟大复兴，必须坚持以高质量发展为根本要求，始终发挥高质量发展目标对经济社会等各个领域工作的指引作用。

# 一、构建高水平社会主义市场经济体制

社会主义市场经济体制是中国特色社会主义的重大理论和实践创新，是社会主义基本经济制度的重要组成部分。不同于西方市场经济以生产资料私有制作为运行基础，也不同于苏联模式重计划轻市场的指令性经济体制，我国践行的社会主义市场经济体制综合社会主义制度的优越性与市场资源配置的长处，促成我国经济的增长奇迹。根据世界银行发布的数据，1978 年到 2021 年中国国内生产总值 GDP 从 1495.4 亿美元增加至 17.7 万亿美元，世界排名由第 11 名跃升为第 2 名，中国人均 GDP 也由 156 美元增加至 1.26 万美元。③ 1978 年，中国人均国民总收入（GNI）仅为 200 美元，是世界上最贫穷的国家之一，而到 2021 年，中国人均 GNI 为 11890 美元，世界排名由 2012 年的第 112 位上升到 2021 年的第 68 位，提

---

① 习近平：《关于〈中共中央关于制定国民经济和社会发展第十四个五年规划和二〇三五年远景目标的建议〉的说明》，《人民日报》2020 年 11 月 4 日。

② 习近平：《高举中国特色社会主义伟大旗帜　为全面建设社会主义现代化国家而团结奋斗——在中国共产党第二十次全国代表大会上的报告》，《人民日报》2022 年 10 月 26 日。

③ 世界银行：《中国 1960 — 2021 年 GDP（现价美元）数据》，世界银行网站，https://data.worldbank.org.cn/。

升了 44 位。① 在继续保持改革开放以来发展态势与和平国际环境的条件下，中国进入高收入经济体行列指日可待。中国经济发展奇迹并不唯一表现为高速且稳定的经济数据增长，更体现在人民群众前所未有的获得感。经过全党全国各族人民的共同努力，中国完成了消除绝对贫困的艰巨任务，这也是中华民族在几千年发展历史上首次整体消除绝对贫困，人民生活水平得到改善，美好生活向往也正在加快实现。

社会主义市场经济体制将社会主义和市场经济有机统一起来，是我们党在重大历史关头作出的正确选择。纵观社会主义发展史，社会主义国家大多是在经济文化落后的基础上走上工业化道路的，后发现代化国家追赶先进工业国普遍历经一番艰辛探索。我国也并不例外，自 1949 年新中国成立后，便着力开展社会主义建设，取得了巨大成就，也遭受了一些挫折。在此过程中，我们党积累了符合中国国情的社会主义建设的重要经验，得出了十分重要的认识："走自己的路，探索适合中国国情的社会主义建设道路；……社会主义社会还存在商品生产和商品交换，要尊重价值法则，大力发展商品生产"②。计划经济和市场经济从来不是有关社会制度的一对概念，商品经济也并非资本主义生产方式独有范畴。这在马克思主义经典著作《资本论》中得到阐释："商品生产和商品流通是极不相同的生产方式都具有的现象，尽管它们在范围和作用方面各不相同。"③ 在 1978 年党的十一届三中全会上，中国共产党用改革开放的伟大宣示带领中国走向了一条通过改革促进发展之路，从高度集

---

① 国家统计局：《综合实力大幅跃升　国际影响力显著增强——党的十八大以来经济社会发展成就系列报告之十三》，国家统计局网站，https://www.stats.gov.cn/sj/sjjd/202302/t20230202_1896690.html。

② 《中国共产党简史》，人民出版社、中共党史出版社 2021 年版，第 216 页。

③ 《马克思恩格斯文集》第 5 卷，人民出版社 2009 年版，第 136 页。

中的计划经济体制逐渐向充满活力的社会主义市场经济体制转轨。与传统计划经济体制不同，社会主义市场经济体制具有以公有制为主体、多种所有制共同发展的所有制结构，以共同富裕作为根本目标，强调在国家宏观调控下发挥市场对资源配置的基础性作用。

步入新时代，中国已经建立起了较为完善的社会主义市场经济体制，人民群众日益多样化、个性化的需求呼唤着市场经济主体在供给上的合理回应，对于生产组织方式、生产技术水平、产品与服务质量等方面提出更高要求。我国全面深化改革进入深水区，来自各领域的风险挑战比以往任何时候都要多。作为经济体制改革的基本遵循，社会主义市场经济改革方向的重要性不言而喻。这要求我国经济在保持高速且稳定增长的基础上，要在经济体制关键性基础性重大改革上取得突破创新。习近平总书记在党的二十大报告中指出，未来五年的主要目标任务之一在于构建高水平社会主义市场经济体制。所谓"高水平"，就是要在更高起点、更高层次、更高目标上推进经济体制改革，切实解决高质量发展遇到的卡点与瓶颈，构建更加系统完备、更加成熟定型的社会主义市场经济体制。"高水平"的达成需要凝结多方面的共同努力。

第一，坚持和完善基本经济制度。基本经济制度是生产关系在制度上的表现，具有长期性和稳定性，对于经济发展有着决定性影响。改革开放以后，我国逐步确立了公有制为主体、多种所有制经济共同发展，按劳分配为主体、多种分配方式并存，社会主义市场经济体制等社会主义经济制度。坚持和完善基本经济制度，一方面，要毫不动摇地巩固和发展公有制经济，充分发挥其经济社会发展"压舱石"和"稳定器"作用，保证我国各族人民共享改革发展成果。这具体体现在对国有资本与国有企业的做强做优做大。坚持党对国有企业的领导是第一位的、不可动摇的。在此基础上要继续深化国资国企改革，坚持政企分开、政资分开和公平竞争原则，加快国有经济布局优化和结构调整；进一步强化国有企业对战略安全、产业引领、国计民生、公共服务等领域的主导作用，推动形成坚实稳定的社会经济基础。另一方面，要毫不动摇地鼓励、支持、引导非公有制经济发展，激发各类市场主体活力，解放和发展社会生产力。对于民营企业，要改善民营企业发展环境，依法保护民营企业产权和企业家权益，促进民营经济的壮大优化。对于中小微企业，要对其发展予以积极支持，比如，为中小微企业融资提供可靠、高效、便捷的服务，以解决其融资难融资贵的问题，完善促进中小微企业发展的法律环境和政策体系等。对于现代企业制度，要明确"中国特色"，即把党的领导融入公司治理各环节，借鉴世界先进准则规范的同时结合我国具体实际，弘扬企业家精神，以期加快培育出具有核心竞争力的世界一流企业。

第二，推动有效市场和有为政府结合。在市场经济体制中，市场与政府的角色定位有所不同：市场起到了连接各微观经济运营主体的作用，是配置各类资源的基础环节，政府则履行着经济管理、调控、协调等职能。围绕二者关系，西方经济学者多数主张市场与政府之间是此消彼长的替代关系，产生了"大市场小政府"与"小市场大政府"的争论。而在我国以实践探索而成的社会主义市场经济中，"看不见的手"与"看得见的手"被认为是相互促进、相互补充的，既要防止完全依赖市场作用而催生的过度垄断、两极分化，也要避免过于依靠政府管控而出现的成本过高、活力丧失。在追求高水平社会主义市场经济体制的道路上，需要促成市场与政府的强强联合，实现市场有效、政府有为。有效市场是要充分发挥市场在资源配置中的决定性作用，健全市场体系，建立公平开放透明的市场规则。有为政府是要健全宏观经济治理体系，深化行政管理体制改革，加强和优化公共服务，厘清政府与市场在管理、引导与服务上的边界，在尊重市场规律的基础上及时弥补市场失灵。在处理具体问题时，需要认识到市场与政府的关系状态处于动态变化之中，切忌将二者完全割裂来看，而是要讲辩证法、两点论，关注复杂性、增强适应性。

第三，构建全国统一大市场。基于庞大的人口体量与广阔的地域面积，中国市场天然拥有着超大规模、整体市场的发展优势。但目前国内市场中阻碍商品和要素自由流动的显性与隐性壁垒还没有完全消除，在一定程度上制约了经济循环的畅通运行，令我国市场优势尚未得到充分发挥。这就需要加快构建起高效规范、公平竞争、充分开放的全国统一大市场，为构筑新发展格局提供基础保障，为以科技创新推动产业升级提供现实依托，促进国内市场在与国际市场的紧密联通中取得新优势。全国统一大市场的构建需立破并举，从市场的制度规则出发达成统一，"立"是要丰富和创新制度供给，"破"是要破除制度上的制约因素，保证市场内产权保护制度、市场准入制度、公平竞争制度、社会信用制度的统一性。要深化要素市场化改革，扩大土地、劳动力、资本等要素的市场化配置范围，破除要素市场分割和多轨运行，打造统一的要素和资源市场；要建设高标准市场体系，立足内需疏通市场堵点、畅通市场循环。同时积极发挥政府作用，增强政府在开放环境中动态维护市场稳定、经济安全的能力，有序扩大统一大市场的影响力和辐射力。

第四，建立现代财税金融体制。财政税收制度与金融制度同为国家宏观经济调控的手段，二者之间的相互配合、相互补充能够促进社会供需关系的动态平衡，是我国经济实现持续、稳定、协调发展的重要制度保障。实现高质量发展、构建高水平社会主义市场经济体制的发展目标为宏观经济调控提出更高要求，意味着现代财税金融体制需要达到更高水平。"十四五"规划全面阐释了建立现代财税金融体制的各项任务：在财政体制方面，要进一步深化预算管理制度改革，进一步完善现代税收制度，进一步理顺中央和地方财政关系，进一步健全政府举债融资机制；在金融体制方面，要建设现代中央银行制度，健全具有高度适应性、竞争力、普惠性的现代金融体系，构建金融有效支持实体经济的体制机制，完善现代金融监管体系。[①] 这些重大举措涉及国家开展宏观调控过程中的各领域各环节，着眼于中央与地方、政府与市场等复杂关系，为相关工作落实提供科学指引。

## 二、建设现代化产业体系

现代化产业体系是社会分工与社会生产力高度发展的产物。历史地看，第一次产业革命以蒸汽机的发明和应用为标志，人类社会从农耕文明向工业文明过渡；第二次产业革命开启"电气时代"，国际经济走向全球化；第三次产业革命使得电子技术广泛渗透至国民经济各个部门，"信息时代"由此到来；第四次产业革命在此基础上进一步发展，以大数据、云计算、人工智能等新一代信息技术为驱动，使得生产力大幅提高，深刻影响着人们的生活方式。回顾历次产业革命，可以发现伴随着技术革新，国民经济中的产业结构也在发生重大变化：从以农业和畜牧业为主导到以工业为主导、再到大量资本与劳动流入非物质生产部门，现代化产业体系逐渐趋于形成。

---

[①] 中华人民共和国国家发展和改革委员会：《"十四五"规划〈纲要〉解读文章之14 | 建立现代财税金融体制》，中华人民共和国国家发展和改革委员会网站，https://www.ndrc.gov.cn/fggz/fzzlgh/gjfzgh/202112/t20211225_1309702.html。

现代化产业体系是一个国家实现现代化的经济基础与重要标志，关系到国之兴衰。凡是成功实现现代化的国家，都经历过产业体系现代化的过程，即在某个或某些产业领域形成位居世界前列的制造或服务能力。比如，电子信息、生物医药、航空航天、金融和法律服务业是支撑美国实现现代化的物质基础，而汽车和先进装备制造产业是德国的核心产业，类似的还有日韩的电子产品、半导体、造船、汽车产业，等等。与之相反，如果一些国家没有实现产业体系的现代化，进而不能保持社会生产力的不断发展，其结果往往是出现经济长期停滞、落入所谓的"中等收入陷阱"之中，渐渐地由富强走向衰落。因此，没有产业体系的现代化，就没有经济的现代化；没有坚实的物质技术基础，就不可能全面建成社会主义现代化强国。构建现代产业体系是建设现代化经济体系的重要内容，是立足新发展阶段、贯彻新发展理念、构建新发展格局的必然要求，是全面建设社会主义现代化国家的一项战略性任务。

经过新中国成立以来 70 多年的建设和发展，特别是改革开放以来 40 多年的不懈奋斗，我国已经建成了一个规模巨大、结构相对完整的现代产业体系，并在部分产业领域具备了较强的国际竞争力。进入新时代，我国各个产业的发展更是实现了新的历史性跃升。目前，中国已经成为全世界产业门类最为齐全的国家，是第一制造大国，在世界 500 多种主要工业产品当中，我国有四成以上产品产量位居世界第一，我国的制造业规模占全球比重近 30%，同样位居全球首位。[①] 中国还形成了门类齐全、独立完整的现代工业体系，拥有 41 个工业大类、207 个工业中类、666 个工业小类，是全世界唯一拥有联合国产业分类中全部工业门类的国家。[②] 此外，

---

① 参见王政：《我国制造业综合实力持续提升》，《人民日报》2022 年 8 月 3 日。
② 参见王政：《我国制造业综合实力持续提升》，《人民日报》2022 年 8 月 3 日。

伴随着创新驱动发展战略的深入实施，我国工业化和信息化深度融合进一步加快，智能制造取得了积极成效，数字经济规模连续多年稳居世界第二位。总的来看，我国已经成功走出了一条中国特色的新型工业化发展道路，用几十年的时间走完发达国家用时几百年的工业化历程，实属奇迹。

但是，同传统发达国家相比，同实现高质量发展的要求相比，我国现有的产业体系仍存在一些问题。一是产业基础能力不足，大而不强、宽而不深，制造业总体上在全球产业价值链中仍处于中低端的水平。产业基础领域要求产品具有更强的专业性、精密性、耐用性和稳定性，涉及核心基础零部件、基础元器件、基础材料、关键基础软件和先进基础工艺等。而我国许多企业在规模扩张阶段往往更为关注在短期内赶上发达国家的水平，对相关领域投入的精力与资源相对有限。因而导致我国产业基础还比较薄弱，与国际水平存在差距，难以在国际竞争中占得优势。二是原始创新能力不足，缺乏对产业链的控制力和话语权。伴随第四次产业革命的开展，全球分工模式的侧重点正在从产业与产品转向技术与知识。而我国现行的产业结构仍更多关注产业分工，一些高附加值的关键零部件仍需依赖进口，缺乏核心数据等关键知识，关键核心技术受制于人的格局没有从根本上改变。三是数字产业与传统产业之间有待深入融合，以数字化推动传统产业转型升级存在水平较低、产业链协作程度不高等问题。加之受到逆全球化、地缘政治冲突等多重因素影响，我国要实现经济的高质量发展，就必须从多方面着手，加快建设现代化产业体系。

第一，推动制造业高端化、智能化、绿色化发展。制造业是实体经济的主体，也是我国现代化产业体系的核心内容。伴随着新一轮科技革命和产业变革的蓬勃兴起，市场需求层次持续提升，国际竞争压力日益严峻。这为传统制造业的转型升级按下加速键，高端化、智能化、绿色化成为制造业实现高质量发展的重要抓手与主要方向。从高端化来看，应依托创新完成跃升，加快关键核心技术的研发与应用，实现核心技术自主化，建设一批国家级创新平台和先进制造业集群，补短板、锻长板，提升我国制造业质量水平，着力打造世界级品牌。从智能化来看，应推进信息技术与制造业的深度融合，落实物联网体系的建设，建设智能化系统平台与人才团队，完善智能制造标准体系。从绿色化来看，应推动企业将绿色低碳发展理念融入整体战略，加强企业、政府与社会在绿色发展上的联动配合关系，利用数字化技术赋能企业的绿色转型。

第二，推动战略性新兴产业融合集群发展。战略性新兴产业代表着我国科技创新与产业发展方向，拥有较强的创新能力、发展潜力与市场竞争力，对经济社会全局和长远发展具有重大引领带动作用。新一代信息技术、生物技术、新能源、新材料、高端装备、新能源汽车、绿色环保及航空航天、海洋装备等产业均属于战略性新兴产业。据国家统计局测算，2021 年战略性新兴产业增加值占GDP 比重为 13.4%，其中，规模以上工业战略性新兴产业增加值比上年增长 16.8%，高技术制造业增加值比上年增长 18.2%，这类产业已形成经济增长的强大动能。① 而下一步的工作要推动战略性新兴产业融合集群发展，进一步激发并发挥其活力，培育壮大新的增长引擎，完善产业发展形态。各地应根据实际情况培育先导性和支柱性产业，避免盲目跟风导致的同质化竞争，系统推进战略性新兴产业间的融合化、集群化。并且，要做好产业规划和配套服

---

① 国家统计局：《国家统计局统计科学研究所首席统计师何强解读 2021 年我国经济发展新动能指数》，国家统计局网站，http://www.stats.gov.cn/xxgk/jd/sjjd2020/202208/t20220831_1887788.html。

务、优化营商环境、加强知识产权保护等保障工作，巩固新兴产业的领先地位，推动新兴产业在技术创新中突破瓶颈，增强国际竞争力。

第三，促进数字经济和实体经济深度融合。伴随着大数据、云计算、人工智能等新一代数字技术的广泛应用，数字经济经由各类平台渗透到我国新型工业化、信息化、城镇化、农业现代化的实现过程中，发挥着深刻影响。数字经济与实体经济之间联系紧密，是相互依存、相互促进的辩证关系。作为以数字化的知识和信息为关键生产要素的新型经济形态，数字经济的出现离不开高端的实体制造，数字技术需依托实体经济来发挥作用，实体经济为数字经济提供应用市场与数据资源。同时，数字技术能够深入生产、分配、交换和消费的各个环节，有效扩展现代经济体系的增长空间，促进实体经济的提质增效。因此，我国在推进产业优化升级的过程中，应积极促进二者的深度融合，相辅相成。数字经济与实体经济深度融合的起点在于万物的互联互通，即在人与人、人与物、物与物之间形成移动便捷的连接。全面连接是实现深度融合的必要基础，其中，数据是这些主体之间的桥梁，物联网、移动互联网技术等提供了技术支撑。举例来看，制造业数字化转型、数字孪生工厂、工业互联网等均属于数字经济与实体经济深度融合过程中所形成的新模式。伴随着经济体系内信息的实时传输与共享，持续提升的整体创新能力将作为深度融合的结果加以呈现，为我国经济蓬勃发展提供动能。

第四，构建现代化基础设施体系。构建现代化产业体系需要有现代化的基础设施体系作为坚实基础和重要支撑。党的十八大以来，我国在重大科技设施、水利工程、交通枢纽、信息基础设施、国家战略储备等方面取得了一批世界领先的成果，基础设施整体水平实现跨越式提升。① 但同国家发展和安全保障需要相比，我国目前的基础设施还不适应，仍需要加强全面建设。现代化基础设施体系的构建要在党中央集中统一领导下，推进核心技术攻关、创新体制机制，切实提供民生保障与安全保障，促进共同富裕与美好生活目标的实现；以数字社会建设与产业体系数字化为发展契机，提升基础设施体系的数字化、智能化水平，完成传统基础设施的更新升级，有效发挥拉动内需、牵引关联产业发展、培育孵化新产业、平抑经济波动等功能，保障我国经济的持续健康发展。

## 三、全面推进乡村振兴

从古至今，"三农"问题始终是关系国计民生的根本性问题。作为古老的农业大国，中国历来重视农业农村，以农为本，以农立国，在几千年的乡土生活、农业生产中孕育出了源远流长、灿烂辉煌的农耕文明。纵览历朝历代，农业兴旺、农民安定，则国家统一、社会稳定；农业凋敝、农民不稳，则国家分裂、社会动荡。② 自新中国成立以来，农村曾先后多次发挥"稳定器"与"蓄水池"作用，推动化解中国在现代化进程中遇到的复杂情况，撑起了中国经济发展的基本盘。比如，1957 年苏联提供的援华投资突然中断，直接导致我国城市就业人口由 1960 年的 1.3 亿人陡然大幅下降为 1962 年的 4537 万人。③ 大量的城市失业人口为社会发展带来巨大

---

① 《全面加强基础设施建设构建现代化基础设施体系 为全面建设社会主义现代化国家打下坚实基础》，《人民日报》2022 年 4 月 27 日。
② 习近平：《坚持把解决好"三农"问题作为全党工作重中之重 举全党全社会之力推动乡村振兴》，《求是》2022 年第 7 期。
③ 温铁军：《八次危机》，东方出版社 2013 年版，第 57 页。

压力，对此，我国政府自 1961 年开始动员上千万人口到农村去生产自救，使城市的失业问题不至于演变成社会危机，并且对农村集体化政策进行了实质性调整，这一时期推行的休养生息政策不仅促进了农业生产的逐渐恢复，也使得国家整体财政形势在农村经济的带动下有所好转。

党和国家始终对"三农"问题予以高度重视。"三农"曾在 1982 年至 1986 年的连续 5 年以及在 2004 年至 2023 年的连续 20 年作为我国中央一号文件的主题。改革开放和社会主义建设新时期，党领导农民率先拉开改革大幕，不断解放和发展农村社会生产力，围绕不同时间段的具体任务和目标，提出了相应的农村发展战略。无论是家庭联产承包责任制、"米袋子"与"菜篮子"工程、小城镇建设等具体措施，还是城乡统筹的发展思路，均对推动农村全面进步起到了重要作用，实现了人民生活从温饱不足到总体小康、奔向全面小康的历史性跨越。处于新时代的历史起点，中国乡村振兴战略在党的十九大报告中提出，将推动"三农"发展上升到了国家战略的高度。实施乡村振兴战略，是解决人民日益增长的美好生活需要和不平衡不充分的发展之间矛盾的必然要求，是实现"两个一百年"奋斗目标的必然要求，是实现全体人民共同富裕的必然要求。① 在党的二十大报告中，习近平总书记再次对推进乡村振兴作出了深刻论述和全面部署，明确指出："全面建设社会主义现代化国家，最艰巨最繁重的任务仍然在农村。"②

---

① 《中共中央　国务院关于实施乡村振兴战略的意见》，中华人民共和国中央人民政府网站，http://www.gov.cn/zhengce/2018-02/04/content_5263807.htm。

② 习近平：《高举中国特色社会主义伟大旗帜　为全面建设社会主义现代化国家而团结奋斗——在中国共产党第二十次全国代表大会上的报告》，人民出版社 2022 年版，第 30—31 页。

乡村振兴战略是关系到全面建设社会主义现代化国家的全局性、历史性任务。"没有农业农村的现代化，就没有国家的现代化。"① 对本国的工农关系、城乡关系的处理方式，在一定程度上决定着一个国家现代化的成败。纵观世界各国现代化历程，那些工农关系与城乡关系不协调不和谐的国家，往往面临着经济停滞与社会凋敝，大量的失业农民聚集在城市贫民窟，容易发生社会动荡。乡村振兴战略体现了我国对工农关系与城乡关系的高度重视与正确把握，促进了中国农业农村的蓬勃发展。2022 年是《国家乡村振兴战略规划（2018—2022 年）》实施的收官之年，这五年间全国粮食产量稳定在 1.3 万亿斤以上，棉油糖、肉蛋奶等主要农产品供给充裕。2017—2021 年，全国农村居民人均可支配收入实际增长 28.9%，城乡居民收入倍差由 2.71 缩小到 2.5。② 与此同时，我们也应清醒地认识到，我国农业基础还不稳固，城乡区域发展和居民收入差距仍然较大，城乡发展不平衡、农村发展不充分仍是社会主要矛盾的集中体现。③ 为达成 2035 年基本实现农业现代化、2050 年乡村全面振兴的远景目标，我们必须要在未来的 3 个五年规划期内抓紧行动起来，全面推进乡村振兴。

第一，加强党对"三农"工作的全面领导。党管农村工作是我们的最大政治优势，脱贫攻坚伟大胜利的取得正是有赖于党的坚强领导，方能汇聚起全党全社会的磅礴之力。全面推进乡村振兴，

---

① 《中共中央 国务院关于实施乡村振兴战略的意见》，中华人民共和国中央人民政府网站，http://www.gov.cn/zhengce/2018-02/04/content_5263807.htm。

② 国家发展改革委：《乡村振兴取得阶段性重大成就》，人民网，http://finance.people.com.cn/n1/2022/0928/c1004-32536150.html。

③ 习近平：《坚持把解决好"三农"问题作为全党工作重中之重 举全党全社会之力推动乡村振兴》，《求是》2022 年第 7 期。

必须健全党领导农村工作的组织体系、制度体系、工作机制，提高新时代党全面领导农村工作的能力和水平。[①]在党中央下发的《中国共产党农村工作条例》中，很重要的一条就是五级书记抓乡村振兴。乡村振兴牵涉的部门很多，各级党委都要扛起政治责任，并且在实际工作中找准自身定位、做好统筹协调，切实把党的领导落实到乡村振兴战略的各环节、全过程之中。有关乡村振兴的各项政策，均要最终落实于农村基层党组织这一基本单元，要保证其政治功能与组织功能的切实发挥。在农村基层党组织的构建上，一方面要选优配强，做好乡镇领导班子、村"两委"成员，尤其是党支部书记的选拔培育工作；另一方面要提供保障，推动各类资源向基层下沉，为基层干部干事创业创造更好条件。此外，不光农村基层干部要奋力作为，各级干部都要增强做好"三农"工作的能力，提升解决新发展阶段"三农"领域新情况新问题的本领。

　　第二，牢牢把握粮食安全主动权。习近平总书记曾反复强调，粮食多一点少一点是战术问题，粮食安全是战略问题。[②]作为粮食生产的必要前提，耕地问题应得到首要重视。近年来，耕地乱象屡禁不止，耕地"非农化""非粮化"的情况使得国家粮食产量与14亿人口粮食需求的差距进一步扩大。对此，中国必须严防死守18亿亩耕地红线，保证各省区市可供粮食生产耕地的数量与质量，为高产稳产目标的实现打好基础。有充足耕地，还要有优质种子用于播种，相关部门应加快推进生物育种的研发与应用工作，促进生物育种基础研究的创新突破、关键技术的迭代升级，在现有有限耕

---

①　习近平：《坚持把解决好"三农"问题作为全党工作重中之重　举全党全社会之力推动乡村振兴》，《求是》2022年第7期。

②　习近平：《坚持把解决好"三农"问题作为全党工作重中之重　举全党全社会之力推动乡村振兴》，《求是》2022年第7期。

地的基础上进一步增加粮食产量。科技不仅能够在育种方面发挥积极作用，还可以用于打造智慧农业。物联网、大数据等现代信息技术投入到农业领域，在环境检测、食品安全、灾变预警等方面提供有效助力。农民作为农业生产过程中的主要实践主体，对其主观能动性的调动直接影响着粮食产量的提升。这就需要健全有关农民收益的保障机制，比如加强种粮农民补贴、完善最低收购价政策等，对粮食主产区要加大奖补力度，确保农民的种粮收益。此外，伴随着不断升级的城乡居民食物消费结构，农业供给侧结构性改革也要随之深入推进，从吃得饱到吃得好、吃得健康，完善农产品供应体系要在数量、品质与多样性上同时发力。

第三，统筹推进乡村发展、乡村建设和乡村治理。在新时代，全面推进乡村振兴，建设宜居宜业和美丽乡村，离不开"三个乡村"的有机结合、统筹配合。全国各地区各部门要结合本地实际情况，积极开展多样探索，对于一些乡村已经取得的成功经验，要加强相互学习与推广。比如，部分乡村坚持以党建工作为引领，通过"一村一年一事"、村民网格化治理、党群议事小组议事、"湾村明白人"参与治理和积分制、清单制等方式，拓展乡村"自治、法治、德治"相结合的实践途径。部分乡村坚持物质文明和精神文明一起抓，依托文化体育活动丰富乡民精神世界，聚焦红白喜事大操大办等难点问题，推进移风易俗，倡导良好风尚。产业振兴是推进乡村发展的重要一环，一些乡村依托特色资源，因地制宜发展富民产业，提供了许多可供参考的发展模式。例如，以数字化赋能产业发展，鼓励"互联网+三农"发展理念的电商特色产业；通过整合多方力量，推动资源下沉，打造农民创业平台；基于本地旅游文化资源，以乡村旅游为核心实施产业发展；等等。此外，各级政府要在公共服务、制度政策、资金等方面为乡村发展提供坚实保障，组织引导广大农民群众投身乡村振兴，激发其积极性、主动性与创造性。

第四，巩固拓展脱贫攻坚成果。经过全党全国各族人民的不懈努力，脱贫攻坚的目标任务如期完成。正如习近平总书记所强调的，脱贫摘帽不是终点，而是新生活、新奋斗的起点。[①] 从"脱贫攻坚"到"全面推进乡村振兴"，我国"三农"工作的重心发生转移，巩固拓展脱贫攻坚成果、完成二者之间的流畅衔接是今后工作的一个重点。一方面，要有的放矢地开展过渡工作，根据不同群体情况输出针对性政策，比如，对于经济欠发达地区有劳动能力的群体应予以开发式帮扶方针，将农民自力更生与国家帮扶相结合，对于那些没有劳动能力的群体做好兜底保障，对易地扶贫搬迁的群体要确保其稳定就业等；另一方面，要利用好脱贫地区的 5 年脱贫过渡期，将现有的帮扶政策进行分类优化，合理把握政策调整的节奏、力度与时限。此外，还要在具体工作落实上下工夫，比如对庞大的扶贫资产摸清底数、加强监管，推动建设配套的基础设施，加强公共服务，等等，做到工作不留空当，政策不留空白。

## 四、促进区域协调发展

统筹区域发展从来都是一个重大问题，新中国成立以来，党中央根据经济发展情况，因时因势推进区域发展。改革开放之前的近30 年，我国按照"有计划、按比例发展"的原则，促进区域均衡发展。毛泽东在《论十大关系》中系统阐述了中国工业布局的问题，指出："我国全部轻工业和重工业，都有约百分之七十在沿海，只有百分之三十在内地。这是历史上形成的一种不合理的状

---

① 习近平：《在全国脱贫攻坚总结表彰大会上的讲话》，《人民日报》2021 年 2 月 26 日。

况。"① 对此，我国采用国家动员和计划管理的方式集中调配资源，将绝大多数工业项目部署在内陆地区，令内陆多地完成了由 0 到 1 的工业化突破，但仍存在经济总体发展水平不高、各地产业结构雷同等不足。改革开放后，邓小平敏锐地提出"两个大局"的区域发展方案，东部沿海地区的率先发展有效带动了国民经济的总体提高，但东西部的发展差距也由此拉大。世纪之交，党中央沿着邓小平"两个大局"的构想，着手推动内陆地区发展，先后落实了西部大开发、振兴东北老工业基地、中部崛起、鼓励东部地区率先发展等战略决策。党的十八大以来，以习近平同志为核心的党中央相继开展了京津冀协同发展、长江经济带发展、共建"一带一路"、粤港澳大湾区建设、长三角一体化发展等政策实践，区域协调发展也在党的十九大报告中被提升至区域发展统领性战略。

新形势下，我国区域协调发展产生了一些值得关注的新情况新问题。经过以往各项措施的有效执行，中国已经在推进区域协调发展上取得突出成绩，也在实践中积累了一些宝贵经验。当前中国经济正处于新发展阶段，贯彻新发展理念、构建新发展格局成为我国经济发展的核心导向。而区域问题在其中发挥着基础性作用，构建新发展格局，需要保持各区域在经济上的良性互动、控制区域发展差距在合理范围、调动各区域积极落实开放型经济等。这对于我国区域协调发展提出更高要求，迫切需要对区域协调发展战略进行深入落实。目前，我国区域经济发展具体呈现为：一是区域经济发展分化态势明显，除了传统的东中西差距，南北地区的不平衡发展也进一步凸显。二是发展动力极化现象日益突出，经济和人口向北京、上海、广州、深圳、杭州、南京、武汉、郑州、成都、西安等

---

① 《毛泽东文集》第七卷，人民出版社 1999 年版，第 25 页。

大城市及城市群集聚的趋势比较明显，形成推动高质量发展的区域增长极。三是部分区域发展面临较大困难，比如，东北地区、西北地区的发展相对滞后，资源枯竭型城市、传统工矿区城市发展经济的内在活力不足，城市与城市之间、城市与乡村之间的发展情况仍不平衡。

如何在新时代下好区域协调发展"一盘棋"？党的二十大报告给出明确回答："深入实施区域协调发展战略、区域重大战略、主体功能区战略、新型城镇化战略，优化重大生产力布局，构建优势互补、高质量发展的区域经济布局和国土空间体系。"① 这"四大战略"共同架构起了新时代区域治理的主体内容，为未来一段时间我国落实区域协调发展指明方向、擘画蓝图。

第一，区域协调发展战略。区域协调发展战略主要涉及我国西部、东北、中部与东部这四大地理板块，聚焦于解决区域差距过大、区域不平衡，并且以问题为导向，根据实际情况分别给出应对举措。西部地区受到地理环境、交通闭塞等因素的制约，较为突出的问题是"落后"。深入推进西部大开发，既要发挥其生态优势，大力保护区域环境，积极推进新能源项目，走绿色高质量发展之路；也要利用其区位优势，依托"一带一路"倡议提升区域综合开放水平，优化基础设施建设，发展相关产业。东北地区较为突出的问题为"萧条"，主要表现为要素流出、投资不足等。东北全面振兴的落实，重点在于激活活力，应深入推进"放管服"改革，优化营商环境；鼓励高新技术企业发展，促进产业结构转型升级；推动国企改革，支持民营企业发展。中部地区的突出问题在于产业结构，比如产业结构不协调、单一化等。为实现中部地区崛起，各

---

① 习近平：《高举中国特色社会主义伟大旗帜　为全面建设社会主义现代化国家而团结奋斗——在中国共产党第二十次全国代表大会上的报告》，人民出版社 2022 年版，第 31—32 页。

地应明确形成本地特色发展的抓手，加快淘汰落后产能，以创新推动崛起，发展科技要素密集的现代制造业。东部地区存在人口和资源的高度聚集所带来的大城市"膨胀病"，即交通堵塞、住房拥挤、环境质量恶化等。坚持东部率先发展，不仅要持续发挥其带动引领作用，主动谋求发展突破，更要妥善处理好相关矛盾，促进产业转型升级。此外，区域协调发展还应关注特殊类型地区，比如革命老区、生态退化区等，因地施策，有针对性地推进当地发展。

第二，区域重大战略。区域重大战略主要包括京津冀协同发展、长江经济带发展、粤港澳大湾区建设、长三角一体化发展、黄河流域生态保护和高质量发展，旨在通过统合局部治理政策，实现区域间的优势互补、辐射带动。从整体布局来看，京津冀、长三角、粤港澳大湾区分布在我国东部地区，共同构成一条沿海经济带；另外两个区域重大战略依托流域而展开，涉及长江经济带与黄河流域，将我国东中西三大地带联系起来。从分布形状来看，位于东部地区的京津冀、长三角、粤港澳大湾区是以城市群为主体，呈现为点状区域，黄河流域因为上游、中游发展受限，并未形成经济带，同样基于城市群发展；而长江经济带基于长江流域延伸，呈现为带状区域。区域重大战略的落实需以区域特色为依托，以保证生态环境质量为前提，推进局部治理，壮大城市群和都市圈经济；同时要充分发挥区域间的协同效应，以点带线、以线带面、以面促块，实现区域内部和区域之间的互补融通、协调发展。

第三，主体功能战略。主体功能区，顾名思义，是以功能作为标识对国土空间进行区域划分，参照的因素有自身资源环境条件、社会经济基础、开发潜力等。主体功能区战略适用于具有多样性、非均衡性特征的我国国土空间，有助于各区域，特别是经济欠发达地区发挥比较优势，是促进区域协调发展之良策。实施主体功能区战略，要根据区域功能特点确定其开发方向，实现对国土空间的科学有效利用。在2011年6月正式发布的《全国主体功能区规划》中，主体功能区的分类及其功能得到系统阐述，为实际开展区域分类治理提供基本凭借与具体指导。主体功能区按开发方式，分为优化开发区域、重点开发区域、限制开发区域和禁止开发区域；按开发内容，分为城市化地区、农产品主产区和重点生态功能区；按层级，分为国家和省级两个层面。[①] 需要注意的是，主体功能不等于唯一功能，所有类别主体功能区的开发均要适度有序。

第四，新型城镇化战略。在党的二十大报告中，新型城镇化首次从"战略"这一层面提出。这说明，我国城市建设已从城市竞争时代进入到区域协调发展时代，城乡发展不平衡不充分的问题亟待解决，要着力缩小区域之间的差距、城乡之间的差距。新型城镇化是坚持以人为核心的城镇化，在城镇化水平快速提高的同时，需要关注到广大人民群众的实际需求。城镇化的推进促使许多人口从农村转移到城市，对于这部分群体的保障工作十分重要，应从公共服务、劳动报酬等各个方面给予有力支持，加快其市民化进程。新型城镇化的空间布局应具有多元性、协同性、开放性等特征。这一目标的达成需要以城市群与都市圈为单元，强化中心城市和城市群的带动作用，促进不同体量城市之间的分工协调，加强城市基础设施建设，鼓励各类空间形态探索多样发展方式，着力打造宜居、韧性、智慧城市。

区域协调发展是一项复杂的系统工程，在落实战略举措时，还需遵循科学的方法指引。一是要坚持辩证思维，认识到不平衡是普遍的，要在发展中促进相对平衡。我国不同地区的资源禀赋条件差

---

[①] 国务院办公厅：《国务院关于印发全国主体功能区规划及规划的通知》，中央政府门户网站，http://www.gov.cn/zwgk/2011-06/08/content_1879180.htm。

异较大，绝对平均的要素分配、盲目照搬产业结构等均不利于特色发挥，要根据各地区综合条件进行合理分工。二是要具有战略眼光，认识到区域协调发展必然是一个长期的过程，既要持续落实各项举措、久久为功，也要根据现实变化而及时调整，实现区域发展的动态协调。三是要全面地把握"协调"，着力推动各地区在发展规模、产业结构、产业空间分布、发展时序、竞争与合作关系等各个方面的协调，在实践中尊重客观规律、贯彻新发展理念。

## 五、推进高水平对外开放

对外开放是一项长期的基本国策，推动我国走上强国之路。党的十一届三中全会上，以邓小平同志为主要代表的中国共产党人在深刻总结经验之后，作出把党和国家工作中心转移到经济建设上来、实行改革开放的历史性决策。[①] 实行对外开放战略，不仅符合发展社会主义市场经济、实现社会主义现代化的内在要求，也让中国牢牢地把握住了国际上的发展机遇，取得了一系列的显著成就。经过不断的探索和努力，中国已经成为世界第二大经济体、制造业第一大国、货物贸易第一大国、商品消费第二大国、外资流入第二大国、外汇储备第一大国。[②] 特别是党的十八大以来，以习近平同志为核心的党中央科学分析新时代中国和世界的发展大势，着力推进对外开放在理论与实践上的创新，我国对外开放水平达到了前所未有的高度。这体现在对外贸易规模稳定增长、结构持续优化、质量效益逐步提升等多个方面。仅就 2022 年我国的对外贸易数据来

---

[①] 习近平：《在庆祝改革开放 40 周年大会上的讲话》，《人民日报》2018 年 12 月 19 日。

[②] 中华人民共和国国务院新闻办公室：《新时代的中国与世界》，国新网，http://www.scio.gov.cn/zfbps/ndhf/2019n/202207/t20220704_130635.html。

看，国际收支口径的货物贸易顺差 6856 亿美元，顺差规模创历史新高，其中，货物贸易出口 3.4 万亿美元，进口 2.7 万亿美元，进出口规模亦创历史新高。① 开放带来进步，封闭必然落后，中国从封闭半封闭到全方位开放的伟大变革，充分证明了坚持对外开放的重要意义。

中国的对外开放一以贯之，并不断向更大范围、更深层次、更宽领域推进。中国特色社会主义进入新时代，基于对国际国内新形势的全面审视，"高水平对外开放"这一战略部署在党的十九届五中全会上被提出，并在党的二十大报告中得到强调。中国对外开放的更高水平主要体现在实体经济与经济制度两个层面。在实体经济层面，高水平对外开放能够带来贸易投资规模的扩大，以及贸易投资合作质量和水平的提高，推动我国从目前的全球第一大贸易国优化升级为贸易强国。由"大"到"强"的转变，关键在于中国的贸易商品、进出口结构、中国在全球贸易价值链所处的地位都要从中低端向中高端发展。这就要求我国在对外开放过程中更为强调主动性、自主性与创新性，除了传统贸易和投资，在科技、教育、健康、旅游、文化、体育等各个领域里形成中国特色，拥有自主品牌与市场。在经济制度层面，高水平对外开放的核心在于制度型开放。随着我国对外开放的进一步深化，在"深水区"仅有商品和要素流动型开放已经明显不足。新形势下，中国要在制度层面与国际接轨，改掉那些束缚经济社会高质量发展的体制、模式等旧有因素，在更高层次落实对外开放。党的二十大报告中指出"稳步扩大规则、规制、管理、标准等制度型开放"，这也是"制度型开放"首次被写入党代会报告中，足以彰显其重大意义。

---

① 外汇局：《2022 年我国国际收支基本平衡》，光明网，https://m.gmw.cn/baijia/2023-02/11/content_1303279961.htm。

推进高水平对外开放是我国实现高质量发展的必要路径。党的十九大报告指出，"我国经济已由高速增长阶段转向高质量发展阶段，正处在转变发展方式、优化经济结构、转换增长动力的攻关期"①。国民经济从高速增长阶段转向高质量发展阶段，对改革的系统性、整体性和协同性要求更高，经济增长也应完成从粗放型向内涵型、从规模扩张向技术创新的转变。只有全方位提高开放水平，进一步释放开放促改革的功能，方能进一步发挥市场机制的作用、激发市场主体的活力，在要素资源的流动中实现经济的创新、协调、绿色、共享发展。习近平总书记深刻指出，构建新发展格局决不是封闭的国内循环，而是更加开放的国内国际双循环。② 推进高水平对外开放，不仅有利于形成稳固的国内经济基本盘，打通生产关系中各环节的堵点，促进改革深化，为国内经济大循环提供保障；也有利于广泛利用全球资源，打造国际合作和竞争新优势，实现国内国际经济良性的循环互动。

推进高水平对外开放将以中国智慧促进世界共同发展。当今世界正处于百年未有之大变局：新一轮科技革命和产业变革深入发展、世界多极化、贸易单边主义与保护主义侵蚀国际秩序和国际规则等，各国之间的联系与依存空前紧密，国际大环境整体趋于复杂。如此背景下，习近平总书记曾在讲话中多次强调构建人类命运共同体的美好愿景，希望"以中国的新发展为世界提供新机遇"③。而高水平的对外开放更有助于为世界发展贡献中国市场、中国资

---

① 习近平：《决胜全面建成小康社会　夺取新时代中国特色社会主义伟大胜利》，人民出版社 2017 年版，第 30 页。
② 习近平：《在第三届中国国际进口博览会开幕式上发表主旨演讲》，《人民日报》2020 年 11 月 5 日。
③ 习近平：《坚定信心　共克时艰　共建更加美好的世界》，《人民日报》2021 年 9 月 22 日。

源、中国方案，推动经济全球化朝着更加开放、包容、普惠、平衡、共赢方向发展。自不断扩大开放以来，中国以实际行动践行着大国担当，中国经济连续多年对世界经济增长贡献率超过 30%，共建"一带一路"倡议已经成为当今世界最受欢迎的公共产品和规模最大的经济合作平台，有效助力各国发展。[①] 由此可见，推进高水平对外开放，既是我国高质量发展之必要，也是构建人类命运共同体、建设开放型世界经济之必要。

开放层次更高，难度也就更大，高水平对外开放的实现需要多方协力、多策并进。

第一，充分发挥超大规模市场优势。作为一个拥有 14 亿多人口、4 亿多中等收入群体的大国，中国凭借强大的国内市场具有经济发展的独特优势，是全球规模最大、最具发展潜力的消费市场之一，多个要素市场的规模也位居世界前列。中国的超大规模市场优势体现在多个方面：超大规模市场赋予我国宏观经济稳定性与适应性，对外部冲击与内部波动有着更强的消化能力；创新研发的试错成本、基础设施建设成本、产业化投资成本能够被分摊，为新产品、新技术的持续迭代提供基本保障；大企业难以形成固化垄断，企业间的纵向流动性更强，创新活力更易被激发，等等。超大规模市场优势能够促进中国形成强大的国内经济循环体系，从而进一步吸引全球要素资源，增强国内国际两个市场两种资源联动效应。这一优势的充分发挥需从"着力扩大国内需求"和"更大力度吸引和利用外资"两方面入手，二者也被中央经济工作会议列入 2023年重点工作，在落实中采用扩大市场准入、多渠道增加城乡居民收

---

① 外交部：《2020 年 8 月 24 日外交部发言人赵立坚主持例行记者会》，外交部网站，https://www.mfa.gov.cn/web/fyrbt_673021/jzhsl_673025/202008/t20200824_5419265.shtml。

入等具体措施，内外兼顾地促进高水平对外开放。

第二，稳步扩大制度性开放。扩大制度型开放首先要"稳"。要加强顶层设计，在促进流动型开放向制度型开放转变的过程中处理好二者之间的关系，在推动要素和商品跨境流动自由化的基础上，破除国内阻碍生产力发展的制度约束，为市场主体营造出更加具有国际竞争力的制度环境。扩大制度型开放重点在"扩"。要落实深化改革，主动且深度对接国际高标准经贸规则，持续推进国内相应的制度、法律法规、实施细则以及配套性政策的改革，达成中国与世界经济全方位各领域的有序协调。扩大制度型开放最终要落在"开放"。这需要中国广泛地参与到国际合作中，从制度的被动接受者转变为主动供给者，提供更多制度型公共产品，在国际经济秩序的构建中起到积极作用。

第三，完善对外开放区域平台。对外开放平台是国际经济合作的重要载体，高水平对外开放的实现需以此为基础而展开。从开放布局来看，我国开放型经济的主要集聚地在于东部沿海地区，内陆地区相对较弱，不同区域间存在着"区域资源错配""开放差距明显"等问题。为改善这些情况，优化区域开放布局成为必要，一方面要保持并巩固东部沿海地区的优势能力，充分发挥其示范引领作用，推动区域产业分工向全球产业链价值链高端攀升；另一方面要提升中西部和东北地区的开放程度，积极打造内陆开放新平台，培育区域经济新增长极。总体上要结合不同地区的特点因地制宜地推进区域平台开放，令我国的对外开放实现从局部到全面的转变。从更为具体的区域平台升级来看，要深化自由贸易试验区改革，赋予其更大改革自主权，充分利用自由贸易试验区的扩大开放试验田作用，及时总结、复制推广制度创新成果，带动全国优化营商环境。要加快建设具有世界影响力的中国特色自由贸易港，借鉴国际高标准自贸港经验，建立中国特色自由贸易港制度和政策体系。

第四，积极参与全球经济治理。推动全球治理体系朝着更加公正合理方向发展，实现共商共建共享，是世界各国的普遍期待。[①]中国应以大国担当积极参与到全球治理体系的改革与建设中，为构建开放型世界经济提供中国智慧，也为我国更高水平的对外开放创造有利的外部环境。在国际经贸往来中，中国应利用好共建"一带一路"倡议、金砖国家峰会、二十国集团、上海合作组织等合作机制，逐步推广相关议题，促进国家间的互利共赢。以共建"一带一路"倡议为例，自 2013 年提出以来，"一带一路"倡议有效推动了我国与国际组织和相关国家的广泛合作，"六廊六路多国多港"的互联互通架构已基本形成，对于沿线国家的整体发展、完善全球治理体系作出了突出贡献。推动共建"一带一路"高质量发展，需要坚持共商共建共享原则，秉持绿色、开放、廉洁理念，进一步促进国家间在发展战略和政策、基础设施、经贸投资、人文等方面的共同发展。

---

①　中华人民共和国国务院新闻办公室：《新时代的中国与世界》，国新网，http://www.scio.gov.cn/zfbps/ndhf/2019n/202207/t20220704_130635.html。

# 第六章　实现全过程人民民主的民主之路

　　人民民主是社会主义的生命，是全面建设社会主义现代化国家的应有之义。全过程人民民主是社会主义民主政治的本质属性，是最广泛、最真实、最管用的民主。必须坚定不移走中国特色社会主义政治发展道路，坚持党的领导、人民当家作主、依法治国有机统一，坚持人民主体地位，充分体现人民意志、保障人民权益、激发人民创造活力。

# 一、全过程人民民主的理论、制度演进

## （一）全过程人民民主的理论演进

2019 年 11 月 2 日，习近平总书记来到上海市长宁区虹桥街道古北市民中心考察调研全国人大常委会法工委基层立法联系点。同正在参加立法意见征询的社区居民代表亲切交流时，他充分肯定了基层立法联系点在接地气、聚民智方面所做的有益探索，明确指出，我们走的是一条中国特色社会主义政治发展道路，人民民主是一种全过程的民主。① 这是习近平总书记首次提出"人民民主是全过程的民主"的理念。2021 年 7 月 1 日，中国共产党成立一百周年大会召开。在会上，习近平总书记深刻指出："尊重人民首创精神，践行以人民为中心的发展思想，发展全过程人民民主，维护社会公平正义，着力解决发展不平衡不充分问题和人民群众急难愁盼问题，推动人的全面发展、全体人民共同富裕取得更为明显的实质性进展！"② 在这次讲话中，习近平总书记在"全过程的民主"基础上加上了"人民"二字，完整提出了"全过程人民民主"的概念。

2021 年 10 月，在中央人大工作会议上，习近平总书记发表了重要讲话，首次完整、系统地论述了全过程人民民主的理论、制度和工作体系，从概念内涵、优势、特色、判断民主的标准等理论角度及制度体系、具体工作措施等方面对全过程人民民主进行了全面说明。

从全过程人民民主的概念内涵和优势来看，"我国全过程人民

① 全国人大常委会法制工作委员会：《基层立法联系点是新时代中国发展全过程人民民主的生动实践》，《求是》2022 年第 5 期。
② 习近平：《在庆祝中国共产党成立 100 周年大会上的讲话》，《求是》2021 年第 14 期。

民主实现了过程民主和成果民主、程序民主和实质民主、直接民主和间接民主、人民民主和国家意志相统一，是全链条、全方位、全覆盖的民主，是最广泛、最真实、最管用的社会主义民主"。

从全过程人民民主的特色来看，"我国全过程人民民主不仅有完整的制度程序，而且有完整的参与实践"。

从判断民主的标准来看，"评价一个国家政治制度是不是民主的、有效的，主要看国家领导层能否依法有序更替，全体人民能否依法管理国家事务和社会事务、管理经济和文化事业，人民群众能否畅通表达利益要求，社会各方面能否有效参与国家政治生活，国家决策能否实现科学化、民主化，各方面人才能否通过公平竞争进入国家领导和管理体系，执政党能否依照宪法法律规定实现对国家事务的领导，权力运用能否得到有效制约和监督"。"总之，民主是各国人民的权利，而不是少数国家的专利。一个国家是不是民主，应该由这个国家的人民来评判，而不应该由外部少数人指手画脚来评判。"

从全过程人民民主的制度体系来看，全过程人民民主是人民民主专政的国体、人民代表大会制度的政体、中国共产党的领导制度等根本政治制度和中国共产党领导的多党合作和政治协商制度、民族区域自治制度、基层群众自治制度等基本政治制度，统一战线这个重要政治制度等构成的统一体系。

从工作体系来看，"我们要继续推进全过程人民民主建设，把人民当家作主具体地、现实地体现到党治国理政的政策措施上来，具体地、现实地体现到党和国家机关各个方面各个层级工作上来，具体地、现实地体现到实现人民对美好生活向往的工作上来"①。

---

① 以上讲话内容均引自习近平：《在中央人大工作会议上的讲话》，《求是》2022 年第 5 期。

这次讲话蕴含着习近平总书记关于全过程人民民主丰富深刻的理论思考，对于全过程人民民主的理论研究和制度建构、工作开展等全过程人民民主的实践有重要的指导意义。

### （二）全过程人民民主的制度化和实践演进

在习近平总书记提出的全过程人民民主的概念和理论的指导下，在中国特色人民民主政治建设成果的基础上，全过程人民民主在制度和实践层面取得了显著进展。

2021年3月，十三届全国人大四次会议将"全过程民主"明确写入《中华人民共和国全国人民代表大会组织法》和《中华人民共和国全国人民代表大会议事规则》。2021年11月，党的十九届六中全会通过的《中共中央关于党的百年奋斗重大成就和历史经验的决议》，将"发展全过程人民民主"列入习近平新时代中国特色社会主义思想的"十个明确"之中。2022年3月11日，十三届全国人大五次会议表决通过了《全国人民代表大会关于修改〈中华人民共和国地方各级人民代表大会和地方各级人民政府组织法〉的决定》，其中一个重点和亮点，就是贯彻"全过程人民民主"理念，不仅将"坚持和发展全过程人民民主"写入总则，而且做出一系列制度设计保证其真正落到实处。法律中确立"全过程人民民主"理念的规定是由全国人民代表大会的性质决定的，体现了本届人大及其常委会履职"紧跟党中央重大决策部署，紧贴人民群众美好生活对法治建设的呼声期盼，紧扣国家治理体系和治理能力现代化提出的法律需求实际"的显著特点。法律中确立"全过程人民民主"理念的规定是由全国人民代表大会的性质决定的，体现了本届人大及其常委会履职"紧跟党中央重大决策部署，紧贴人民群众美好生活对法治建设的呼声期盼，紧扣国家治理体系

和治理能力现代化提出的法律需求实际"的显著特点。① 2022 年
10 月，全过程人民民主被写入党的二十大报告中，这是该概念首
次被列入中国共产党全国代表大会的报告中。党的二十大报告对中
国式现代化做了系统部署，提出了中国式现代化的本质要求，"发
展全过程人民民主"位列其中。党的二十大还通过了新修订的
《中国共产党章程》，在总纲中正式增加了全过程人民民主的表述：
"中国共产党领导人民发展社会主义民主政治。……发展更加广
泛、更加充分、更加健全的全过程人民民主"。全过程人民民主的
理论由于科学总结了中国人民民主政治建设的理论和实践经验，彰
显了中国人民民主政治的特色和优势，所以才在如此短的时间内，
如此广泛地列入党内法规和国家法律法规中，从而高效地制度化，
进而在中国特色社会主义民主政治实践中得到快速贯彻落实。

全过程人民民主是中国式现代道路的重要组成部分，同时也是
全面建成社会主义现代化强国的重要组成部分，是手段和目标的统
一体，它自身具有动态性，处于不断完善发展过程之中，其理论内
涵、制度构建、工作实践随着中国式现代化宏伟进程的逐步展开必
将日益丰富多彩。

## 二、全过程人民民主的科学内涵、理论价值和现实意义

### （一）全过程人民民主的科学内涵

如何理解全过程人民民主？顾名思义，全过程人民民主是"全"

---

① 陈宇博：《全过程人民民主理念入法的时代意义》，中国人大网，http://www.npc.
gov.cn/npc/kgfb/202206/7e5859aa0e71483fa0b5e44b2799865b.shtml，2022-06-01。

"过程""人民""民主"的有机统一。"全"是指全链条、全方位、全覆盖。

全链条强调全过程人民民主是由不同环节构成的既有区别又相互联系的环环相扣的闭环链条。完整的民主链条包括民主选举、民主协商、民主决策、民主管理、民主监督的前后相继的闭环链条。这些环节有机结合在一起，构成了全过程人民民主。

全方位是指全过程人民民主是由各个层面的民主体系构成，包括中央、地方、基层的民主体系和过程。

全覆盖是指全过程人民民主涵盖社会各个领域的事务和事业，包括国家事务、社会事务，以及经济社会事业。

"过程"强调全过程人民民主模式的突出特色和优势。

全过程人民民主模式强调过程性，这也是全过程人民民主区别于西方民主模式的突出特点和优势。全过程人民民主是公共权力授予和公共政策选择的统一，它既包括通过民主选举选出各级各类代议机构的代表和政府官员，也包括代表和官员当选任职后与人民一道通过民主协商、民主决策、民主管理、民主监督等环节来选择公共政策。这就避免了西方民主模式经常出现的候选人竞选时为争取选票而夸夸其谈，胡乱许诺，当选后许诺流于空谈的弊端。"过程性"保证了全过程人民民主可以实现程序民主和实质民主、过程民主和结果民主的统一。全过程人民民主不仅注重票决环节的程序正当性，而且注重整个民主过程的质量和效能。

"人民"强调了全过程人民民主主体的人民性。全过程人民民主强调人民性是全过程人民民主的出发点和归宿。全过程人民民主是代表最广大人民根本利益的民主，是保障人民民主权利充分实现的民主，是保障人民的愿望和要求通过各种途径充分体现在国家政治、经济、文化、社会、生态各领域建设中的民主。

"民主"强调了全过程人民民主的本质和核心要义是人民当家作主。全过程人民民主通过各种形式有效保障了人民享有充分、真实、有效的当家作主的权利。全过程人民民主的核心要义在于通过各种途径和形式解决人民提出的各种问题，从而保障人民当家作主。在全过程人民民主政治体系中，中国共产党既没有任何自己的特殊利益，也不代表任何利益集团、权势团体、特权阶层的利益，而是始终代表最广大人民的根本利益，这是保障在国家治理和社会治理过程中始终体现人民当家作主的首要条件。

全过程人民民主概念高度概括了社会主义民主政治的本质属性，突出了社会主义民主主体的人民性、过程的全面性、人民当家作主的民主性，是最广泛、最真实、最管用的民主。

## （二）全过程人民民主的理论价值和现实意义

全过程人民民主这一全新概念的提出，是马克思主义中国化的最新重大理论成果，标志着中国共产党领导中国人民开展的中国特色社会主义民主政治建设的制度和实践水平的进一步提高和深化，也指明了新时代中国特色社会主义民主政治建设的发展方向和发展路径。

全过程人民民主为破解历史周期率提供了民主新路。中国共产党一向把领导中国人民追求人民当家作主作为自身的终极目标之一。1945年7月抗战胜利前夕，毛泽东主席在延安居住的窑洞中会见了民主人士黄炎培，两人就中国历史周期率展开了一段对话，即历史上著名的"窑洞对"。当时毛泽东问到黄炎培参观延安的感想，黄炎培答："我生六十多年，耳闻的不说，所亲眼看到的，真所谓'其兴也浡焉，其亡也忽焉'，一人，一家，一团体，一地方，乃至一国，不少单位都没有能跳出这周期率的支配力。一部历史，'政急宦成'的也有，'人亡政息'的也有，'求荣取辱'的也有，总之没有能跳出这周期率。中共诸君从过去到现在，我略略了解的了，就是希望找出一条新路，来跳出这个周期率的支配。"毛泽东庄重地回答道："我们已经找到新路，我们能跳出这周期率。这条新路，就是民主。只有让人民来监督政府，政府才不敢松懈。只有人人起来负责，才不会人亡政息。"① 人亡政息、政急宦成、求荣取辱循环往复出现的历史周期性形成了封建王朝治乱兴衰的历史周期率。破解这一历史周期率的新路就是民主新路，即人民起来监督政府、人人起来负责。毛泽东的论断提到了民主的两个本质的问题，即民主权利和民主的责任，民主是权利和责任的统一。人民既要享受民主权利带来的激励和保障，也要承担民主带来的约束和责任，这样才能从外部达到党领导的政权和国家以人民利益为先、以人民之心为心、一切为了人民、一切依靠人民的成效。

党的十八大以来，以习近平同志为核心的党中央在全面从严治党的实践中丰富发展了毛泽东的破解历史周期率的新路径，即刀刃向内、开展党的自我革命。党的二十大报告再次强调，"党找到了自我革命这一跳出治乱兴衰历史周期率的第二个答案"。

从两代中国共产党的领导核心关于破解历史周期率的回答中可以看出中国共产党对民主的理论认识在不断深化、持续创新，相应地，人民民主的制度、实践创新也在不断深入。中国共产党治国理政的质量和效能也在继承和发展中持续提高。全过程人民民主是中国共产党追求人民民主的过程中最新的原创性理论、制度、实践成果。它丰富和发展了民主新路、党的自我革命的民主政治内涵。全过程人民民主从价值理念向制度形态、治理机制和人民生活方式的

---

① 《毛泽东年谱（1893—1949）（修订本）》中卷，中央文献出版社2013年版，第610页。

全面切实的转化，可以进一步有效保证中国共产党领导的国家治理跳出治乱兴衰、循环往复的历史周期率，具有深远的历史影响、理论价值和现实意义。

全过程人民民主为世界各国人民探索适合自身的民主模式提供了中国智慧、中国方案。民主是人类普遍追求的共同价值。但共同价值不等同于各国都采用统一的、"普世"的民主模式，个别国家也没有权力自认为是先进民主国家而以教师爷身份居高临下对他国的民主状况指手画脚。各国都有自身的历史传统、文化特色和现实的社会状况，各国有权利自主选择什么样的适合自身的民主模式。衡量一国民主模式的优劣应该由这个国家的人民来评判。2021年12月9日至10日，美国通过视频会议形式举办所谓"世界领导人民主峰会"。峰会纠集了100多个国家和地区，却把中国和俄罗斯排除在外。美国以"民主引领者"自居，打着民主旗号挑动分裂和对抗，遭到国际社会普遍反对。无论美方如何为自己涂脂抹粉，其假民主、真霸权的真实面目早已清晰暴露在世人面前。所谓"领导人民主峰会"只会以民主操弄者、破坏者的形象载入史册。当前美国国内民主政治状况也是乱象丛生，党派竞争激烈，党派利益凌驾于国家利益之上，国内种族、群体矛盾尖锐，社会撕裂严重，整个西方的自由民主政治模式根本不是福山"历史终结论"所说的"人类政府的最终形式"，"不可能再有更好的选择"，而是呈现出政治衰朽的征兆。中国的全过程人民民主是中国共产党领导中国人民进行长期理论和实践探索的成果，是马克思主义中国化时代化的产物，是最适合中国历史传统、现实状况和未来发展需要的民主政治模式。中国式现代化需要以全过程人民民主为主要内容的中国之治的推动，中国之治的道路也丰富了世界文明宝库，为世界各国推动本国发展提供了可资借鉴和选择的途径。

## 三、全过程人民民主的制度体系及功能分析

### （一）全过程人民民主的制度体系

全过程人民民主是理论和实践的统一体系。全过程人民民主的理论属性需要通过具体的制度和实践过程来体现。制度是保证全过程人民民主保持和体现自身属性的基础。党的十九届四中全会对中国特色社会主义制度体系作出了科学系统的归纳和概括，将中国特色社会主义制度归纳为由根本制度、基本制度、重要制度和具体制度组成的功能体系，各项制度功能各异且协同配合发挥整体的效能。全过程人民民主也是由根本制度、基本制度、重要制度和具体制度构成的社会主义民主政治体系。

全过程人民民主的制度体系可以从以下方面全面把握：

人民民主专政制度。我国宪法第一条规定："中华人民共和国是工人阶级领导的、以工农联盟为基础的人民民主专政的社会主义国家。"这是我国的国体，即国家性质，体现了各阶级、阶层在国家中的地位和作用，体现了统治阶级内部各阶级、阶层的关系和统治阶级与被统治阶级的关系。人民民主专政是我国总的根本的国家制度，是对广大人民实行民主和对境内外敌对势力和破坏社会主义建设、社会秩序和祖国统一的敌对分子实行专政的有机统一体。我国社会的主要矛盾已经转化人民日益增长的美好生活需要和不平衡不充分的发展之间的矛盾。这决定了民主的方法是解决我国社会各方面问题的主要方法。我国享有民主权利的人民的范围空前扩大，这反映了我国的社会主义人民民主在最大程度上实现了阶级性和人民性的统一，是目前世界范围内涵盖最广泛的民主模式。这也是全

过程人民民主重点强调的内容。当然，为了维护人民的根本利益、国家的核心利益和社会秩序，保卫国家政权和社会主义建设的成果，专政的手段也不绝不能放松。人民民主专政制度反映了国家性质，所以它在全过程人民民主制度体系中的定位是总的政治制度，是基础性、一般性、关键性的政治制度，它能直接孕育出根本、基本、重要政治制度，又能衍生出具体政治制度。

中国共产党的领导制度。我国宪法总纲第一条规定了中国共产党领导是中国特色社会主义最本质的特征。从国家性质而言，人民民主专政是由工人阶级领导的，而中国共产党是工人阶级的先锋队，是中国特色社会主义事业的领导核心，代表中国先进生产力的发展要求、代表中国先进文化的前进方向、代表中国最广大人民的根本利益，这充分体现了中国共产党的领导地位与我国的国家性质是一致的。党的领导制度是我国根本的领导制度，这一制度在国家制度中居于统领地位。党的领导是全过程人民民主最坚强的政治保证。

人民代表大会制度。我国宪法第二条规定："中华人民共和国的一切权力属于人民。人民行使国家权力的机关是全国人民代表大会和地方各级人民代表大会。"人民代表大会制度是我国根本的政治制度，是我国的政体，即我国国家政权的组织形式。人民代表大会是我国的国家权力机关，由人民通过直接或间接选举代表的方式产生，其他国家行政机关、监察机关、审判机关和检察机关都由人民代表大会产生，对其负责，受其监督。人民代表大会制度保证了国家权力切实掌握在人民手中。

协商民主制度。中国共产党领导的多党合作和政治协商制度是我国的基本政治制度之一。协商民主除了专门的政协协商之外，还包括政党协商、人大协商、政府协商、人民团体协商、社会组织协商、基层协商等广泛的协商形式，是我国全过程人民民主独具特色的民主形式。协商民主保证了中国整个社会的不同利益、意愿、要求都能够得到充分的表达，在协商基础上达成社会共识，求得各方面利益的最大公约数，画出最大同心圆，共识产生团结、团结产生力量、力量解决问题，社会共识是党、政府和社会组织的各项立法、各项决策、各领域事务管理、各种问题解决高效高质量进行的基础。

民族区域自治制度是解决我国民族问题的基本制度，基层自治制度是治理基层社会的基本制度，统一战线制度是中华儿女达成大团结、大联盟的重要制度。

人民民主专政制度、中国共产党的领导制度、人民代表大会制度、协商民主制度、民族区域自治制度、基层群众自治制度、统一战线制度共同组成了全过程人民民主体系的脊梁和骨架，这些根本制度、基本制度、重要制度是纲，其他为这些制度服务的具体制度是目，纲举目张才能完整全面系统地把握全过程人民民主制度体系的精髓。

### （二）全过程人民民主制度体系的功能分析

全过程人民民主制度体系的各项制度各有功能的侧重点。

中国共产党的领导制度是整个体系的核心，承担引领者、组织者的功能，引领整个体系的前进方向，保证整个体系整体功能的正常发挥，新时代中国特色社会主义的总方向、总目标是实现中华民族伟大复兴，全面实现现代化，使全体中国人民的美好生活得到全面的跃升。

人民代表大会制度承担整个国家政权机构民主化的功能，保证整个国家政权体系体现人民的意志，反映人民的利益，满足人民的愿望和要求，保障国家的一切权力属于人民，通过作为权力机关的人民代表大会及由其产生对其负责的行政、监察、检察、审判机关构成的议行合一体系和过程，保障人民民主权利，保障人民对国家政权机构和国家事务的选举权、知情权、参与权、表达权、监督权，从而优化整个国家政权体系的结构，充分发挥其功能，达到把国家政权的制度优势转化为实践效能的目的。

协商民主制度承担着贯通各项民主制度的功能。通过党派协商、人大协商、政协协商、政府协商、人民团体协商、社会组织协商、基层协商等各种协商形式，把各个人民民主机构、社会组织、各项民主制度贯通起来，通过民主协商的各种具体形式，包括会议、座谈、实地走访、调查研究、听证、论证、提案、网络问政、基层立法联系点、信访、议事、评议等，使人民代表大会制度这个根本政治制度，中国共产党领导的多党合作制度、民族区域自治制度、基层群众自治制度这三项基本政治制度为经纬骨架的社会主义民主政治制度体系贯通衔接起来。通过协商过程中体现的民主要素，使这个体系的整个结构、全部过程中都能体现人民内部各方面不同利益诉求的表达、弥合、协调，最终达成各方面都认同的最大公约数的公共利益，在此基础上形成各种法律法规、方针政策、重大决策。正因为有了协商基础上形成的共同利益和对共同利益的认同，整个政治体系输出的各项决定和政策才能得到高效和良好的执行。

管理学的基本原理之一是管理的五项职能理论。管理的整个过程包括计划、领导、组织、协调、控制五项职能。五项职能由组织体系中的各机构、各人员、各制度分工负责，同时各负其责的各机构、各人员、各制度又要围绕组织体系的共同目标发挥合力，互相关联、相互配合、相互协同，发挥整体的功能和效用。整个中国特色社会主义民主政治制度体系所呈现的结构功能和过程完全符合管理学的这个客观规律。

中国共产党是整个体系的引领者、宏观规划者、协调者，发挥着领导、计划、组织、控制、协调的各项功能，这些功能看似全面，似乎整个体系完全是由党来完成，但这种功能侧重于宏观的、全局的、政治性的、长远性的，而非微观的、局部的、技术性、短期临时性的。党是整个体系的引领者、宏观规划者、宏观上各方的协调者，组织体系的制度结构设计者和组织重要人员的任命者，掌舵定向的控制者，这无一不反映出中国共产党在整个民主政治体系中功能的宏观性、关键性、核心性。

民主协商制度、基层群众自治制度、民族区域自治制度、统一战线制度从整个民主政治体系来看，承担的是人民、党和社会的中介、桥梁的功能。

人民代表大会制度是适应人民民主专政国家性质的政体，体现的是国家政权的组织形式，党通过领导人民代表大会制度组织整个国家政权机构体系，把人民意志转化为国家意志，制定国家的法律法规、方针政策，授权行政、监察、检察、审判机关依法行政、依法监察、依法检察、依法审判，履行各自的职能，使国家机构的体系向社会输出的行政、监察、检察、审判行为符合人民的意志，从而维护、实现人民的共同利益和根本利益。

党通过民族区域自治制度组建民族区域的自治机关，行使自治权，从而解决民族问题，实现各民族平等团结、互助和谐、共同繁荣。这是对整个国家少数民族局部地区实行的制度，侧重的是在整个社会主义人民民主体系中的少数民族聚居地区局部的组织功能。

党又通过基层民主自治制度把基层社会组织起来，依托农村、城市中的村居自治组织和企业单位中的职工代表大会，把基层社会的村（居）民、单位、团体组织起来，通过民主自治的方式解决基层社会的公共问题，处理基层社会的公共事务，发展基层社会的公共事业。

统一战线是中国共产党在各个历史阶段克敌制胜的法宝，在社会主义初级阶段发挥组织社会主义劳动者、社会主义建设者、拥护社会主义的爱国者和拥护祖国统一的爱国者的作用，组建起人民内部各方面、各阶层、各党派、各团体、各民族、各宗教的大联盟、大联合，在大统战格局中体现更广泛的人民民主，组织动员起海内外中华儿女共同为全面实现现代化而团结奋斗。

民主协商制度主要发挥协调的功能，协商功能不仅限于人民政协的专职协商功能，而且嵌入各项具体制度所构成的体系之中，各种民主制度中都有协商这个协调功能发挥作用，以优化整个体系的人民主体性、广泛参与性，通过达到人民内部各部分利益协调一致来提高各项具体制度乃至整个体系的整体效能。

总而言之，根据管理学的五项职能的基本规律，结合宏观与微观，整体与局部两个维度，可以对整个社会主义人民民主政治制度体系作尝试性的功能分析。在整个社会主义民主政治制度体系中，中国共产党承担宏观的、全局性的计划、领导、组织、协调、控制的功能，而其功能的核心是领导功能，其他功能是领导功能派生出来并为其服务的。人民代表大会制度主要承担组织国家政权的组织功能，基层群众自治制度主要发挥组织基层社会的职能，民族区域自治制度主要履行组织民族区域解决民族问题建设中华民族共同体的职能，民主协商制度主要发挥嵌入式的协商协调功能以实现海内中华儿女的大团结、大联盟。各项中国特色社会主义民主政治制度各有功能的侧重点，在党的统一领导下，协同发力，形成合力，团结一致，发挥全过程人民民主体系的整体治理效能，通过建设完善中国式人民民主政治体系来实现中华民族的伟大复兴。

## 四、健全人民当家作主制度体系的实践路径

党的二十大报告指出："我们要健全人民当家作主制度体系，扩大人民有序政治参与，保证人民依法实行民主选举、民主协商、民主决策、民主管理、民主监督，发挥人民群众积极性、主动性、创造性，巩固和发展生动活泼、安定团结的政治局面。""坚持和完善我国根本政治制度、基本政治制度、重要政治制度，拓展民主渠道，丰富民主形式，确保人民依法通过各种途径和形式管理国家事务，管理经济和文化事业，管理社会事务。"这指明了全过程人民民主的本质是人民当家作主，人民当家作主需要坚持和完善制度体系来确保，而制度体系的骨架则由根本政治制度、基本政治制度、重要政治制度构成。坚持和完善作为根本政治制度的人民代表大会制度，作为基本政治制度的中国共产党领导的多党合作和政治协商制度、基层自治制度、民族区域自治制度，以及作为重要政治制度的统一战线制度，是发展全过程人民民主的重要途径。

### （一）从管理学视角探究健全人民当家作主制度体系

党的二十大报告和习近平总书记的系列讲话对如何健全人民当家作主制度体系已经做出了高屋建瓴、高瞻远瞩的深刻论述，这是健全人民当家作主制度体系的宏观指导思想。

广义而言，管理学的研究对象是各种社会活动和社会事务，显然健全人民当家作主制度体系也是管理学的研究对象。管理学研究各种社会活动和社会事务的目的是使活动的开展和事务的处理有更高的效率和更好的效果。效率强调的是管理过程中的"快"和

"省"，即完成任务速度快、经济成本低，而效果强调的管理结果的"多"和"好"，即成果数量多、效果质量好。管理的目的是"正确地做"的效率和"做正确的事"的效果的统一。而管理的高效率、好效果取决于管理活动中的关键要素，即组织结构、行为规则、运行机制、资源配置和利用、能力建设。

具体到健全人民当家作主制度体系方面，组织结构表现为宏观、中观、微观的三层组织结构。宏观组织结构即人民当家作主制度体系的外部结构，强调的整个当家作主制度体系和其所处环境的关系，核心内容是党的领导、人民当家作主、依法治国的关系。中观组织结构即人民当家作主各制度之间的关系，包括人民代表大会制度、协商民主制度、基层民主制度、民族区域自治制度、统一战线制度之间的关系。微观结构则表现为各单一制度的内部结构，即人民代表大会制度、协商民主制度、基层民主制度、民族区域自治制度、统一战线制度各自的内部结构。组织结构的状况决定功能发挥的效果。正如同样是由碳元素组成，但由于结构不同，石墨和金刚石的物理性质完全相反，一个松散、一个坚硬。

行为规则是诸种人民当家作主制度体系中组织主体的行为准则，既包括相对抽象的贯通全局和全过程的一些基本原则和基本精神，也包括相对具体的宪法、法律、行政法规、地方性法规、行政规章、各组织规章制度等各个层面、性质、效力层级范围各不相同的行为规则。

运行机制也可以包括三重机制。但我们这里重点探讨人民当家作主制度体系诸制度的运行机制。如人民代表大会制度的选举机制、立法机制、决策机制、代表机制、监督机制、协商机制，协商民主的诸种协商机制，基层民主的选举机制、决策机制、管理机制、监督机制、协商机制，民族区域自治制度的党的领导机制、国家统一机制、自治机制，爱国统一战线的党的领导机制、大团结、大联盟的大统战机制等。强化运行机制需要从制度化、规范化、程序化入手，达到诸制度运行有规则（制度化）、守规则（规范化）、健全规则（程序化）。制度化强调制度的稳定性、持久性和可靠性，规范化强调民主主体的实际行为和行为规范的一致性，而程序化则强调民主技术和步骤的成熟性、可操作性。

　　资源的有限性是管理学存在价值所在，如果资源是无限的，自然管理学追求的效率和效果就没有意义。而现实中资源是有限的，这就要求管理学通过研究和运用管理学规律有效率和有效果地配置和利用资源。健全人民当家作主制度体系的组织结构、行为规则、运行机制、能力建设都受制于资源有限这个约束条件。正确配置和利用资源的基本原则是适度原则。即工作任务和资源配置相匹配的原则。资源不足，任务过重，则无法高效高质量完成任务，资源过度充裕，任务过轻，则造成资源浪费，挤占挪用其他领域的资源。我国当前存在的主要问题是人民当家作主诸制度体系的人财物资源总体上呈现出资源过度的状况，所以现在主流的资源配置和利用方面的措施是严格控制机构、人员、经费、物资的膨胀。当然其中也存在某些方面资源配置不足的情况，需要补短板、强弱项，保障人民当家作主制度体系充分发挥作用，高质量完成其任务。

　　能力建设是管理效率高低管理效果好坏的重要因素。结构类似、资源配置相同的组织，其工作效率和工作效能截然不同，这种现象广泛存在。所以，中共十八届三中全会通过的《中共中央关于全面深化改革若干重大问题的决定》明确，全面深化改革的总目标是完善和发展中国特色社会主义制度，推进国家治理体系和治理能力现代化。国家治理体系和治理能力并称，可以看出能力建设的重要作用。

总之，从管理学的视角来看如何健全人民当家作主的制度体系，可以拓展和深化对健全人民当家作主制度体系的认识。

## （二）坚持和完善人民代表大会制度

习近平总书记指出："人民代表大会制度是中国特色社会主义制度的重要组成部分，也是支撑中国国家治理体系和治理能力的根本政治制度。"① 这段话明确了人民代表大会制度的根本性质和重要地位。人民代表大会制度是中国共产党创造性地运用马克思主义国家学说，总结中国革命的历史经验，结合中国现实国情和未来发展需要所作出的伟大政治制度创造。在国家治理体系当中，人民代表大会制度是实现人民当家作主的重要制度载体，在推进全过程人民民主发展、全面建设现代化国家新征程中发挥着不可替代的重要作用。正因为其重要性，研究如何坚持和完善人民代表大会制度才更彰显其重要意义。

坚持和完善人民代表大会制度要体现守正与创新的辩证统一。一方面，要坚守人民代表大会制度的人民当家作主的本质之正、坚守坚持党的全面领导原则之正、坚守集中民智、体现民意、凝聚民心之正、坚守有力有效监督约束国家权力运行之正；另一方面，要不断总结历史经验、分析现实状况和未来发展需要，与时俱进，不断创新人民代表大会制度，探索完善人民代表大会制度的路径。

从组织结构的角度来看，首先，要坚持和完善党对人民代表大会制度的领导，这对于人民代表大会制度坚守人民立场、保持正确的政治方向、发挥民主集中制的民主和集中两方面的统一效用、保证人民代表大会制度发挥理想的功能和作用都具有重要意义。

---

① 习近平：《在庆祝全国人民代表大会成立 60 周年大会上的讲话》，人民出版社 2014年版，第 9 页。

其次，要不断优化人民代表大会制度内含的国家政权体系的结构。人民代表大会制度不单是指人民代表大会自身的制度，而是指整个政权的组织形式，它的完整内涵包含着权力机关、行政机关、监察机关、审判机关、检察机关之间的关系。从优化结构的角度来看，就需要完善整个国家机构体系的分工负责、协同配合的关系结构。

最后，要优化人民代表大会自身的结构，包括纵向的层级结构、横向的分工结构。如纵向的全国人大和地方各级人大的关系结构，横向的人大代表、人大常委会、专门委员会及各办事机构的关系。

从行为规则的角度来看，首先要坚持民主集中制的原则。新民主主义革命时期，以毛泽东同志为主要代表的中国共产党人就创造性地提出实行人民代表大会制度的构想。1945 年 4 月，毛泽东同志在《论联合政府》中就指出："新民主主义的政权组织，应该采取民主集中制，由各级人民代表大会决定大政方针，选举政府。它是民主的，又是集中的，就是说，在民主基础上的集中，在集中指导下的民主。只有这个制度，才既能表现广泛的民主，使各级人民代表大会有高度的权力；又能集中处理国事，使各级政府能集中地处理被各级人民代表大会所委托的一切事务，并保障人民的一切必要的民主活动。"[①] 这是人民代表大会制度需要坚持的总的指导原则，能够充分保证人民代表大会制度实现人民参与政权的广泛性和决策、执行的效率性的统一，避免领导人意志专断和议而不决、决而不行的弊端。

其次，需要不断完善人民代表大会制度的各种形式的规则体

---

[①] 《毛泽东选集》第三卷，人民出版社 1991 年版，第 1057 页。

系，尤其是以宪法为核心的法律体系。坚持依宪治国、依宪执政，加强宪法实施和监督、维护宪法权威、充分发挥宪法的国家根本大法作用。

从运行机制的角度来看，需要完善人民代表大会的代表机制、会议机制、选举机制、立法机制、决策机制、协商机制、监督机制等。

从能力建设的角度来看，需要不断提高人大代表、人大各工作机构、国家行政、监察、检察、审判机构工作人员的履职尽责的方方面面的能力和素质。

### （三）全面发展协商民主

协商民主是实践全过程人民民主的重要形式，发挥着建言资政、凝聚共识的重要作用，全面发展协商民主对推进中国式现代化进程具有重要意义。

从组织结构角度来看，需要完善开展协商民主的各组织平台的结构及整体效能。协商民主形式多种多样，包括政党协商、人大协商、政府协商、政协协商、人民团体协商、基层协商以及社会组织协商。协商民主效能的发挥，必须有组织依托，即各组织中承担协商民主职能的部门和人员，其分工负责、协同配合的结构需要不断完善，以适应协商民主发展的需要。在各种开展民主协商的组织中，尤其要不断优化完善专门协商机构——人民政协的结构和功能。同时还要注重各种组织协商功能的整合和关联，统筹推进，发挥整体的协商效能。

从行为规则角度来看，需要完善政党协商、人大协商、政府协商、政协协商、人民团体协商、基层协商以及社会组织协商的各种形式的法律法规、规章制度，提高民主协商制度化、规范化、程序化水平。

从运行机制角度来看，需要不断完善协商议题的确定机制、协商人员的选择机制、协商程序的启动机制、协商过程的调控机制、协商意见的凝聚机制、协商结果的发表机制、协商成果的落实机制。[①] 通过各种协商机制，使社会各方面、各层次的意见、建议能够广泛充分地输入到政治体系之中，求同存异、达成共识，从而使政治体系输出的各项公共政策能够有充分的代表性和利益相关者的认同性，这是公共政策能够有效实施的基础。

从能力建设角度来看，需要不断加强协商机构和相关人员的协商能力和素质，从而保证协商的效果和质量。

### （四）积极发展基层民主

从组织结构角度来看，需要不断完善基层民主的体系结构。包括党组织、政府组织、村（居）民委员会、社区社会组织、企事业单位职工代表大会组织、业主委员会、物业服务企业、社区居民和社区各单位之间的关系，形成共建共治共享的基层社会治理新格局。

从行为规则角度来看，首先要坚持共建共治理共享的基层自治的基本原则，形成共同建设、共同治理、共享治理成果的局面，权利和义务相对应，才能有效推动基层民主的发展进步。

其次，要完善基层民主的相关的法律法规、规章制度。包括国家立法层面要修订农村村民委员会组织法、城市居民委员会组织法，地方立法层面要不断健全村（居）委会组织法实施办法、村（居）委会选举办法、村（居）务公开办法、村（居）务管理条例、职工代表大会条例等。同时还包括不断完善社会层面村居组织

---

① 吴水霖：《探索人民政协协商民主的七大机制》，《联谊报》2017 年 3 月 2 日。

制订的村规民约、社区居民规约、居民小区业主自治组织制定的小区自治管理规约、企事业单位的职工代表大会章程等。

从运行机制角度来看，要持续完善基层的民主选举、民主决策、民主管理、民主监督的机制，保证基层民主制度运行的民主性和效率性。

从能力建设角度来看，要不断加强各基层民主组织及工作人员的能力和素质，通过工作人员高质量的工作，将基层民主的制度优势转化为治理效能。

### （五）坚持和完善民族区域自治制度

从组织结构角度来看，一要坚持和完善党对民族工作的全面领导。把党的领导贯穿于民族工作的各方面、全过程。同时不断完善党对民族工作领导的方式、方法。

二要完善中央国家机关、上级国家机关和民族自治机关的关系，完善民族自治地方的人大、政府的组织结构。

从行为规则来看，首先要坚持党的领导、国家统一、民族区域自治的统一。坚持民族平等、民族团结、各民族共同繁荣、共同发展的方针。

其次，要完善与民族区域自治相关的国家法律法规、自治条例、单行条例及其他方面的法律法规及制度规范。

从运行机制角度来看，首先要建立维护国家统一和尊严的机制。依法妥善处理影响民族关系的各种矛盾和问题，依法打击民族分裂势力及其活动。

其次，要建立充分保证民族自治地方依法行使自治权的机制。切实保障和尊重各民族的合法权益，因地制宜采取措施，积极推动民族自治地方经济社会文化发展。

最后，要建立和持续强化中华民族共同体建设的机制。要深化民族团结进步教育，加强各民族交流、交往、交融，不断增进各民族对伟大祖国、中华民族、中华文化、中国共产党、中国特色社会主义的认同感，铸牢中华民族共同体意识，促进各民族共同团结奋斗、共同繁荣发展。

从能力建设角度来看，首先，要铸牢中华民族共同体意识，建设中华民族命运共同体，提升中华民族认同感。正如习近平总书记指出的："我们要全面贯彻党的民族理论和民族政策，坚持共同团结奋斗、共同繁荣发展，促进各民族像石榴籽一样紧紧拥抱在一起，推动中华民族走向包容性更强、凝聚力更大的命运共同体。"[1]这是中国式现代化的目标之一，也是坚持和完善民族区域自治制度能力建设的重要内容。

其次，要完善党组织、国家机构、民族区域自治机关及其他政治和社会组织及其人员的能力和素质建设，从而提高民族区域自治制度整体的治理质量和水平。

### （六）巩固和发展最广泛的爱国统一战线

中国共产党百年奋斗历程中，统一战线一直是我们党克敌制胜、执政兴国的重要法宝。习近平总书记也非常重视统一战线的重要性，强调："人心向背、力量对比是决定党和人民事业成败的关键，是最大的政治。统战工作的本质要求是大团结大联合，解决的就是人心和力量问题。这是我们党治国理政必须花大心思、下大气力解决好的重大战略问题。"[2] 在开启全面建设社会主义现代化国

---

① 习近平：《在全国民族团结进步表彰大会上的讲话》，《中国民族》2019 年第 9 期。
② 《习近平关于社会主义政治建设论述摘编》，中央文献出版社 2017 年版，第 128—129 页。

家新征程中，仍然必须巩固和发展最广泛的爱国统一战线，适应新情况、新问题、新要求，使统一战线这一重要法宝继续发挥凝聚人心、汇聚人力的重大作用。

从组织结构角度来看，宏观上来看需要加强党对统一战线的集中统一领导，促进政党关系、民族关系、宗教关系、阶层关系、海内外同胞关系和谐，最大限度凝聚起团结一致的人心和共同奋斗的力量，为中华民族伟大复兴作出更大贡献。具体来看，要建立和完善党委统一领导、统战部牵头协调、有关方面各负其责的大统战工作格局，要发挥统一战线工作领导小组作用，不断提升议事协调效能，充分调动党政、群团、社会组织等方方面面的资源力量，切实形成工作合力。

从行为规则角度来看，首先，新时代统战工作要以习近平总书记关于加强和改进统一战线工作的重要思想为指导，这是开展统战工作的基本原则。

其次，要完善统一战线的相关法律和党内法规体系。尤其是充分发挥宪法和《中国共产党统一战线工作条例》的作用，以此作为统一战线工作的基本行为准则。

从运行机制角度来看，需要完善党委统一领导机制、统战部门牵头协调机制、民主党派和无党派人士工作机制、党外知识分子工作机制、民族工作机制、宗教工作机制、非公有制经济领域统一战线工作机制、新的社会阶层人士统一战线工作机制、港澳台统一战线工作机制、海外统一战线工作和侨务工作机制、党外代表人士队伍建设机制、统战部门自身建设机制、保障和监督机制等。

从能力建设角度来看，要不断加强统一战线系统干部的能力作风建设，打造政治过硬、能力突出、作风优良的统战干部队伍。

# 第七章　构筑共有精神家园的文化辉煌之路

文化是民族的血脉，是人类共有的精神家园。文化兴则国运兴，文化强则民族强。文化的繁荣发展是支撑中国特色社会主义现代化事业行稳致远的重要精神力量。正如习近平总书记所说："一个国家、一个民族的强盛，总是以文化兴盛为支撑的，中华民族伟大复兴需要以中华文化发展繁荣为条件。"[①]"没有高度的文化自信，没有文化的繁荣兴盛，就没有中华民族伟大复兴。"[②]

---

[①] 《习近平关于社会主义文化建设论述摘编》，中央文献出版社 2017 年版，第 3—4 页。

[②] 《习近平谈治国理政》第三卷，外文出版社 2020 年版，第 32 页。

　　中国共产党自成立以来始终高度重视文化建设，可以说，党的百年奋斗史同时也是一部建设新文化、创造新文明的文化发展史。党的十八大以来，以习近平同志为核心的党中央在领导党和人民治国理政的实践中，把文化建设摆在国家发展全局的重要位置，不断深化对文化发展规律的认识，根据新的时代条件和新的实践要求，秉持"守正创新"的世界观和方法论，对文化建设提出了一系列新思想新观点新论断，形成了习近平文化思想。这一思想同国家和民族的历史文化传统相承接，同中国特色社会主义新的伟大实践相融通，同广大人民正在进行的伟大斗争相契合，同我们亟待攻坚克难的时代问题相适应，成为推进中国式现代化和中华民族伟大复兴的精神支撑。党的二十大报告就推进文化自信自强、铸就社会主义文化新辉煌提出明确要求、作出重大部署。这些新要求新部署充分彰显了我们党高度的文化自觉、坚定的文化自信、强烈的文化担当。2023 年 10 月，在全国宣传思想文化工作会议上，习近平总书记紧扣新形势新任务，在迈向中国特色社会主义文化发展的新征程上，必须着力加强党对宣传思想文化工作的领导，着力建设具有强大凝聚力和引领力的社会主义意识形态，着力培育和践行社会主义核心价值观，着力提升新闻舆论传播力引导力影响力公信力，着力赓续中华文脉、推动中华优秀传统文化创造性转化和创新性发展，着力推动文化事业和文化产业繁荣发展，着力加强国际传播能力建设、促进文明交流互鉴，进而推动文化繁荣，建设文化强国，建设中华民族现代文明。

## 一、坚持马克思主义在意识形态领域的指导地位

　　习近平总书记在党的二十大报告中指出，要建设具有强大凝聚

力和引领力的社会主义意识形态，坚持马克思主义在意识形态领域指导地位的根本制度，牢牢掌握党对意识形态工作的领导权，巩固全党全国各族人民团结奋斗的共同思想基础，不断提升国家文化软实力和中华文化影响力。意识形态工作事关党的前途命运、事关国家长治久安、事关民族凝聚力和向心力。在全面建设社会主义现代化国家的新征程上，必须扎实做好意识形态工作，大力推进中华文化繁荣兴盛，不断铸就中华文化新辉煌。

2019 年 11 月，党的十九届四中全会审议通过的《中共中央关于坚持和完善中国特色社会主义制度、推进国家治理体系和治理能力现代化若干重大问题的决定》，明确提出要坚持马克思主义在意识形态领域指导地位的根本制度。这是我们党第一次把坚持马克思主义在意识形态领域的指导地位确立为中国特色社会主义制度体系中的一项根本制度明确提出来，"是关系党和国家事业长远发展、关系我国文化前进方向和发展道路的重大制度创新，集中体现了我们党在领导文化建设长期实践中积累的成功经验和形成的方针原则，充分反映了以习近平同志为核心的党中央对社会主义文化建设规律的认识进入了一个新的境界。"① 对此，我们要深刻理解并全面把握这一制度的重大理论意义和现实要求，巩固百年来人民团结奋斗的共同思想基础，推动中华文化不断铸就新的辉煌，为新时代坚持和发展中国特色社会主义，实现中华民族伟大复兴提供坚强思想保障和不竭精神动力。

坚持马克思主义在意识形态领域指导地位的根本制度，在于马克思主义是经实践证明了的科学真理。2021 年 7 月，习近平总书记在庆祝中国共产党成立 100 周年大会上指出："中国共产党

① 黄坤明：《坚持马克思主义在意识形态领域指导地位的根本制度》，《人民日报》2019 年 11 月 20 日。

为什么能，中国特色社会主义为什么好，归根到底是因为马克思主义行！"① 马克思主义是科学的理论，马克思通过对所处的时代和世界的深入考察，对人类社会发展规律的深刻把握，创建了唯物史观和剩余价值学说，揭示了人类社会发展的一般规律，为人类指明了从必然王国向自由王国飞跃的途径。马克思主义是人民的理论，马克思主义根植于人民之中，始终站在人民的立场探求解放的道路，为建立一个没有压迫、没有剥削、人人平等、人人自由的理想社会指明了前进方向。马克思主义是实践的理论，不是书斋里的学问，是在为人民求解放的实践中生成，并在实践中不断丰富和发展，为人类改造世界提供了强大的精神武器。马克思主义是开放的理论，不是僵死的教条，必须随着实践的变化而不断丰富和发展，从而能够解决时代提出的新课题，回应人类社会面临的新挑战。历史和实践证明，作为科学的、人民的、实践的、开放的理论，只有马克思主义能与中国共产党的价值追求和执政理念实现同频共振。

坚持马克思主义在意识形态领域指导地位的根本制度，在于对我国革命现实和国际共产主义运动经验教训的深刻总结。马克思曾说："理论在一个国家的实现程度，总是取决于理论满足这个国家的需要的程度。"② 马克思成为我国主流意识形态，成为立党立国的指导思想，是历史和人民的共同选择。1840 年鸦片战争以后，中国内忧外患，逐渐沦为半殖民地半封建社会，各个社会阶级开启了救国图强的道路。从农民阶级的"太平天国运动"到地主阶级洋务派的"师夷长技以制夷"，从资产阶级改良派的"戊戌变法"到资产阶级革命派的"辛亥革命"，以及此时不断涌入中国的各种

---

① 习近平：《在庆祝中国共产党成立 100 周年大会上的讲话》，人民出版社 2021 年版，第 13 页。
② 《马克思恩格斯文集》第 1 卷，人民出版社 2009 年版，第 12 页。

社会思潮如无政府主义、实用主义等，都转瞬即逝，无法挽救中国人民，更无法改变中国半殖民地半封建的面貌。俄国十月革命的胜利将马克思主义的火种传到中国，从此中国共产党人将马克思主义作为自己的指导思想和行动指南，带领中国人民完成了新民主主义革命，成立了新中国，确立了社会主义制度，实行了改革开放，建成了全面小康社会，现在正在向着社会主义现代化强国而奋进。由此可见，党和人民选择马克思主义是历史的必然、人民的期盼。

2013 年 1 月，习近平总书记在学习贯彻党的十八大精神研讨班上的讲话中强调："苏联为什么解体？苏共为什么垮台？一个重要原因就是意识形态领域的斗争十分激烈，全面否定苏联历史、苏共历史，否定列宁，否定斯大林，搞历史虚无主义，思想搞乱了，各级党组织几乎没任何作用了，军队都不在党的领导之下了。最后，苏联共产党偌大一个党就作鸟兽散了，苏联偌大一个社会主义国家就分崩离析了。这是前车之鉴啊！"① 苏东剧变的原因有很多，但最根本的是苏共领导集体背离了马克思主义意识形态，全盘否定斯大林等苏共领导人、否定社会主义制度，放任西方意识形态的肆意渗透，从而导致了亡党亡国。苏共的惨痛教训时刻警醒着我们，任何时候都要坚持马克思主义的主导地位，才能保证中国共产党不变质，红色江山不变色。

坚持马克思主义在意识形态领域指导地位的根本制度，是应对国内外意识形态领域风险挑战的现实需要。当前我们正面临百年未有之大变局和中华民族伟大复兴战略全局的历史交汇期，同时网络化信息化加速发展，使得意识形态领域风险不断升级。从国外来看，以美国为首的资本主义国家源源不断对我国进行和平演变，以

① 《十八大以来重要文献选编》（上），中央文献出版社 2014 年版，第 113 页。

各种方式抹黑并打压社会主义的发展，煽动一些社会不法分子在各种平台发表带有误导性、欺骗性、煽动性和迷惑性的言论，甚至策划"颜色革命"，严重威胁到我国的意识形态安全。从国内来看，经济社会的转型升级给意识形态领域带来了新挑战。一方面，人们的思想观念表现出一定的个人主义、享乐主义、拜金主义等不正之风，封建迷信、宗教文化时而出现，多元文化和社会思潮不断冲击主流意识形态；另一方面，经济社会问题出现"泛意识形态"、"去意识形态"的倾向，还有一些反马克思主义者、反社会主义者借助于网络信息大肆宣扬马克思主义无用论、过时论，甚至利用社会突发事件制造社会恐慌，企图颠覆我国政权，使意识形态领域的风险挑战进一步加剧。面对国内外的挑战，从制度上坚定马克思主义意识形态领域指导地位成为现实的迫切需要。

坚持马克思主义在意识形态领域指导地位的根本制度，首先要牢牢掌握党对意识形态工作的领导权。习近平总书记深刻指出："一个政权的瓦解往往是从思想领域开始的，政治动荡、政权更迭可能在一夜之间发生，但思想演化是个长期过程。思想防线被攻破了，其他防线就很难守住。"[1] 因此，各级党委（党组）要把意识形态工作摆在重要位置，认真落实意识形态工作责任制，加强责任担当，落实主体责任，强化阵地管理，建立检查考核制度，做到守土有责、守土负责、守土尽责，发挥斗争精神，把意识形态领导权、管理权、话语权牢牢掌握在党的手里。其次要不断壮大奋进新时代的主流思想舆论。习近平总书记指出："我们正在进行具有许多新的历史特点的伟大斗争，面临的挑战和困难前所未有，必须坚持巩固壮大主流思想舆论，弘扬主旋律，传播正能量，激发全社会

---

[1] 《习近平关于社会主义文化建设论述摘编》，中央文献出版社 2017 年版，第 21 页。

团结奋进的强大力量。"① 历史和现实都证明，主流舆论越强大，
人民的信仰和信念就越坚定。要坚持用党的创新理论武装头脑、教
育人民、指导实践。深刻领会贯穿其中的马克思主义立场、观点和
方法，深刻领会其中所蕴含的坚定信念、人民立场、历史主动的精
神品格，使党的创新理论不断深入人心。要大力弘扬和广泛践行社
会主义核心价值观，坚持以社会主义核心价值观引领文化建设的制
度，引导人民在思想上精神上紧紧团结在一起，用中国精神激发中
国力量。要加快全媒体传播体系建设，扩大主流舆论影响力版图，
让党的声音传得更广泛、更深入。要加强网络空间治理，推动形成
良好的网络生态。互联网已经成为当前宣传工作的主阵地，这个阵
地，我们不去占领，别人就会去占领。要把网络舆论工作作为宣传
思想工作的重点来抓，将网络意识形态的主导权和话语权掌握在党
和人民手里。习近平总书记明确指出："要本着对社会负责、对人
民负责的态度，依法加强网络空间治理，加强网络内容建设，做强
网上正面宣传，培育积极健康、向上向善的网络文化，用社会主义
核心价值观和人类优秀文明成果滋养人心、滋养社会，做到正能量
充沛、主旋律高昂，为广大网民特别是青少年营造一个风清气正的
网络空间。"②

## 二、用党的创新理论武装头脑

党的十八大以来，以习近平同志为核心的党中央创立了习近平
新时代中国特色社会主义思想。这一思想是马克思主义中国化的最

---

① 《习近平谈治国理政》第一卷，外文出版社 2018 年版，第 155 页。
② 习近平：《在网络安全和信息化工作座谈会上的讲话》，人民出版社 2016 年版，第
9 页。

新成果，是当代中国的马克思主义、是二十一世纪的马克思主义，是中华文化和中国精神的时代精华，是新时代坚持和发展中国特色社会主义的行动指南。在建设中国特色社会主义新征程上，建设具有强大凝聚力和引领力的社会主义意识形态，摆在第一位的要求就是要全面贯彻落实习近平新时代中国特色社会主义思想，用以武装头脑、指导实践、推动工作，统领新时代文化建设，不断巩固全党全国各族人民团结奋斗的思想基础。

"习近平新时代中国特色社会主义思想运用马克思主义立场观点和方法深化了对共产党执政规律、社会主义建设规律、人类社会发展规律的认识，深刻回答了在新时代坚持和发展什么样的中国特色社会主义，怎样坚持和发展中国特色社会主义，建设什么样的社会主义现代化强国、怎样建设社会主义现代化强国，建设什么样的长期执政的马克思主义政党、怎样建设长期执政的马克思主义政党等重大时代课题。"[1] 为发展马克思主义作出了重大的原创性贡献，为中华民族的伟大复兴提供了战略部署，为深化改革和党内革命提供了行动指南，为广大人民提供了美好生活的强大精神动力。在这一思想指导下，党和人民立足新时代，把握新要求，面对新挑战，统揽"伟大斗争、伟大工程、伟大事业、伟大梦想"，解决了许多长期想解决却没能解决的难题，办成了许多过去想办而没有办成的大事，不断开创党和国家事业发展新局面，实现了从赶上时代到引领时代的伟大跨越。

新时代必须全面贯彻落实习近平新时代中国特色社会主义思想，按照学懂、弄通、悟透、做实的要求，深刻理解其中蕴含的丰富内涵、重大意义、精神实质和实践要求，深刻体悟贯穿于其中的

---

① 《中共中央关于党的百年奋斗重大成就和历史经验的决议》，《人民日报》2021 年 11 月 17 日。

人民至上、问题导向、历史思维、自信自立、斗争精神等理论品格。把学习贯彻党的创新理论作为思想武装的重中之重，同学习马克思主义基本原理贯通起来，同学习毛泽东思想、中国特色社会主义理论体系联系起来，同学习党史、新中国史、改革开放史、社会主义发展史结合起来，同新时代进行伟大斗争、建设伟大工程、推进伟大事业、实现伟大梦想的丰富实践统筹起来。不断推动理论学习往深里走、往心里走、往实里走；完善党委（党组）理论学习中心组等各层级学习制度，以"关键少数"带动基层绝大多数，通过读原著、学原文、悟原理，自觉做到学思用贯通、知信行统一；用好网络学习平台，不断创新学习内容与形式，借助"学习强国"等平台推动建设学习大国；深入推进习近平新时代中国特色社会主义思想研究中心建设，集中优势力量、整合资源，不断取得更有说服力的创新成果；积极推动科学理论大众化，推进各地区文明实践中心和融媒体中心融合发展，实现宣传普及广泛覆盖，让新时代党的创新理论"飞入寻常百姓家"。

## 三、充分发挥社会主义核心价值观凝心聚力的作用

　　核心价值观是一个民族赖以维系的精神纽带，是凝魂聚力、强基固本的基础，体现了一个社会评判是非曲直的价值标准。社会主义核心价值观是中国共产党人以马克思主义为指导，在继承和发展中华优秀传统文化、革命文化、社会主义先进文化，借鉴人类优秀文明成果，并结合时代发展特征、中国国情和人民愿望的基础上所形成的主流价值观念，反映了社会主义制度的本质属性，寄托着人民群众对美好生活的向往。社会主义核心价值观具有引导和评价、

激励和整合、规范和约束等功能，能够把不同阶层、不同领域的人群凝聚起来，在尊重差异中扩大社会认同，在包容多样中形成思想共识，凝魂聚力，合力建设中国特色社会主义。

核心价值观是一个国家的"重要稳定器"①，关系到国家的长治久安和社会的和谐稳定。在我国 2000 多年的封建帝制中，以"仁义礼智信"为主要内容的儒家伦理对巩固封建制度、维护社会稳定起到了重要的维系作用。在西方资产阶级与封建阶级的斗争中，资产阶级提出的以自由、平等、博爱为主要内容的价值观念对建立和维护西方资产阶级制度起到了重要作用。人类的发展历程表明，如果一个国家、一个民族确立了与社会发展相适应的核心价值观，并坚守好其核心价值观，就能在全社会起到良好的凝心聚力的作用。反之没有共同的核心价值观，那么这个民族、这个国家就会失去向心力、凝聚力、战斗力，成为一盘散沙、空中楼阁，无法前进。

当前，我国正处在百年未有之大变局与中华民族伟大复兴战略全局的历史交汇期，处在思想大活跃、观念大碰撞、文化大交融的历史时期，这一时期，经济发展之快、社会变化之大、人们思想之复杂、矛盾问题之多，是以往任何时代都无法比拟的。经济社会的转型发展在给人民群众提供了富足物质条件的同时也导致社会价值观念的急剧变化，这些变化有些是有利于社会主义现代化建设的，而有些则对社会主义现代化建设构成了严峻的威胁和挑战。这个时候，必须要有价值追求上的"定海神针"，习近平总书记指出："人类社会发展的历史表明，对一个民族、一个国家来说，最持久、最深层的力量是全社会共同认可的核心价值观。"② 因此，为了匡正社会风气，纠正人们的错误思想，必须在全社会广泛深入开

---

① 《习近平关于社会主义文化建设论述摘编》，中央文献出版社 2017 年版，第 106 页。
② 《习近平谈治国理政》第一卷，外文出版社 2018 年版，第 168 页。

展社会主义核心价值观宣传教育，将培育和践行社会主义核心价值观作为建设中国特色社会主义的重大任务来认识和落实，防止社会主义核心价值观的弱化和迷失，真正发挥其凝聚人心、激励斗志的作用。

要在全社会开展社会主义核心价值观宣传教育，首先，要深化爱国主义、集体主义、社会主义教育，深入挖掘中华民族历史上像戚继光抗倭、冯子材抗法、鸦片战争、甲午海战、抗日战争、抗美援朝战争蕴含的爱国主义、集体主义精神，通过学校教育、理论研究、历史研究、影视作品、文学作品等多种方式，学习和了解中华民族的历史和传统，尤其是要了解中国近代史，了解党百年奋斗的艰难历程和中华民族伟大复兴的光明前景，丰富爱国主义的时代内涵，并将爱国热情和爱国情怀充分融入自己的学习和工作中，践行矢志不渝的报国行动。引导人们树立正确的历史观、民族观、国家观、文化观，不断增强人们的道路自信、理论自信、制度自信、文化自信，促进全体人民在思想上精神上紧紧团结在一起，增强做中国人的志气、骨气、底气。

其次，要弘扬以伟大建党精神为源头的中国共产党人精神谱系。习近平总书记指出：百年前，我们党的革命先驱形成了"坚持真理、坚守理想，践行初心、担当使命，不怕牺牲、英勇斗争，对党忠诚、不负人民的伟大建党精神"[①]。此后，我们党在不同的历史时期，面对不同的历史任务形成了各具时代特点的时代精神，这些精神构成了中国共产党人的精神谱系，激励着一代又一代的共产党人不忘初心，砥砺前行。在奋进新时代的征程上，弘扬以伟大建党精神为源头的中国共产党人精神谱系，深化理论研究和学习宣

---

① 习近平：《在庆祝中国共产党成立 100 周年大会上的讲话》，《求是》2021 年第 14 期。

传教育，阐释好伟大建党精神与中国共产党人精神谱系的深层逻辑，以党和国家重大纪念日为契机，以党史学习教育为主线，加强革命传统教育，讲好讲活党史故事，自觉树立正确党史观和大历史观，为社会主义核心价值观的培育和践行汇聚思想动力和精神能量。

最后，要将社会主义核心价值观融入国民教育全过程，培养担当民族复兴大任的时代新人。"培养什么样的人"是社会主义核心价值观建设的根本问题，党的十九大报告提出，培育和践行社会主义核心价值观，要以培养担当民族复兴大任的时代新人为着眼点，这进一步明确了社会主义核心价值观建设的出发点、着力点和立足点。培育和践行社会主义核心价值观，要将社会主义核心价值观纳入国民教育总体规划，贯穿于学前教育、基础教育、中等教育、高等教育、职业教育、继续教育等国民教育全过程，通过教育和培养，使广大人民群众成为社会主义核心价值观的坚定信仰者、积极传播者、模范践行者，激发出推进中国特色社会主义建设事业的无穷力量。

# 四、推动中华优秀传统文化创造性转化和创新性发展

文化是一个民族的血脉，是一个民族区别于其他民族最重要的精神特质，同时也是民族生存和发展的重要力量。中华民族在5000多年绵延不断的文明史中，世世代代中华儿女培育和发展了独具特色、博大精深的中华文化。它是中华民族集体智慧的结晶，积淀着中华民族最深层次的精神追求，代表着中华民族最独特的精神标识。它不仅深深塑造了中国人的思维观念、行为举止，而且也影响了国家和民族的发展走向，同时为中华民族克服困难、生生不

息提供了强大精神支撑。

中华优秀传统文化是中华民族的"根"和"魂"，没有中华文化的繁荣兴盛，就没有中华民族的伟大复兴。弘扬中华优秀传统文化，是推进马克思主义中国化的必然要求，是中国特色社会主义发展的精神动力，同时也是中华民族能够屹立于世界民族之林的重要文化根基。习近平总书记在纪念孔子诞辰 2565 周年国际学术研讨会暨国际儒学联合会第五届会员大会开幕会上的讲话中指出：不忘历史才能开辟未来，善于继承才能善于创新。优秀传统文化是一个国家、一个民族传承发展的根本，如果丢掉了，就割断了精神命脉。我们要传承并弘扬好中华优秀传统文化，为新时代中华民族的发展铺就更坚实、更广阔的道路。

中国传统文化特别是传统思想文化的形成和发展，大致经历了先秦诸子百家争鸣、两汉经学兴盛、魏晋南北朝玄学流行、隋唐儒释道并立、宋明理学发展等几个历史时期。汉代的罢黜百家、独尊儒术，使得儒学成为正统，并得以很好地保存，成为中国传统文化的核心。首先，在几千年的文化发展中，中华民族创造了丰富的哲学思想、人文精神、教化思想、道德理念等，并塑造了中国人独特的思想观念和价值体系等。正如习近平总书记在哲学社会科学座谈会上的讲话中指出的那样："在漫漫历史长河中，中华民族产生了儒、释、道、墨、名、法、阴阳、农、杂、兵等各家学说，涌现了老子、孔子、庄子、孟子、荀子、韩非子、董仲舒、王充、何晏、王弼、韩愈、周敦颐、程颢、程颐、朱熹、陆九渊、王守仁、李贽、黄宗羲、顾炎武、王夫之、康有为、梁启超、孙中山、鲁迅等一大批思想大家，留下了浩如烟海的文化遗产。"[1] 在历史上的每

---

① 习近平：《在哲学社会科学工作座谈会上的讲话》，《光明日报》2016 年 5 月 19 日。

一时代，他们的思想理论都深刻影响着中国人民的思维方式和行为方式。直至今天，依然能够为当代人类面临的难题提供重要启示。其次，在中华优秀传统文化也蕴含着丰富的治国理政经验。中华民族在 5000 多年的历史发展中，留下了汗牛充栋的史书，这些史书中的经验教训、国家制度和国家治理的思想以及法治文化中都蕴含着许多智慧，这些思想中的精华是中华优秀传统文化的重要组成部分，也是中华民族精神的重要内容，值得我们传承和弘扬。再次，中华优秀传统文化创造了浩如烟海的文学艺术精品。从诗经、楚辞到汉赋、唐诗、宋词、元曲以及明清小说，从《格萨尔王传》《玛纳斯》到《江格尔》史诗，这些浩如烟海的文艺精品，为中华民族提供了丰厚的文化滋养，也给我们留下了十分丰富的道德资源。从宏观来看，有囊括社会方方面面的传统美德；从微观来看，有注重家风家教的家庭美德，也有正心为本，修身为基，争做圣贤君子的修身之道。这些道德资源成为中华民族优秀的传统美德，成为国人安身立命、立德修身的重要精神营养。除此之外，还有敦煌文化、甲骨文、乡土文化、地域文化、少数民族文化，传统科技和中医药，以及爱好和平、崇尚和合大同的文化基因，等等。正如习近平总书记在文化传承发展座谈会上的讲话中所说，中华优秀传统文化有很多重要元素，共同塑造出中华文明的突出特性。① 即突出的连续性、创新性、统一性、包容性、和平性，这不仅为中华民族提供了物质基础，同时也成为中华民族几千年来攻坚克难、生生不息的精神支撑。

习近平总书记提出："在新的起点上继续推动文化繁荣、建设文化强国、建设中华民族现代文明，是我们在新时代新的文化使

———————

① 习近平：《在文化传承发展座谈会上的讲话》，《求是》2023 年第 17 期。

命。"① 完成这一新时代文化使命，需要认识中华文明的悠久历史、感知中华文化的博大精深、弘扬中华优秀传统文化，更需要顺应时代发展推动中华优秀传统文化的创造性发展和创新性转化，把马克思主义基本原理同中国具体实际、同中华优秀传统文化相结合。习近平总书记指出："对传统文化中适合于调理社会关系和鼓励人们向上向善的内容，我们要结合时代条件加以继承和发扬，赋予其新的涵义。"②

首先，要立足当代，深入挖掘阐释中华优秀传统文化的精髓要义。一方面要持续推动马克思主义基本原理同中华优秀传统文化相结合。中华优秀传统文化与马克思主义基本原理在许多方面都有着天然的契合之处，中华优秀传统文化能够为马克思主义中国化提供文化沃土，马克思主义也能为中华优秀传统文化的现代转化提供世界观和方法论指导。我们可以用马克思主义基本原理对中华传统文化进行辩证分析，在去伪存真的基础上，结合时代特征和现实需求进行创新发展，激活传统文化的生机与活力。同时，也可以发掘优秀传统文化资源来阐释马克思主义，从而不断丰富和发展当代中国马克思主义。另一方面，要坚持古为今用，深入阐发中华优秀传统文化的时代价值。中华优秀传统文化的创新发展应以服务现实社会需要为宗旨，中国特色社会主义现代化建设是当前我国最大的实践，要深入挖掘中华优秀传统文化对中国特色社会主义现代化建设的价值。包括挖掘中华优秀传统文化中蕴含的政治智慧和治国理政经验，论证其对新时代治国理政的借鉴意义，挖掘中华优秀传统文化中蕴含的生态保护思想，探讨其在新时代生态文明建设中

---

① 习近平：《在文化传承发展座谈会上的讲话》，《求是》2023 年第 17 期。
② 《习近平关于社会主义文化建设论述摘编》，中央文献出版社 2017 年版，第 143 页。

的应用价值。

其次，要创意激活，进行中华优秀传统文化的时代再造。一方面要通过创意对中华优秀传统文化进行时尚化重塑。青年群体是传承弘扬中华优秀传统文化的主力军，中华优秀传统文化只有吸引青年关注、契合青年审美，才能更好地传承和弘扬，因此需要对其进行时尚化演绎，创造性地将传统文化内容与时尚化表达方式完美融合。另一方面通过创意将中华优秀传统文化与现代设计深度相融。中华优秀传统文化在当代社会重焕生机的一条重要路径就是将中华优秀传统文化元素与人们的现实需求、日常生活、审美风格相结合，开发出各具特色、品质精良的文创产品，如将日常生活中所用到的茶具、文具、饰品等生活用品赋予其审美价值和文化意义，让传统文化更"接地气"，更为广大人民群众喜闻乐见。

再次，要科技赋能，全面丰富和提升中华优秀传统文化。当前5G、大数据、人工智能、区块链等前沿科技迅速发展，并被广泛应用于文化领域，中华优秀传统文化的保护传承、创新发展、传播交流已经离不开科技赋能。这些前沿科技在创新中华优秀传统文化表达方式、丰富中华优秀传统文化内容、改进中华优秀传统文化体验模式上发挥着重要作用，当前沿科技与中华优秀传统文化完美融合时，中华优秀传统文化的内容和神韵能够以更加丰富的形式鲜活地展现出来，给予受众跨越时空的震撼力体验，从而有效提升中华优秀传统文化的表现力、吸引力、感染力、传播力。

最后，要交流互鉴，提升中华优秀传统文化的国际影响力。一方面积极搭建"文化出海"公共服务平台，构筑中外文化交流借鉴的"精神丝路"，推动中华文化更好的"走出去"，在增强中华文化的国际影响力。开放包容是中华文化最鲜明的特征，也是中华文化始终保持旺盛生命力的根本。因此新时代弘扬中华优秀传统文化，必须积极开展不同文明间的交流与合作，使得不同民族的文化能够取长补短，共同发展，不同民族的人民能够在文化交流中情感相通。另一方面还要积极开展对外宣传，讲好中国故事，让国际社会更加全面正确的了解中国，了解博大精深的中华文明，了解新时代中国精神、中国智慧。长期以来，国际社会对中华传统文化的认识还只停留在中国功夫、中国美食等方面，对中华传统文化缺乏全面的认知，因此，我们要不断丰富中华优秀传统文化对外传播内容，"全面推进中国典籍、中华医药、中国文物、中国戏曲、传统书画、传统工艺等的海外传播，充分展现出中华优秀传统文化的丰富多彩和博大精深"[①]。还要不断探索中华优秀传统文化国际话语表达，以"有效规避文化差异和语言障碍造成话语失语和价值观对立"[②]。只有将传统与现代、本土性与国际性完美融合，才能在展现中华文化魅力的同时，吸引国外受众，引发起情感共鸣。此外，还要在坚持文化主体性、民族性的前提下，从中国的具体实际出发，在辩证分析的基础上广泛借鉴吸收世界各国的先进文明成果，为中华优秀传统文化注入新鲜血液，再经由本土化创新发展，做到以我为主、为我所用，推动中华优秀传统文化在不同文明的交流互鉴中焕发新的生机和活力。

## 五、弘扬全人类共同价值，构建人类命运共同体

当今世界面临着百年未有之大变局，人类正处于何去何从的十

---

[①] 王丽霞：《中华优秀传统文化创造性转化和创新性发展路径探析》，《山东社会科学》2021 年第 11 期。

[②] 张明、陈波：《中华优秀传统文化国际传播感召力建构研究》，《湖北社会科学》2021 年第 8 期。

字路口。国际力量对比深度调整，单边主义、保护主义、霸权主义、强权政治对世界和平与发展的威胁上升，逆全球化思潮抬头，世界经济复苏乏力，局部动荡冲突频发，世界进入动荡变革期。和平赤字、发展赤字、安全赤字、信任赤字、治理赤字是摆在人类面前的严峻挑战，恃强凌弱、巧取豪夺、零和博弈等霸权行径危害深重。面对前所未有的全球性问题和挑战，面对深刻而宏阔的世界之变、时代之变、历史之变，我们要深刻洞悉世界发展的新变化，努力驾驭世界前行的新方向。

面对国际变局和全球性挑战，"建设一个什么样的世界、如何建设这个世界"是人类社会普遍关注的主题。宇宙只有一个地球，地球是人类赖以生存的唯一家园。在历史和现实交汇的地球村，人类越来越成为你中有我、我中有你的命运共同体。作为休戚与共的共同体，每个民族、每个国家的前途命运都紧紧联系在一起，人类唯有和衷共济、和合共生，才能应对人类面临的挑战与问题。

世界发展每逢变局，都格外需要思想和价值光芒的照亮与引领。近代史表明，建立公正合理的国际秩序是全人类不懈追求的目标。从360多年前的《威斯特伐利亚和约》建立了各国平等并拥有的主权的原则，到150多年前《日内瓦公约》确立了国际人道主义原则；从70多年前的《联合国宪章》规定了四项宗旨和七项原则，到60多年前的万隆会议倡导和平共处五项原则，众多此类原则在国际关系演化史上出现并被广泛接受。

面对新的国际形势和世界格局，习近平总书记站在人类命运共同体的高度提出一系列新理念新倡议，阐述了积极应对全球性挑战的中国主张和中国方案：弘扬和平、发展、公平、正义、民主、自由的全人类共同价值，推动构建人类命运共同体。这是中国共产党人着眼于人类历史发展进程和全球性挑战，为科学回答世界之问、人类之问、时代之问提出的中国方案，顺应时代发展潮流、契合各国人民期盼。

党的十八大以来，习近平主席在多个场合多次提出"推动构建人类命运共同体"，并将其作为引领时代潮流和人类前进方向的鲜明旗帜。其中 2015 年 9 月 28 日，习近平主席在第 70 届联合国大会上发表题为《携手构建合作共赢新伙伴，同心打造人类命运共同体》的重要讲话指出："和平、发展、公平、正义、民主、自由，是全人类的共同价值，也是联合国的崇高目标。""当今世界，各国相互依存、休戚与共。我们要继承和弘扬联合国宪章的宗旨和原则，构建以合作共赢为核心的新型国际关系，打造人类命运共同体。"①

2017 年 1 月，习近平主席在联合国日内瓦总部发表《共同构建人类命运共同体》主旨演讲，提出构建人类命运共同体倡议，坚持对话协商、共建共享、合作共赢、交流互鉴、绿色低碳，建设持久和平、普遍安全、共同繁荣、开放包容、清洁美丽的世界。回答了世界向何处去、人类应怎么办的重大命题。

2020 年 9 月，习近平主席在第 75 届联合国大会一般性辩论上发表重要讲话，再次强调坚守和平、发展、公平、正义、民主、自由的全人类共同价值，推动构建新型国际关系，推动构建人类命运共同体。

当今时代，人类是一个相互依存的命运共同体。"人类命运共同体"不仅成为当下中国关于人类社会未来发展倡导的全新理念与首要主张，同时也在世界范围内得到越来越多的认同与接受，并被载入联合国决议。联合国秘书长古特雷斯高度赞同中国所倡导的

---

① 《习近平谈治国理政》第二卷，外文出版社 2017 年版，第 522 页。

"人类命运共同体"理念，并认为"中国已成为多边主义的重要支柱，联合国践行多边主义的目的，就是要建立人类命运共同体"。

大力弘扬全人类共同价值，是推动构建人类命运共同体的必然要求。人类命运共同体是以全人类共同价值为基础的共同体，和平、发展、公平、正义、民主、自由的全人类共同价值，体现了人类在解决共同面临的重大问题上的价值诉求，是人类命运共同体的价值内核，为构建人类命运共同体凝聚价值共识、奠定思想之基。"各国历史、文化、制度、发展水平不尽相同，但各国人民都追求和平、发展、公平、正义、民主、自由的全人类共同价值。"为了建设一个持久和平、普遍安全、共同繁荣、开放包容、清洁美丽的世界，离不开和平与发展，少不了公平与正义，缺不了民主与自由。"和平与发展是我们的共同事业，公平正义是我们的共同理想，民主自由是我们的共同追求。"

全人类共同价值不同于基于西方独特历史实践形成的、旨在推销资本主义政治体制和意识形态、维护西方主导的国际秩序的"普世价值"。作为一种理性、客观、务实的价值理念，全人类共同价值不是单向度的价值，也不是一国的价值，它凝聚了人类不同文明的价值共识，反映了世界各国人民普遍认同的价值理念的最大公约数，是综合的、多元的、包容的价值，是全人类共同追求和坚守的价值观念，同时也是人类历史从民族历史走向世界历史的必然产物，成为构建人类命运共同体的思想基础和价值支撑。在面临全球性挑战之际，人类比以往任何时候都更需要弘扬和坚守全人类共同价值。有了价值共识和引领，才能推动各国在面对关涉自身存在与发展的重大问题时更加客观理性，做出正确认知、判断和抉择；有了价值共识和引领，才能包容文明多样性，相互尊重、平等协商、以对话解决争端、以协商化解分歧；有了价值共识和引领，才能走和平发展、开放发展、合作发展、共同发展的道路。

全人类共同价值强调文明多样性是世界发展的活力和动力之源，倡导尊重各国人民自主选择发展道路和制度模式的权利，促进不同文明和社会制度相互包容、交流对话、和谐共生。推动各国在尊重、互利和平等的前提下共赢发展，以真诚的态度和务实的行动，为人类诠释出完全不同于西方所谓"普世价值"的价值追求。

全人类共同价值是处理国际关系的价值准则，是推动构建人类命运共同体的重要保障。全人类共同价值超越了意识形态、社会制度和发展水平的差异，倡导不同社会制度、不同意识形态、不同历史文化、不同发展水平的国家在国际事务中利益共生、权利共享、责任共担，摒弃傲慢和偏见，反对霸权主义和强权政治，反对冷战思维、反对以意识形态画线、搞零和博弈。全人类共同价值的感召力日益增强，构建人类命运共同体的价值共识不断汇聚，引领世界人民携手应对全球性风险和挑战，共同创造人类更加美好的未来。

弘扬全人类共同价值，推动构建人类命运共同体，从历史哲学与政治哲学高度，为解决世界往何处去问题、为构建新型国际关系指明了方向，绘制了蓝图，是引领世界大变局发展方向的人间正道。

全人类共同价值主张推动构建人类命运共同体，并没有仅仅停留在观念层面。在现代国际关系中，它正在具体地转化为一些国家的外交政策，体现于越来越多的国际公共政策领域。推动同多个国家和地区构建双边及区域性命运共同体，积极搭建文明对话、政党交流、民间交往等互学互鉴平台，以实际行动践行全人类共同价值，推动着全人类共同创造更加美好的未来。①

---

① 苏长和：《全人类共同价值的深刻意蕴与理论贡献（学苑论衡）》，《人民日报》2022 年 5 月 30 日。

　　在中华民族伟大复兴的历史进程中，我们要胸怀全球，放眼世界，不仅关注中华民族的伟大复兴，而且关注人类的前途命运。从人类发展大潮流、世界变化大格局、中国发展大历史的角度来认识和处理中国同世界的关系，为解决人类面临的共同难题做出中国贡献。我们应该以海纳百川的宽广胸怀打破文化交往的壁垒，以兼收并蓄的态度汲取其他文明的养分，在全面建设社会主义现代化国家的伟大征程中，从统筹中华民族伟大复兴战略全局和世界百年未有之大变局的战略高度，弘扬全人类共同价值，努力构建人类命运共同体，为了建设一个持久和平、普遍安全、共同繁荣、开放包容、清洁美丽的世界而努力行动。

# 第八章　创造人民美好生活的
共同富裕之路

　　共同富裕目标是中国特色社会主义区别于其他国家制度的价值指向。我国已经明确提出了共同富裕的阶段性目标，即到 2035 年共同富裕取得实质性进展，21 世纪中叶共同富裕基本实现。共同富裕是社会发展的方向，也是中国共产党的坚定决心。而实现全体人民共同富裕的宏伟目标，最终靠的是发展。发展是基础，唯有发展才能满足人民对美好生活的热切向往。未来要始终坚持以共同富裕为首要目标，积极优化民生保障的顶层设计。为此，必须增进人民福祉，在发展中保障和改善民生；分配制度是促进共同富裕的基础性制度，重在贯彻落实；就业是最基本民生，实施就业优先战略；健全社会保障体系，织牢社会保障安全网；完善人民健康促进政策，推进健康中国建设。

## 一、增进人民福祉，在发展中保障和改善民生

党的二十大报告专章论述了"增进民生福祉，提高人民生活品质"① 的重大问题。在党的二十大报告中，习近平总书记指出，必须在发展中保障和改善民生，鼓励共同奋斗创造美好生活。改善民生，要深刻理解"江山就是人民，人民就是江山"的论断，把握"治国有常，利民为本"的基本原则，实事求是渐进推进民生工程。

### （一）江山就是人民，人民就是江山

民生稳，人心稳，社会稳。发展是解决一切民生问题的基本前提。推动经济高质量发展，立足新发展阶段、贯彻新发展理念、促进新发展格局，目的就是要保障和改善民生。聚焦让人民幸福生活是"国之大者"，必须始终坚持发展为了人民、发展依靠人民、发展成果由人民共享。

江山就是人民，人民就是江山体现了三大逻辑的统一。从价值逻辑来看，深刻诠释了人民与江山密不可分的马克思主义群众史观。共产党的性质和使命决定了其没有自己的特殊利益，始终把最广大人民群众的根本利益作为出发点和落脚点，坚定不移增进民生福祉。这体现了共产党人党性与人民性的内在统一。从历史逻辑来看，深

---

① 习近平：《高举中国特色社会主义伟大旗帜　为全面建设社会主义现代化国家而团结奋斗——在中国共产党第二十次全国代表大会上的报告》，人民出版社 2022 年版，第 46 页。

刻总结了中国共产党百年历史的经验。江山为人民而生，无论是新民主主义革命时期还是社会主义建设时期，共产党领导人民打江山是为民族谋独立，为人民谋解放。江山为人民而守护。新中国成立后，人民成为国家的主人，共产党是建设江山的领导者。人民的利益和党的利益高度统一，共产党做出的一切决策无不反映人民的意愿和意志。从现实逻辑来看，深刻昭示了新时代守正创新的实践要求。江山为人民而兴。中国式现代化建设过程表明，国家依靠人民才能强大，强大的国家才是人民自信的底气。要站稳以人民为中心的根本政治立场，尊重人民的主体地位和首创精神，把高质量发展同满足人民美好生活需要紧密结合起来，不断提升人民群众生活品质。

### （二）治国有常，利民为本

我国自古以来重视探索社会发展的路径。《论语》中孔子提出了"治国三部曲"，即"庶之、富之、教之"。庶即人口之众多，富即经济之发展，教即价值观之教化，三者之间构成一个生生不息的发展系统，显示出孔子对社会发展阶段性的价值判断。正所谓庶而不富，则民生不遂。富而不教，则近于禽兽。《管子·治国》强调"治国之道，必先富民。民富则易治也，民贫则难治也。"[1] 民富是富国强兵的前提条件，因此要藏富于民，培植民力。仲相之齐国，遵其政，强于诸侯，保持其强盛大国的地位，孟子受其影响，提出了明君制民之产的思想，及至西汉的贾谊上《论积贮疏》于文帝，以发展生产，重视民生。[2]

中国共产党坚持不懈地致力于解决治国和富民的关系。

明确了发展和民生的关系。经济发展在整个社会发展体系中处

---

[1]　黎翔凤:《管子校注》，中华书局 2004 年版，第 924 页。
[2]　张越:《〈管子〉富民思想及其现代价值》，《齐鲁学刊》2017 年第 6 期。

于的"基础性"作用。我国提出高质量发展目标，是遵循经济规律发展的必然要求，是全面建设社会主义现代化国家的首要任务。发展是党执政兴国的第一要务，是解决我国一切问题的基础和关键。新时代的发展必须是高质量发展，必须把发展质量问题摆在更为突出的位置，着力提升发展质量和效益。

新时代十年，我国经济实力实现历史性跃升，经济总量占世界经济比重达 18.5%，制造业规模占全球 30%，成为全球制造业重要枢纽。[①]《新时代中国城市社会发展百强榜（2022）》在沪发布，在众多指标中，"经济发展与民生建设"领域，京沪深位居三甲，苏锡常挺进十强，这些城市的经济发展展现了强大的韧性。只有不断发展，在社会治理与社会服务、社会保障与社会救助、公共医疗与居民健康方面才能有所改善和提升。

明确发展为民生问题解决提供物质基础，解决民生问题促进发展更加稳健。民生改善有利于增进社会消费预期和扩大内需、增强内需对经济增长的拉动力。民生领域的消费是经济发展的内生动力，一方面要满足人们民生服务需求，如养老托育、医疗健康、文旅体育等高品质服务消费，顺应居民消费升级趋势，培育新型消费。另一方面要加快培育新型消费，打造消费新增长点。推进云计算、物联网、大数据中心、智慧城市等新型消费环境，促进发展信息消费、数字消费、绿色消费打造服务消费新高地。

民生有利于培育庞大的中等收入群体，为促进经济增长提供强大的动力。经济发展是实现民生的手段而非发展的最终目的，民生才是最终目的。扩大中等收入群体把发展的目的和手段有机统一，中等收入群体为主体是收入分配良好，社会趋稳的状态，因此要坚

---

① 周人杰：《接续奋斗，推动经济运行整体好转》，《人民日报》2023 年 1 月 20 日。

持就业优先战略。我们之所以有底气说跨越中等收入陷阱，主要是因为有信心和能力解决一系列民生社会问题。实现高质量发展，才能顺利而巩固地进入高收入国家行列，持续推动技术和产业升级。解决人民群众急难愁盼问题，惠民生暖民心。鉴于国际上已经跨越中等收入陷阱的日本，经济调整是主要因素。此外，构建社会保障体系的次因，如劳动体系、育人机制①、保障体系和福利模式的形成和完善。2022年我国政府工作报告明确阐释了为避免"中等收入陷阱"所采取的措施框架和实施重点——利用数字经济创新保持经济自立。我国已经形成了领先世界的数字经济生态系统，经济发展有赖于对实体及数字基础设施的投资，从而推动创新，促进科学技术上的突破；而技术进步又会进一步带动经济发展。

### （三）渐进推进民生工程

新时代的十年，我们党始终坚持以人民为中心的发展思想，在以经济建设为中心的同时，不断提升公共服务水平，着力推进基本公共服务均等化，取得了一系列显著成就。

我国多地陆续亮出民生工程建设"进度单"，多地接续发力推进民生工程建设，着力补短板强弱项增后劲。其中，养老服务设施、公共体育设施、城市停车设施建设等成为亮点。安徽省"15分钟阅读圈"的建设，既满足了群众就近阅读的需求，又能弘扬地域文化。未来将进一步规划打造"15分钟健身圈"。河北省2022年以来围绕教育、医疗、养老、文化体育、环境整治等领域，河南省2022年重点民生实事涉及老旧小区改造、学前教育、养老服务。国家开展了农村人居环境整治三年行动，农村脏乱差现象有

---

① 张颖、谢妍：《日本跨越中等收入陷阱的经验及启示》，《金融教育研究》2021年第5期。

了明显改善，垃圾问题基本得到解决，主要短板是厕所和污水处理。

习近平总书记在 2022 年新年贺词中说"大国之大，也有大国之重。千头万绪的事，说到底是千家万户的事"①。社会保障工作连着千家万户、事关民生福祉。如果老百姓的求学、看病、出行问题得不到有效解决，很难说中国已经建成了具有鲜明中国特色、世界上规模最大、功能完备的社会保障体系。民生保障有两个特点，顺序性和渐近性。顺序性即由低到高的刚性需求的保障，通常是呈上升趋势。这个特点使得社会保障无法相应地伸缩自如，相反具有极强的刚性，一旦提高上去便很难再降下来。② 渐近性指保障水平与经济发展水平相适应并逐步提高。优先保障城乡居民的基本生活，根据经济发展实际，不断改善和提升人民群众的生活品质。中国特色民生保障之路重在提升公共服务水平，在教育、医疗、养老、住房等人民群众最关心的领域精准提供基本公共服务，兜住困难群众基本生活底线。谨防西方"福利主义"，把民生发展引入歧途。西方福利主义利弊分明，有些高福利主义国家，不断举债，政府深陷"债务的泥潭"，甚至国家破产。因此我们要避免政府大包大揽，防止出现"养懒汉""等靠要"等现象，我们坚持要通过辛勤劳动和共同奋斗来实现共建共享，是尽力而为、量力而行的福利政策和制度。


## 二、分配制度是促进共同富裕的基础性制度

收入分配是民生之源，是改善民生、实现发展成果由人民共享

---

① 《习近平谈治国理政》第四卷，外文出版社 2022 年版，第 65 页。
② 陈友华、孙永健：《中国福利制度建设：本质、问题与老龄化应对》，《江海学刊》
2022 年第 6 期。

最重要最直接的方式。

## （一）分配制度改革进程

实践表明，在推动共同富裕目标实现的过程中，为使分配制度与不断解放和发展的生产力相适应，中国共产党一直致力于进行分配制度改革。新中国建立起与计划经济相适应的按劳分配方式，改革开放新时期，建立起与社会主义市场经济相适应的按劳分配为主体，多种分配方式并存的分配政策，中国特色社会主义新时代，着力构建橄榄型分配结构，三次分配协调配套的分配制度体系。特别是党的十九届四中全会通过的《中共中央关于坚持和完善中国特色社会主义制度　推进国家治理体系和治理能力现代化若干重大问题的决定》首次明确将分配制度上升至社会主义基本经济制度，表明新时代分配制度是为实现全体人民共同富裕奋斗目标提高制度保障的基本经济制度。分配制度变革的初心是实现全体人民共同富裕。新中国70多年收入分配的实践与理论的发展，形成了具有中国特色的收入分配制度。

## （二）分配制度是促进共同富裕的基础性制度

促进全体人民共同富裕是一个循序渐进的历史过程，制约共同富裕推进的众多因素中，分配制度处于重要位置。党的二十大报告指出，分配制度是促进共同富裕的基础性制度。坚持按劳分配为主体、多种分配方式并存，构建初次分配、再分配、第三次分配协调配套的制度体系。而要实现三次分配有效衔接，从而实现调配套的基本分配制度体系，需要国家、社会、个人等多重主体协同努力。

在初次分配的制度框架下，要遵循按劳分配为主体，多种分配方式共同发展的分配制度。一方面，按劳分配为主体，"坚持多劳多得，着重保护劳动所得，增加劳动者特别是一线劳动者劳动报酬，提高劳动报酬在初次分配中的比重"。这是坚持原则性，坚持底线思维。鼓励每个社会成员都能发挥勤劳创新的精神，从而促成全员努力致富。另一方面，要丰富完善多种分配方式并存的分配制度。要适应市场经济发展，特别是大数据时代的需要，与时俱进完善分配方式。而把劳动、资本、土地、知识、技术、管理、数据等生产要素按贡献决定报酬的机制，这是坚持灵活性，坚持与时俱进。在高质量发展中优化全局的发展格局，实现发展效率的持续提升和发展成果的不断累积。需要注意的是，不能把提高劳动报酬在提高初次分配比重看做是抑制效率的表现。[①] 无论如何提高比重，都要处理好效率和公平的关系。

再分配关乎社会公正和社会和谐。再分配是为社会成员可持续的发展提供保障，对资源禀赋不同的群体、地域、领域等进行协调，进而促使全员共享发展成果。罗尔斯曾在《正义论》中强调，正义是社会制度的首要价值。建立在公正基础上的社会才能更大程度上消除偏见，形成社会共识，增强社会活力。因此，再分配更加强调公平正义，需要加强制度安排，强化税收调节、提升社会保障功能，完善转移支付等再分配方式。

第三次分配强调自愿互助。社会成员在不同的平台上、在各种形态的组织中以多样的方式，捐助、慈善行为互帮互助、扶危济困。第三次分配是合理调节过高收入的重要渠道，需要全社会形成慈善为荣的社会氛围，完善慈善事业配套政策，通过共建共享原则来提升人们的获得感、幸福感、安全感。

---

① 韩喜平：《怎样把握新时代分配制度?》，《红旗文稿》2020 年第 2 期。

### （三）分配制度发展的实践进路

#### 1. 深化分配制度的综合改革

新时代收入差距变化的新趋向对分配公平提出了新挑战。长期以来，我国分配体制的核心问题是分配不公的问题。"收入向垄断性行业倾斜"[①]的现状有待于改革的继续推进。我国目前的中高收入水平与高收入国家相比，在供给结构、需求结构、城乡结构等方面存在明显短板，通过深化改革促进城乡生产要素双向有序流动，提高居民收入在国民收入分配中的比重和劳动报酬在初次分配中的比重。只有综合经济体制、政治体制和社会体制改革，在一系列重要领域和关键环节取得新的突破，才能破除财富分配体制性障碍和机制性梗阻。才能把短板转变为未来现代化新发展阶段经济增长的新动能，从而拓展经济发展的潜力和空间。

在现代市场经济条件下，社会稳定发展离不开合作，而有效共赢的合作最大的前提是社会公正。对于三次分配的配套改革，主要是处理好三者的相互促进相互依存的利益平衡关系。要注意两种错误的倾向，一是相对看重社会的再分配，而相对看轻社会的初次分配的"福利过度陷阱"；二是与之正相反，看重的是社会初次分配，迷信资本的威力，否定社会再分配的"资本至上陷阱"[②]。这两种倾向的危害很大，同样都会削弱国家民生的可持续发展能力。

#### 2. 构建橄榄型分配结构

收入水平是决定共同富裕的根本因素。能不能实现共同富裕，取决于低收入群体收入水平的提升幅度，取决于中等收入群体规

---

① 常修泽：《对中国分配问题的深层思考》，《学习月刊》2012年第1期。
② 吴忠民：《中国式现代化的关键：超越"资本至上陷阱"和"福利过度陷阱"》，《探索与争鸣》2022年第3期。

模。建立健全低收入群体增收的长效韧性机制和畅通向上流动的体制机制，扩大社会流动性，推动更多低收入群体成为中等收入群体。分配公平是由起点、过程和结果三个环节构成，三个环节都要体现出公平正义的三个层次，即权利公平、机会公平和规则公平。起点的不公平是重新分配的原因，分配的过程是落实分配政策的重要表现，而分配的结果是检验分配是否公平正义的试金石。

除了高校和职业院校毕业生、技能型劳动者、小微创业者等重点发展为中等收入者外，农民工是最有潜力成为中等收入群体的人群。国家统计局 2021 年农民工监测调查报告显示，2021 年全国农民工总量 2.93 亿人，平均年龄 41.7 岁；其月收入 4432 元。农民工务工地区主要是经济发达地区，因此要健全农民工基本公共服务体系，例如解决住房支出成本占比较高、各类保障条件不足、发展预期不稳定等问题，减轻农民工群体生活成本。借鉴国际经验，美国和日本两国推动中等收入群体增量的主要经验是较高的经济增长。此外，基础设施、教育医疗等公共产品资源的充分供给和公平分配也是两国共同的经验总结。

3. 依法有效监督分配政策制度的落实

收入分配政策落实的主要体现在制度构建上，更体现在行动层面上的依法监督具体化制度化。要加快完善相关法律，遵循社会财富分配立法先行的根本原则，以公民权利义务对等为准则、以社会保障责任共担为手段、以共享社会保障成果为目标健全社会保障法律制度规范。一方面，保证依法获取收益。通过完善相关法律，改革一些体制性因素，保障农民土地流转、经营、收益权利权益得以实现。进入新时代，经济发展新趋向要求我们依法规范经济分配秩序。深入研究新技术、新规则、新模式对财富分配提出的新要求，防止利用信息技术手段、数据等新型生产要素占有优势，出现不正当分配。另一方面，加强对非法收入的监管。淘汰某些不合理税费，严厉打击违法违规谋取利益行为，包括劳动者逃税、漏税、偷税等非法收入，官员收受贿赂所得收入。进一步净化市场风气，形成亲清的政商关系，破除要素流动壁垒，缩小收入差距。

对于个体而言，劳动者自我法权意识要提升。大家比较关注的"996"的工作模式，看似奋斗，实则违背了基本的劳动法。随着劳权（劳动者的劳动个人所有权）的强化，每个人作为劳动者都会在三次分配中体现社会价值。伴随劳动者平等、独立、法治意识增强，维护自我权益成为一种必然趋势。用人单位要看到，依靠强制"996""义务加班"等劳动违法要求，难以实现未来企事业单位发展的真正动力。

## 三、就业是最基本民生，实施就业优先战略

就业是劳动者生存发展的基本前提，是人民获取收入、提高生活水平的主要途径。我国约有9亿劳动力，解决就业问题始终是一项长期的重大战略任务。新时代以来，我国当前和今后一个时期，就业总量压力依然较大，劳动力供需匹配矛盾仍然突出，"就业的结构性风险大于总量风险"①。

### （一）强化就业优先政策

要突出经济发展的就业导向。优先发展吸纳就业能力强的行业和产业。随着我国经济发展进入新常态，我国经济的长期发展与就业密不可分，相互制约。把握经济社会发展趋势是解决就业问题的

---

① 国务院发展研究中心"人口结构变化与就业形势研究"课题组：《未来十年我国劳动力供求趋势分析》，《经济日报》2020年10月15日。

重要前提。在实现社会主义现代化目标过程中，城镇化建设创造了很多就业机会，吸纳了大量农村转移人口。总体来看，东部沿海城市和大城市的就业岗位创造速度减弱。当企业技术发展成熟，应用成本不断降低，技术开始由发达地区向落后地区扩散。在这一过程中，区域间发展差距将逐渐减小，中小城市迎来创造就业岗位的新机遇。

我国新产业新业态新商业模式层出不穷，在创造就业岗位，解决就业问题创造了新的增长点。新就业形态是伴随第四次科技革命，依托互联网、大数据、人工智能等信息技术对于传统就业方式的变革。它颠覆了传统生产方式和生活方式，建构新的产业生态和企业形态。《中华人民共和国职业分类大典（2022年版）》正式发布，净增了158个新职业，职业数达到1639个。新版大典共标注了97个数字职业，占职业总数的6%，同时标注了134个绿色职业，占职业总数的8%。机器人工程技术人员、数据安全工程技术人员、调饮师、易货师、碳排放管理员等新职业，响应消费新需求的同时，也为劳动者提供了更多就业机会。新职业具有分工细、专业度高、薪资高等特点，一方面，有利于新产业、新技术领域的人才培养；另一方面，拓宽了就业者新的就业选择。

坚持宏观政策支持优先。统筹城乡就业政策体系，推进就业服务均等化。高校毕业生就业与农民工就业，被比作就业的经线和纬线，织牢经纬线，事关我国就业形势的稳定。鼓励支持新业态发展，有针对性出台就业扶持和补贴政策。在新型就业模式中还是以农民工为主体，农民工在城镇就业中占比相当高，因此，第一也是最重要的一个途径，就是要让他们在城市落户，得到城市居民身份，至少让他们和城市就业群体没有差别，这是一条根本的出路。

### （二）解决就业问题之途径

就业问题是一个长期战略问题，需要从供给侧和需求侧两方面同时发力。坚持有效市场和有为政府相结合，一是要看到市场对资源配置所起的决定性作用，坚持用市场化办法和改革举措化解就业难题；二是要发挥好政府对资源配置的宏观调控作用，坚持运用有力的政策手段促进和创造就业。

从供给侧方面来看，"保经济就是保就业"。就业是劳动力市场的一个结果，是整个经济体系运行的一个结果。大数据显示，无论是传统行业还是新兴产业，从就业区域分布来看，中西部地区劳动力就近就地就业明显增加，区域就业结构趋向均衡发展。因此要通过促进经济高质量增长、稳定市场主体、扩大投资和消费等途径增加对劳动力的需求。经济新常态下，新型城镇化和乡村振兴两个战略实施下的城乡融合发展是我国下一步发展的大势。中小微企业是高校毕业生就业的主阵地，受到新冠疫情的影响，稳住经济大盘，保持良好的经济增长，让更多企业有盈利从而减少裁员。"十四五"就业促进规划等政策正在落地实施，各类减负稳岗扩就业政策加快落地。如发放失业保险，稳岗返还资金，新增减税降费，以稳定市场主体保就业。

保就业还需要从供给侧层面提供宽松的就业环境。实现人口自由流动，自由择业依赖社会保障体系全国统筹的实现。要彻底打破城乡二元分割体制，必须尽快进行户籍制度改革。要使劳动力进行自由流动，基于自身人力资本和生活成本在城乡灵活择业，灵活选择常住地，并且在常住地平等享受公共服务。要促进非正规就业正规化，完善劳动力市场制度，包括最低工资制度、劳动合同制度、劳动立法执法等。目前北京、上海、四川等省份，已着手在出行、外卖、即时配送和同城货运行业开展职业伤害保障试点，其保障的范围和情形、待遇的标准和水平，与工伤保险总体保持一致。

从需求侧方面来看，结构性失业的核心是人力资本，你的技能归根结底来自你受教育的水平。通过加强职业教育和技能培训、适当扩大高校招生规模、优化教育结构等途径优化劳动力的供给结构。提升全民全生命周期人力资本，首先是通识教育，即提高人的认知能力，提高人的学习能力以及对劳动力市场的适应能力。这是比单一技能更重要的能力，它无法从职业教育和职业培训中获得。因此，我们的通识教育和职业教育必须掌握平衡，两者必须融合，要让受教育者有认知能力的提高。正所谓，授人以鱼不如授人以渔。

技术赋能教育，教育塑造未来。在一个全民学习、终身学习的时代，必须推进教育数字化发展。要提供更加灵活的教育服务，满足人民群众的高品质、个性化学习需要。慕课等在线教育要想继续发挥更大作用，必须进一步提高吸引力，提供更有价值的深度学习。教育领域要进一步强化因材施教、鼓励学生的创造性，高校的创业就业教育须进一步强化科学性与分类指导、精准指导，大学生的创业环境和政策支持也要进一步优化。只有全社会共同营造尊重个性选择、支持理性选择的文化环境，才能有更多的高校毕业生明确目标，自觉调查研究，关注市场变化，及时调整就业预期，提升就业能力。

此外，要依法促进高质量就业。就业不充分和质量偏低不利于劳动者报酬的合理提高，也会从需求侧妨碍经济增长潜力的充分发挥。"从劳动者群体的异质性和易于分化的特征出发，更有针对性地扶助各类就业群体。"[1] 就业问题，不仅要解决当前就业难题，

---

① 蔡昉：《中国面临的就业挑战：从短期看长期》，《国际经济评论》2020 年第 5 期。

更要形成长效机制。劳动力市场政策需要进一步改革。与居民低保、养老保险制度相比较，失业保险制度改革滞后，需要进一步完善，让失业者不失望，葆有奋斗的信心。加快推动建立新职业技能认证体系，完善技术标准，让从事新职业的技能人才有更明确的学习目标与动力，提升专业技能水平。同时完善人才培养培训机制，提升从业人员的素质和能力，打造数量充足、素质优良的从业人员队伍，并根据新职业的特点确定薪酬、晋升体系，使从业人员看得到收入提升空间和职业发展前景，增加他们从业的积极性和稳定性。

## 四、健全社会保障体系，织牢社会保障安全网

中国社会保障发展的成就为全世界的社会保障制度作出了积极贡献，也获得了世界范围内的普遍认可。过去十年，我国基本养老保险覆盖 10.4 亿人，基本医疗保障体系覆盖人口超过 13.6 亿，建成了世界规模最大的社会保障体系。

### （一）我国社会保障体系现状

社会保障制度体系基本形成。目前，我国基本建成以社会保险、社会救助、社会福利为基础，以基本养老、基本医疗、最低生活保障为重点，以慈善事业、商业保险为补充的覆盖全民的社会保障制度体系。覆盖面不断扩大，20 世纪 90 年代末，我国开始建立社会主义市场经济条件下的社会保险制度，保险主体包括非公有制经济的劳动者。本世纪开始，保障主体扩展到农民，包括基本医疗保险、基本养老金、最低生活保障等制度。如今，进一步加快推进建设统一的城乡居民养老保险制度和城乡居民医疗保险制度，实现社会保障的全覆盖。社会保障项目逐年增加。从最初的基本社会保

险方面看，把农民工纳入失业保险的保障范围，把农民的生育医疗费用纳入城乡居民基本医疗保险；社会福利方面，养老服务制度增加了多项老年优惠补贴政策、残疾人生活与护理补贴等；社会救助方面，完善了灾害救助制度和特困人员救助制度等。

我国社会保障水平不断提高。企业退休人员基本养老金连年上调，工伤保险、生育保险待遇不断提高。如 2022 年山东省企业退休人员养老金实现"十八连涨"，实现了企业职工养老保险基金省级统收统支。全省企业退休人员人均基本养老金超过 3100 元。生育保险取消了生育医疗费用和生育津贴待遇领取门槛，提高了生育医疗费用补助待遇和扩大保险支付范围。

## （二）我国社会保障体系问题

社会保障体系面临新经济挑战。在技术进步的影响下，新的经济形态、新的就业方式、新的生产方式等蓬勃发展，联盟经济、平台经济、虚拟经济、数字经济等形式颠覆了传统的产业经济形态。新经济使劳动者的流动性进一步增加，但新经济的社会风险也进一步加剧，更需要社会保险防范与应对未来的不确定性。经济繁荣能够积累财政盈余，经济停滞期或衰退期导致财政亏空，这样的经济周期性特点也使得国家财政能力出现波动，从而制约社会保障的实际兑现能力。

面临地区发展不平衡与共同富裕目标的差距的挑战。新时代人民群众对美好生活的向往和不充分、不平衡的发展之间的矛盾成为主要矛盾，人民群众对民生需求的层次性和差异性凸显。特别是我国地区发展不平衡，发展重点诉求不同。我国发展不平衡不充分问题在"三农"领域较为严重，着力解决好"三农"领域发展的不平衡不充分问题已经成为实现全体人民共同富裕关键前提。习近平总书记指出："中国要强，农业必须强；中国要美，农村必须美；中国要富，农民必须富。"[1]

面临人口老龄化不断深化的挑战。"截至 2021 年年底，我国 60 岁及以上人口共 26736 万人，占全国总人口的 18.9%；其中 65 岁及以上人口 20056 万人，占全国总人口的 14.2%"[2]，我国已经正式迈入中度老龄化阶段。2035 年前后进入重度老龄化阶段。人口结构一旦老化，会转而出现人口负债，政府财政开支增大而收入减少，易出现财政赤字，导致"寅吃卯粮"现象严重。人口老龄化减少了劳动人口，加重了社会保障负担，对养老金支付提出了挑战。国际上，日本、韩国，英国、法国等欧洲国家，它们早于我们遇到老龄化社会的问题，很多国家都在尝试应对人口老龄化问题。如何顺势而为积极应对人口老龄化挑战，如何推动经济社会包容性发展创造老年人美好生活，如何发展壮大银发经济激发经济增长新动能，已经成为理论和实践层面都迫切需要回答的时代之问。对于老年人而言，社会保障的重点工作就是做好养老服务保障，提高老年人生活和生命质量。

此外，我国社会保障也还面临着一些亟待解决的问题。如民生法律细节有待于健全，自我保障意识有待提高等。

## （三）社会保障问题解决之道

党的二十大报告对"健全覆盖全民、统筹城乡、公平统一、安全规范、可持续的多层次社会保障体系"[3] 作出了具体安排。解

---

[1] 《十八大以来重要文献选编》上，中央文献出版社 2014 年版，第 658 页。

[2] 林宝：《建设共富共享的老龄社会》，中国社会科学出版社 2022 年版，第 3 页。

[3] 习近平：《高举中国特色社会主义伟大旗帜　为全面建设社会主义现代化国家而团结奋斗——在中国共产党第二十次全国代表大会上的报告》，人民出版社 2022 年版，第 48 页。

决社会保障问题，一要提升社会保障服务质量，二要创新社会保障管理，三要优化社会保障制度。

## 1. 提升社会保障服务质量

经过 30 多年建设，我国已经建成了以社会保险制度为主的社会保障制度体系。经济全球化、信息网络技术的发展使非正规就业群体规模逐年扩大，世界多国政府均改革本国的社会保险制度以适应用工关系的变化。面对新业态经济的发展，我国政府需要构建多层次、立体化的社会保障制度体系，增加用工单位对非正规就业群体的社会保障责任，对有社会责任感的用工组织给予激励，提升劳动者自身风险防控能力。未来社会保障服务重点任务则是"理性有序地推进养老保险、医疗保障、养老服务、社会救助、住房保障等骨干项目的多层次化"[①]。要搭建过硬的服务平台，经办社保各项业务，办公程序流水化。利用大数据管理信息系统，网络化管理模式提高服务质量和效率，提供网上办公模式，服务方式更加便捷高效。培育高素质社保工作队伍。人员素质决定服务水平。深入基层调研，学习，培训，促进相互监督，公开透明的制度建设。服务措施更加规范，加强业务信息化、标准化、精细化、个性化服务建设。国家统计局局长康义在 2022 年国民经济运行情况时指出，2022 年末，我国 60 岁及以上人口有 28004 万人，占全国人口的19.8%。适老化服务必须跟进，社会保障服务可以设立老年人服务专区并进行精细服务。2022 年，我国积极应对人口老龄化的制度框架初步建立。我国积极应对人口老龄化，采取一系列有力举措，包括加快建立覆盖全民、城乡统筹、权责清晰、保障适度、可持续的多层次养老保险制度，建立激励约束有效、筹资权责清晰、保障

---

[①] 郑功成：《多层次社会保障体系建设：现状评估与政策思》，《社会保障评论》2019年第 3 期。

水平适度的待遇确定和基础养老金正常调整机制。健全老有所医的医疗保障制度，还有构建老有所学的终身学习体系、推行终身职业技能培训制度。

## 2. 创新社会保障管理

坚持新发展理念。促进经济发展和社会保障良性循环，同时注意吸取一些国家陷入高福利陷阱的教训。新加坡逐渐形成了以实际国情为基础，以中央公积金为核心的社会保障体系。

全面整合"碎片化"的社会保障制度体系，构建全国一体化社保服务体系。我国社会保障体系发展进入改革发展新阶段，跨区域业务协同不足矛盾突出。借助大数据信息技术，打破传统完全属地管理模式，建成全国一体化的社保经办管理服务体系。如今，全国统一的社会保险公共服务平台研究建立并完善，支持"跨省通办""异地协办"，形成了服务效率和服务质量的统一的新格局。

管控社保基金安全。社保基金是社保事业发展的基础，基础不牢，地动山摇。习近平总书记多次作出指示，依法健全社会保障基金监管体系，以零容忍的态度严厉打击欺诈骗保等违法行为。要分析社保基金违法违规案例，实现精准管控，充分发挥社保基金监委会职能，惩前毖后，发挥联合惩戒工作机制作用，防范违法行为，发挥监督举报制度，严肃查处违法违规行为。

## 3. 优化社会保障制度

制度建设涉及住房、教育、医疗、养老的社会保障体系。要加强社保制度建设，既托好低收入阶层的底，也要使中产阶层能够减少焦虑。使老百姓在收入增长的过程中，敢于消费，提高边际消费倾向。关键是增强制度统一性和规范性，优化保障体系与缩小差距。当前，要尽快补上养老服务、儿童福利等短板。"补齐流动人口的制度短板"①，包括推进社会救助城乡统筹，实现社会保险全国统筹等制度，推进社会保障制度走向法治化。

福利制度本质上是一种利益或责任再分配的制度安排，对其作用与限度需要客观辩证地看待。全面推进养老保障制度改革，形成结构比较合理的多层次养老保障体系，有三大支柱，即第一层次是基本养老保险，第二层次是补充养老保险（企业年金），第三层次是个人储蓄性养老保险。我国要在综合发展基础上，重点发展第二层次和第三层次的养老保险。应对老龄社会挑战也必须优化制度。法国、德国、英国三个典型国家实施的包括建立长期护理保险制度、发展智慧养老、发展老年教育开发老年人力资源、鼓励延迟退休、改革养老金制度以及促进居家养老服务业发展等在内的一系列应对措施②，对我国应对老龄化新挑战值得借鉴。这些措施我国已经在施行，但仍有优化的巨大空间。

## 五、完善人民健康促进政策，推进健康中国建设

人民健康是社会文明进步的基础，是民族昌盛和国家富强的重要标志，也是广大人民群众的共同追求。人均预期寿命是衡量一个社会生活质量的重要标准。我国平均预期寿命快速提高，主要得益于经济社会快速发展、人民生活水平不断提高、医疗卫生保障体系的逐步完善以及城乡公共卫生服务水平的不断提升。

我国不同地区之间的人口健康发展状况存在比较突出的差距。不同地区在自然资源、气候环境、文化习俗、经济发展水平等方面

---

① 韩克庆：《构建覆盖全民的社会保障体系的三个重点》，《国家治理》2019 年第 48 期。

② 杜鹏、韦煜堃：《积极老龄化视角下欧洲老龄社会政策应对及启示——以法国、德国、英国为例》，《国外社会科学》2022 年第 6 期。

长期存在较大差距。地区经济发展水平显著影响城乡居民养老保险制度发展，造成养老金待遇偏向中高收入与发达地区分配的不平等特征。因此，人口健康的分布也呈现出明显的地区差异，体现在东部和西部平均预期寿命有不小的差距。[①]

当前，人民健康的地区和城乡差距成为健康社会学领域亟待关注的重大议题。长期以来，城乡二元结构导致我国城乡居民的健康状况存在一定差距。主要的原因是城乡医疗卫生资源配置的不均衡。我国医疗资源呈现出整体分布不均、优质医疗资源过度集中于城市，虽然农村卫生服务和资源费用近年来有所增长。农村居民的慢性病预防与管理，将成为缩小城乡健康差异的重中之重。而人口年龄结构快速转变激化了城乡居民养老保险制度给付待遇增长、财政补贴压力与居民养老预期之间的结构性矛盾。

总之，把保障人民健康放在优先发展的战略位置，既要解决看病难看病贵的问题，更要继续完善公共卫生服务体系。

### （一）健康中国战略

健康中国战略是在准确判断世界和中国卫生发展大势以及深化我国医药卫生体制改革实践基础上，提高全民健康水平的国家战略。这项战略反映了以人民为中心的发展思想。健康中国这一概念最早出现在 2008 年，卫生部启动的"健康中国 2020"战略研究。这一研究对人民健康的重大问题进行了探索。2016 年，我国颁布实施了《"健康中国 2030"规划纲要》，这是我国在国家层面提出的健康领域中长期规划，是健康中国建设的行为纲领。2017 年实施健康中国战略写入党的十九大报告。依据党的二十大精神，推进

---

① 齐亚强、牛建林：《地区经济发展与收入分配状况对我国居民健康差异的影响》，《社会学评论》2015 年第 3 期。

健康中国建设，把保障人民健康放在优先发展的战略位置。

《"健康中国2030"规划纲要》创造了两个"第一"。它是世界上健康领域第一个长达15年的长期国家规划，健康中国战略是将健康融入所有政策，是全世界第一个由国家元首提出并领导的促进健康事业发展的工作方针。建设全民共建共享的大健康社会。健康中国战略的推进，我国民众的生活质量与福利水平得到大幅度提升，有利于应对全球健康挑战。作为人口大国，我国人口的健康状况直接关系全球健康水平。人口数量也意味着巨大的健康消费潜力。全民健康保健意识显著增强，这将提升其健康消费支出，从而为全球健康产业发展创造巨大市场。最终将为全球健康事业和产业发展贡献中国智慧与中国方案。

### （二）健康中国行动

2022年国家卫生健康委员会发布的《2021年我国卫生健康事业发展统计公报》显示，2021年，我国人均预期寿命78.2岁，近10年我国人均预期寿命提升近4岁，主要健康指标居于中高收入国家前列。我们要把握好全民健康和健康中国之间的内在联系，以构建"主动健康"理念作引导；从健康环境治理着手，夯实全民健康、健康中国的体育根基，建设医养结合服务体系，完善健康法规保障体系。

树立"主动健康"新理念。人们对于疾病和健康的理解与认知不同，对健康内涵的理解直接影响到人们对健康的价值取向和为维护健康而付出的行动与代价，从而影响资源配置。新的健康理念强调的是以人民为中心、追求人的整体性和对社会环境的自适应能力，强调健康并非与疾病对立，维护健康的本质在于体现人自身的内在价值和自我负责特征。这其中，要注意两种健康思想倾向，一是盲目过度养生，这是看到了健康的重要性，但过犹不及。尊重生命的规律，学习健康医学知识，了解自我身心状态是基本前提。二是自我保健意识不强。受新冠疫情影响，人们保健意识有所提高，但仍然需要进一步贴近百姓需求，科普健康知识，普及健康文明的生活方式，使自我保健意识深入人心。健康意识的建立需要一个长期培养的过程，特别是针对农村人口，需要全社会投入更多的关注。

夯实全民健康、健康中国的体育根基。影响健康的因素主要是行为和生活方式，通过全民健身，促进全民健康，从 2009 年起，每年 8 月 8 日被定为"全民健康日"。十多年来，人民的健康意识不断提升，学习科学健身知识，参与多样的锻炼方式。如今，主动健身，自我健身，防患于未然深入百姓生活。很多城市因地制宜进行修建健身基础设施，如口袋公园、运动公园、健身步道。青岛城阳区人均拥有公共体育设施面积 5.7 平方米，远超国家 2025 年人均 2 平方米的标准，在全区形成"8 分钟健身"。这种把群众体育和全面健身深度融合，大大增强了人民群众的幸福感。"城阳模式"从青岛走向全国。

建设医养结合服务体系。十年来，我国医药卫生体制改革取得显著成效，医疗卫生服务资源总量持续增长，医疗技术能力和医疗质量水平不断提升，为人民健康提供了可靠保障。在深化医药卫生体制改革方面，提出促进医保、医疗、医药协同发展和治理，促进优质医疗资源扩容和区域均衡布局，发展壮大医疗卫生队伍，把工作重点放在农村和社区，这是健全基本公共服务体系，提高公共服务水平，增强均衡性和可及性的重要体现。要创新医防协同、医防融合机制，健全公共卫生体系，提高重大疫情早发现能力，加强重大疫情防控救治体系和应急能力建设，有效遏制重大传染性疾病传播。人工智能在体检与健康管理方面也得到了广泛应用。人工智能技术可以辅助基层医生提升临床诊断能力，进一步提升基层的医疗服务质量，并且分散"大三甲"医院的诊疗压力，促进国家分级诊疗制度的实施与落地。

公共卫生是全民健康的基石。推行普惠高效的基本公共卫生服务体系，不断提升医疗卫生服务的公平性、可及性、便利性和可负担性。推动中医药高质量发展，更好满足人民群众对丰富多样健康服务的需求。在防病大于治病中，医药服务能力和可及性显著提升。在2019年的实施健康中国行动的专项行动中，中医药发挥了积极作用。新冠疫情发生以来，中医药服务实现了线上线下结合的方式实现一条龙服务。2021年开展的中医适宜技术防控青少年近视，正在推广使用耳穴压丸等技术；青少年的脊柱侧弯采用保守纯手法干预，进行脊柱抗旋转治疗。

完善健康法规保障体系。这是政府的一项重要责任，保障城乡居民依法享有基本卫生服务。引入竞争机制，鼓励社会力量参与医疗卫生机构，保证社会资源发展面向不同人群的医疗卫生服务，适应居民多层次的卫生需求。我国第一部《中华人民共和国基本医疗卫生与健康促进法》于2020年6月1日正式实施。这是我国首部卫生与健康领域的综合性法律，以立法的形式明确医疗卫生事业的公益性质，体现大健康理念。

坚持人民至上、生命至上，优化人口发展战略。党的二十大报告指出："促进中医药传承创新发展。……健全公共卫生体系，加强重大疫情防控救治体系和应急能力建设，有效遏制重大传染性疾病传播。"[1]新冠疫情三年多来，通过疫情防控，民众的生命观、健康观发生了巨大变化，珍惜生命、健康幸福、远离疾病成为当代最时尚的追求。

---

[1] 习近平：《高举中国特色社会主义伟大旗帜　为全面建设社会主义现代化国家而团结奋斗——在中国共产党第二十次全国代表大会上的报告》，人民出版社2022年版，第49页。

# 第九章 建设人与自然和谐共生的绿色发展之路

　　"我们的祖国天更蓝、山更绿、水更清"①。党的二十大报告这句生动贴切、让人感触深刻又极具诗意的描绘，不仅是对新时代十年我国建设人与自然和谐共生绿色发展之路的形象譬画，同时也昭示着新时代以来我国在生态环境保护领域所实现的历史性变革、全局性变化，也是对生态文明建设所取的历史性成就的充分肯定。在科学概括和深刻阐释中国式现代化本质要求、特殊地

---

　　① 习近平：《高举中国特色社会主义伟大旗帜　为全面建设社会主义现代化国家而团结奋斗——在中国共产党第二十次全国代表大会上的报告》，人民出版社 2022 年版，第 11 页。

位、中国特色等重大问题的基础上，习近平始终秉承高瞻远瞩的战略思维致力于以中国式现代化全面推进中华民族伟大复兴，并在生态文明领域围绕"推动绿色发展，促进人与自然和谐共生"① 作出全面部署，为解决我国生态环境领域主要问题、应对诸多风险挑战提供了根本遵循，揭示了中国式现代化在实践中不断奋进的时代意蕴和价值指向。在以习近平生态文明思想为引领的美丽中国建设的宏阔发展征程中，人与自然和谐共生的绿色发展新蓝图、美丽中国建设的新画卷将在中国式现代化中不断显现，从而不断推进中国共产党人在坚守中华优秀传统文化中的守正创新，展现中国探索美美与共、行之有效的中国特色绿色发展之路的人类文明新图景。

## 一、坚持绿水青山就是金山银山的理念

党的二十大报告指出："坚持绿水青山就是金山银山的理念"，是新时代中国共产党人站在人与自然和谐共生的战略高度、立足于推进绿色发展而作出的统筹谋划，同时为全面贯彻新发展理念、助推人与自然和谐共生现代化的实现奠定了理论前提、提供了方向指引。坚持绿水青山就是金山银山的理念凝聚着中国共产党人对人与自然关系、绿色发展路径及新时代生态文明建设规律的深入思考与深刻认识。近年来，以坚持绿水青山就是金山银山理念引领下的绿色发展成为我国找准发展定位、统筹规划、推进发展方式转型的重要指引，在备受世界瞩目的同时也成为引领全球生态治理的时代潮流。

---

① 习近平：《高举中国特色社会主义伟大旗帜　为全面建设社会主义现代化国家而团结奋斗——在中国共产党第二十次全国代表大会上的报告》，人民出版社 2022 年版，第 49 页。

## （一）以理论创新不断凸显生态文明建设的重要性

追溯生态危机的根源，离不开资本的逐利本性和长期以来发展方式的粗放性，而在现实层面则呈现为经济发展和环境保护之间的两难悖论，且成为人们一直以来试图回答和解决的时代课题。坚持绿水青山就是金山银山的理念为这一时代课题的破解提供了重要遵循，揭示了经济发展与环境保护之间并非不能两全、二者并非绝对对立，从剖析"绿水青山"对于生产力发展的助推作用，进而为促进生态资本向富民资本的转化，探索经济发展与环境保护的协调发展之路指明了实践路径。

1. 绿水青山就是金山银山理念内蕴着党的执政理念和人民意愿

随着"建设社会主义生态文明""增强金山银山就是绿水青山的意识"分别于党的十八大、十九大写入党章以及 2018 年生态文明的成功入宪到党的二十大对"坚持绿水青山就是金山银山理念"的强调，为我们擘画出了中国式现代化在生态领域所要实现的目标，展现了生态文明作为党的执政理念、社会主义制度内涵的重要特征。这就在国家意志及行动层面为坚持绿水青山就是金山银山的理念、深入推进绿色发展实践、探索人与自然和谐共生的文明发展道路提供了宪法依据和保障，而这恰恰正是中国共产党人一如既往地坚持人民主体地位、致力于解决人民群众急难愁盼问题的重要体现，同时是践行党民有所呼，我必有所应人民情怀的充分展现。绿水青山就是金山银山理念要解决的不仅仅是经济发展与环境保护的方向、道路等问题，更致力于在理论与实践层面更好地回应人民对于绿水、青山、鸟语、花香等生态诉求的回应，致力于满足人民生活在更加优美的环境、共享更高质量生态产品、提振自身生态幸福

感与获得感的普遍意愿。而新发展阶段人民意愿的内涵与外延不断
拓展，其中"绿水青山"的良好生态和不断积蓄的"金山银山"
成为满足人民多层次、多领域意愿的固有内涵，而在不同的发展阶
段统筹协调好绿水青山和金山银山的关系、适时地促进两者的相互
转化成为促进经济社会发展、提升人民幸福指数的重要路径，从而
在发展方式的探索实践中实现遵循党的执政理念与体现人民意愿的
有机统一。

2. 绿水青山就是金山银山既是理念指导又是方向指引

众所周知，建设社会主义生态文明、探索中国式的现代化发展
之路离不开总体布局、规划方略的指引，同时也离不开理念的先导
作用。"五位一体"总体布局中的生态文明、人与自然和谐共生的
基本方略、人与自然和谐共生的现代化建设等诸多环环相扣、衔接
紧密的谋篇布局，在这其中绿色发展理念皆深入人心，体现着中国
共产党对生态文明建设规律的不懈探索和科学把握，从理念和实践
层面指导着具有中国特色之绿色发展道路的探索，保障人与自然和
谐共生的新型文明发展道路不断迈上新台阶、开创新局面。毋庸置
疑，现阶段人与自然之间的矛盾在现实层面主要呈现为如何处理发
展与保护之间的关系问题，对此马克思曾指出自然是"不费资本
分文"的东西，揭示了自然非私有财产的本性。而从价值论的层
面来看，自然内蕴着使用价值基质的同时是一般价值形成和增值过
程中不可或缺的重要参与者。正如马克思所言，"撇开社会生产的
形态的发展程度不说，劳动生产率是同自然条件相联系的"[1]，即
除劳动之外，自然界同样是构成财富源泉的因素之一，并通过发挥
自身对于劳动生产率的影响作用来参与价值的形成和增值。习近平

---

[1] 《马克思恩格斯文集》第5卷，人民出版社2009年版，第586页。

总书记在继承经典作家这一观点的基础上，在谈到供给侧结构性改革的根本时曾论及满足人民不断升级、个性化的生态环境需求的重要性，这就从经济学的视角指明了将人民的生态需求纳入社会生产方向的路径，主张以绿色发展助力生态经济，而在此基础上所提出的绿水青山就是金山银山理念则成为现阶段推进绿色发展、探索生态经济发展模式的重要理论遵循和实践指导。

### （二）以理论创新接续引领生态环境保护的实践发展

新时代我国生态文明的建设实践是一部不断推进马克思主义生态思想中国化、赋予中华传统生态文化时代特色与意蕴的历史，立足实际与坚持问题导向的理论创新指导着新时代中国建设美丽中国之路与重塑人与自然关系的伟大征程，而实践基础上的理论创新、问题导向基础上的战略谋划、接续的理论创造中凝聚的理论自信成为我国生态环境保护事业成效显著的重要引领，对于满足人民日益多样化、高质量的生态需求，提振其生态幸福感、获得感起着重要的推动作用。

1. 始终坚持绿水青山就是金山银山的绿色发展观

习近平总书记曾指出："绿水青山既是自然财富、生态财富，又是社会财富、经济财富。保护生态环境就是保护自然价值和增值自然资本"[1]，这就为深入挖掘"绿水青山"的价值属性、明晰其在价值增值中所起的正向作用明确了方向、提供了理念指引。有利于从剖析引发生态危机的根本性原因入手规避以往竭泽而渔式的传统发展观，以唯物史观为指导走可持续的生态发展之路，因此我们要始终坚持绿水青山就是金山银山的绿色发展观，以节制开发、节

---

[1] 习近平：《论坚持人与自然和谐共生》，中央文献出版社 2022 年版，第 10 页。

约利用推进资源能源的高效利用，以清洁发展统筹实现环境保护和环境治理的协调并进，以减污降碳的低碳发展维护好良好的生态环境，以保障生态安全和生物安全为基点推进高质量、持续健康地发展，以此来将绿水青山就是金山银山的绿色发展观落实到经济社会发展的全过程，在着力促进经济社会的绿色化转型进程中解决好社会主义条件下的生态环境问题、解决好人与自然的和谐共生问题。通过推进农业、工业、旅游业等产业的生态化转型，不断探索推进绿水青山向金山银山转化的方式与路径，在推进生态化和现代化的统一中为实现人与自然的协同化发展谋求新道路，不断呈现中国式现代化的特征与特质、凸显我国走人与自然和谐共生绿色发展之路的强大决心和重大优势。

## 2. 正确处理好经济发展和生态保护的关系

党的十八大以来，习近平总书记因时而变，随事而制，不断推进生态文明理论、实践及制度层面的创新，其中一个很重要的方面就是要以"绿水青山就是金山银山"理念为引领，从而在实践中明晰良好的生态环境、丰富的生态资源蓄积着丰厚的经济价值，处理好经济发展和生态保护二者之间的关系问题，遵循"改善生态环境就是发展生产力"[1] 的原则，在面对谋求经济发展与实现生态保护的两难境地时决不为换取一时的、短暂的或阶段性的经济增长而付出环境污染、资源浪费等沉重代价。对此，习近平总书记多次强调，"人与自然是生命共同体"[2]，要求把握好人与自然的"一体性"关系，从二者的本真关系入手树立保护自然环境就是保护我们人类自身的理念。从根本上转变人民以往对于生态环境及自然资

---

① 《干在实处　走在前列——推进浙江新发展的思考与实践》，中共中央党校出版社 2016 年版，第 186 页。

② 《习近平谈治国理政》第四卷，外文出版社 2022 年版，第 355 页。

源的认识偏颇，挣脱发展与保护二元对立、人与自然主客分离的思想束缚，在确保自然界的先在性与客观性的前提下，发挥好我国的制度优势，在统筹全社会的长远利益、整体利益的基础上，在生态环境可承受的限度内实现经济社会发展的可持续性发展问题。生态文明建设关乎人类的可持续发展，同时是子孙后代绵延发展的绿色银行，因此在推进经济社会发展中我们必须树立忧患意识，时刻防备着与经济快速发展相伴随的环境污染、资源短缺等生态问题，居安思危积极迎接接踵而至的各种生态挑战，"牢固树立生态红线的观念"[1]，树立生态环境是人类生存与发展之基本前提的底线思维，为"绿水青山"留下休养生息的时间和空间，不断探索促使绿水青山所积蓄的自然生产力向切实推进经济社会发展的社会生产力的转化，以自然生产力和社会生产力的有机统一助推发展和保护的协调并进，坚定不移地走出一条经济社会与自然生态和谐发展、人与自然和谐共生的绿色发展新路径。

## 二、全方位、全地域、全过程加强生态环境保护

党的二十大报告指出，"尊重自然、顺应自然、保护自然，是全面建设社会主义现代化国家的内在要求。必须牢固树立和践行绿水青山就是金山银山的理念，站在人与自然和谐共生的高度谋划发展"[2]。实践中探索人与自然和谐共生的绿色发展之路面临着诸多复杂性、艰巨性的任务与挑战，涉及的领域广、方面多，不仅与生

---

[1] 《习近平谈治国理政》第一卷，外文出版社2018年版，第209页。
[2] 习近平：《高举中国特色社会主义伟大旗帜 为全面建设社会主义现代化国家而团结奋斗——在中国共产党第二十次全国代表大会上的报告》，人民出版社2022年版，第49—50页。

产、生活方式息息相关，同时需循序渐进地从民众的思维方式及价值理念层面入手开展深刻变革，即从发展方式、思想观念、体制机制等方面全面发力，全方位、全地域、全过程加强生态环境保护。

## （一）统筹自然资源合理开发利用

新时代在推进全过程、全地域、全方位加强生态环境保护工作上展现新作为、开辟新格局，我们必须以绿水青山就是金山银山理念为指导，着力促进产业结构的调整，全面划定生态保护红线、环境质量底线、资源利用上线，统筹推进污染防治、降碳排污、扩绿增绿工作，站在维护资源环境承载能力的视角不断改善生态环境质量、筑牢生态安全屏障。

### 1. 以物质生产为导向，加快推动资源利用方式转变

资源利用方式在一定程度上对于经济发展方式起着正向的推动作用。以往速度与质量脱节、开发与保护背离的传统发展模式一定程度上引发了资源能源投入高、效能低等粗放的资源利用方式。现今绿色发展已成为实现经济高质量发展和环境保护行稳致远的鲜明底色，同时它也成为在保护生态环境的前提下推进人类社会可持续发展的重要路径之一。那么在发展方式上就要以绿色发展理念为导向，以转变高环境消耗的发展方式为路径，杜绝以往因生态环境的日益恶化而导致的对于经济增长福利的抵消，借助于科学、可持续的发展方式来实现全过程、全地域、全方位的污染防治与源头防控，不断探索低环境消耗与高质量发展、经济增长与生态环保同步并进的可持续发展之路。与此同时，在资源利用方式上则要把握好生态效应与经济效应的关系，着力变革生产方式实现资源的节约、集约与高效利用，相较于短期利益而更加注重长期利益的获得来不断优化资源配置，规避传统经济发展模式中粗犷式的资源开采及利

用方式，以降低资源利用强度为基础，以效率、和谐、可持续为遵循确保资源数量与质量；以保障经济效应为前提不断挖掘资源质量改善的潜力；以保障经济效应为前提不断挖掘资源质量改善的潜力；以统筹不同地域自然资源禀赋为抓手化差异为优势调节地域之间的发展差距；从资源合理利用的维度来为人类的可持续发展谋求长远利益。此外，要坚持以打好污染防治攻坚战为主攻方向，从发展方式层面全方位落实环境污染的源头严防、过程严管与后果严惩。通过实行对碳排放总量和强度的"双控"，以低碳排放的生产方式取代以往的高碳排放，以循环发展和资源能源的循环高效利用取代旧式的线型利用，共同应对气候及资源能源短缺方面的挑战。归根结底，就是要以物质生产为导向，从资源利用方式入手形成兼顾人与自然关系、经济发展与环境保护的经济行为与现实发展路径。

## 2. 强化自然资源用途管制，实行自然资源资产有偿使用

十八大以来，我国相继提出了自然资源用途管制的相关要求，明确了其宏观目标。自然资源用途管制旨在实现对自然资源保护、开发、利用等方面的行为管控，实现资源的顺畅转向和双向流动，有利于规避以往我国在采取分部门管制下所引发的事权划分不明确、管制指标多样化、缺乏有效监督等弊端，同时是继党的十九大报告提出全民所有自然资源资产的相关要求，从而杜绝长期以来，在"种树的只管种树、治水的只管治水、护田的单纯护田"[1] 思想主导下对于生态系统有机统一性、整体性的认识偏颇以及对于各生态要素相互影响、相互联系性的忽视。因此，现今要遵循问题导

---

[1] 《习近平谈治国理政》第一卷，外文出版社 2018 年版，第 85 页。

向，以强化自然资源用途管制为目标，从根本上改变九龙治水、各自为政的乱象。一方面，实现要素管理逐步向综合管理的转型，通过自然资源的有效配置、降低消耗提高产出效率、有偿使用等举措促进其并不仅限于经济价值而是要涵盖生态、社会等多维价值的实现；另一方面，依据自然资源用途管制的具体目标与现存问题，本着克服弊端、优化管制方法的目标制定出相应的具体措施，分别从宏观调控、用途管制具体方式的制定、管权事权等方面建立起中央、省级、地方政府的分级管制制度，以清晰的事权划分、对等的权责强化用途管制主体的责任感、提升其积极性，同时通过划定生态保护区、基本农田区、自然保留区等基本分区的方式实行分区管制以实现对生态环境最大限度的保护与合理利用。此外，建立自下而上的反馈机制和涵盖离任审计、社会监督等全过程的监督评价机制以便于地方政府对政策的适时调整，凭借科学化的决策和精准化的监管不断实现自然资源的高效节约利用，使资源工作日益走向监管与服务相统一、保护和发展协同并进的新格局。

## （二）多措并举，加强生态环境保护

生态环境是人类赖以生存、谋求更好发展的重要条件与保障，是经济社会行稳致远、健康持续发展的良好根基。历史的长河中不乏众多生态兴衰与文明兴衰息息相关的鲜明事例。与此同时，新时代的十年，在习近平生态文明思想的指引下生态环境保护及生态治理工作不断提质增效，接续推进生态环境质量、生态产品的供给方面发生历史性、全局性变化，使得民众能够仰望更蓝的天空、更绿的高山、饮用更为清洁的水源。在向全面建设社会主义现代化国家迈进的新征程上，我们应以尊重和认识人与自然休戚与共的自然规律为前提，在推进发展的同时全方位、全地域、全过程加强生态环境保护，强化和统筹生态系统各要素的协同保护与系统治理，以绿色发展理念为科学指引，坚定不移地推进生态优先、人与自然和谐共生的绿色发展之路。

1. 推进绿色生产变革，以生态优先助推绿色环保产业

绿色发展旨在变革传统发展方式、破解当前发展瓶颈，通过赋予发展以绿色底色，为全过程推进环境保护工作、促进绿水青山向金山银山的有机转化开辟了新路径、提供了理论指引，推进生产方式的绿色化变革具有长期性和艰巨性，是兼具实现经济稳定增长和生态持续改善的系统性工程。具体而言，一是在生产方式层面，从要素驱动、推进经济社会发展的动力方面入手，不断提升绿色创新能力以强化创新驱动，借助于先进完善的管理模式和稳步提升的人员素质逐步推动产业结构升级，促进农业、工业、旅游业、服务业等行业的生态化转向进而构建起体系完备的绿色经济体系，并使其成为新时代绿色发展的重要支撑，同时以生态学规律为理论依托发展循环经济来缓解当前资源短缺、替代能源瓶颈期的艰难窘境；借助于高精尖技术及相应的创新机制助推产业绿色低碳化，进而以绿色低碳产业化的形成低碳发展蓄积新动能，从而形成以资源环境承载力为重要考量和约束条件的绿色、环保、节约的生产方式。二是以绿色技术的革新为引领进一步调整产业结构，依靠绿色技术的新发现、新突破促使节能、环保的新兴产业战略性支柱地位的进一步奠定，通过政策扶持与科学技术的绿色化转向壮大绿色低碳产业，提升其在经济总量中的比重，将绿色低碳技术贯穿于过程污染控制和预防技术、废物处理、源头防控、循环再生等生产环节的全过程，确保企业遵循价值创造和生态保护相统一的原则目标，在谋求商业价值的同时兼顾生态价值，统筹推进经济发展、社会进步与生态系统平衡稳定发展的有机统一。同时借助于技术的应用与革新推动能源结

构的优化升级，将化石能源消费严格控制在自然生态系统可承受的自然限度之内，鼓励支持新能源和清洁低碳能源的推广使用，切实实现资源能源的合理使用和有效利用率，不断推进减污降碳迈上新台阶。

2. 加快主体功能区建设，提升可持续发展水平

主体功能区建设是党的十八大以来推进绿色发展、实现人与自然和谐共生的重大规划部署。主体功能区建设的本质在于以不同区域的环境承载能力、区域内资源禀赋、内在发展潜力等为考量，遵循区域专业化分工和协调发展原则所划定的主体功能单元，有利于进一步发挥主体功能区建设在国土空间开发保护中的重要制度保障作用。主体功能区建设在现阶段以及很长一个时期以来的国土空间开发利用方面发挥着关键性的作用，只有主体功能区建设的不断完善我们才能实现对于土地的开发利用，进而从各区域的环境承载能力、开发密度、发展潜力等方面来规定我国最基本的土地利用，实现对于主体功能区的进一步细化、借助于差异化政策的制定来更好发挥其对于区域空间开发的有序引导，同时在保障国土开发利用合理性的基础上实现对于涉及人口分布、经济布局、城镇化布局等方面的规划统筹。坚持以主体功能区建设为依据，推进不同主体功能区在差别发展中探索自身环境保护与经济发展定位的特色发展；制定出相适应的生态保护政策并适时地采取相应措施，逐步解决区域土地利用率低、生态空间遭侵蚀、环境污染等空间开发问题，缓和由此所引发的开发与生态保护的冲突，不断提升生态保护的重要地位、改善生态系统功能，通过逐步完善的主体功能区建设推进生态环保工作向差异化、精细化的方向发展，不断推进形成绿色可持续的发展新格局。

3. 统筹规划整治农村环境，建设生态宜居美丽乡村

农村环境治理是不断加强生态环境保护、推进生态文明建设的

重要内容和关键性举措。生态文明作为一种新型文明形态，实现生态公平是其重要特质，同时内蕴着社会、代内及代际之间等诸多方面的公平统一。而在城乡之间、区域之间协调发展的层面，则主要表现为生态环境的均衡性及生态产品的共享性。然而，长期以来传统的城乡二元结构使得农村在环境保护方面常表现为明显的发展滞后及生态产品供给不足等状态。那么，针对当前全过程、全地域、全方位保护生态环境背景下农村环境治理问题，一是要本着统筹兼顾与整体综合的原则，遵循城乡一体化的宗旨，对农村生活垃圾、污水废水、畜禽粪便等所选用的处理技术方法、收运处置模式要符合农村经济社会发展和农村生态系统的特征，做好总体规划和决策部署。二是要保障城乡之间在生态环保基金分配、与环境保护相关的公共服务体系，即相关人员配备的均衡性，在此前提下适当地向农村生态脆弱区实现倾斜和补偿，同时遵循党中央关于美丽乡村建设政策及生态振兴原则形成强有力的制度保障，并促使其在地方尤其是在农村生态治理中得到贯彻落实。三是对农村生态环境问题及农民生态需求深入调研、综合分析，对于影响农业生产的企业排污、土壤及水体污染等典型的环境污染或生态破坏事件要找准症结，重点整治；针对荒漠化、水土流失等问题要充分发挥农民的主体地位、调动其积极性，使农民参与到政策制定、环境整治及监督评价的全过程，在保障农民生态权益、满足生存生活需求的同时不断提升环境质量为农业、农村、农民的可持续发展给予日渐向好的生态环境保障。

## 三、健全生态文明制度体系

"坚持和完善生态文明制度体系，促进人与自然和谐共生"[①]

---

[①] 《十九大以来重要文献选编（中）》，中央文献出版社 2021 年版，第 289 页。

是我国推进生态文明建设的重要原则遵循。党的十八大以来，我国不断从立法层面、监管层面健全和完善生态文明制度体系，决心之强、力度之大、尺度之严、覆盖面之广可谓前所未有，在立法层面形成了涵盖大气、水、土壤等众多生态要素和防治领域的全面系统、务实管用、严格严密的立法体系，一系列创新性制度的出台使得我国生态环境法律保护体系实现了从量到质的稳步提升。与此同时，新时代以来环境执法之严格、监管力度之强硬、制度实施效果之明显充分彰显出我国构建系统完善生态文明制度体系的决心和信心。生态文明制度体系在推进绿色发展、实现人与自然和谐共生的实践中发挥着长远性、稳定性、全局性、保障性的重要作用，关系着我国环境治理水平与能力的提升，是我国国家制度与治理优势在生态文明领域的重要体现。探索人与自然和谐共生的绿色发展之路意味着要在推进人类生产、生活、价值理念等方方面面实现根本性变革，必须加快健全与完善生态文明制度体系，发挥制度管长远、管根本的刚性约束，确保人与自然和谐共生的实现。

## （一）健全以绿色为导向的政绩考评制度

探索人与自然和谐共生的绿色发展之路核心在于人的行为的调节与管理。众所周知，地方党政领导干部在落实生态环境保护责任方面发挥着关键性作用，因此要从改革现有的政绩考核体系入手建立起体现绿色发展要求的政绩考评制度，建立体现绿色发展、生态保护要求的经济社会发展评价体系，把资源浪费、生态效益、环境污染等指标作为经济社会发展评价的重要考量标准之一，在目标体系、考核办法等层面形成督促绿色发展得以落实的刚性约束和制度保障。一是通过政绩考评体系制度的变革，改变以往地方政府及领导干部头脑中唯 GDP 论的政绩观念及相应的考评体系，以建立绿色为导向的政绩考评体系为目标，引导领导干部直面群众所思所盼所忧的生态环境问题，带头发力解决生态难题。制定包括生态保护成果、环境治理实效、公众生态满意度的可视化、可评价的目标体系，为考评体系不断完善和健全提供可靠的数据和事实依据。二是建立绿色发展与环境保护的年度评价考核。依据中央要求及各级地方政府制定的生态文明建设和绿色发展目标制定合理的考核时间，逐年考核、隔年考核等，并以不同区域的经济社会发展水平、地区自身资源特色与禀赋等方面实行差异化的考评，以可视化的年度考评、细化的政绩考核目标、明晰的奖惩制度向公众提交公开、透明、清晰的绿色发展成绩单，倒逼领导干部提升自身的政治责任感，自觉从资源的节约利用、推进绿色发展的角度施政以保障我国生态系统稳定性和自然资源的循环可持续利用，有效维护好民众生态利益的前提下构建风清气正、绿色和谐发展的政治生态。

### （二）要落实领导干部任期生态文明建设责任制

习近平总书记提出："要建立责任追究制度，我这里说的主要是对领导干部的责任追究制度。对那些不顾生态环境盲目决策、造成严重后果的人，必须追究其责任，而且应该终身追究。"[①] 一方面，要落实地区生态环境保护责任制。建立针对领导干部生态环境保护乱作为、生态治理慢作为行径的严格问责及严肃追责制度，在以中央环保督察为主体的基础上在各省、市内建立相配套的环境督察制度，使得自上而下的环保督察和自下而上的反馈机制形成良性互动，促使生态文明制度体系中的环保督政职能发挥出自身的最大

---

① 《习近平关于社会主义生态文明建设论述摘编》，中央文献出版社 2017 年版，第100页。

效用，在壮大环保督察力量的同时使地方领导干部对生态环保事业负起总责，对其任期内的生态文明问题采取离任审计、"回头看"和终身追究的方式进行严格考核问责，追究其因忽视生态环保、曲解生态文明建设而盲目、武断决策所引发的生态环境问题。另一方面，通过领导干部任期生态文明建设责任制的完善与落实，以明确的责任清单、严明的考评机制以及终身追责的方式不断强化领导干部的自我警戒意识，做到不能破坏生态环境、不敢肆意挥霍生态资源，真正使制度在实践执行的过程中成为时刻悬在领导干部头上的利剑，在真抓中使领导干部生态文明建设责任制成为稳步践行生态环保理念、推进生态环保事业的刚性约束，在严管中不断凸显生态文明制度体系的权威性与不可触碰性。通过压实领导干部在生态环保工作中的责任，发挥其在生态文明建设实践中的执行主体作用，促使领导干部切实履行环境保护、生态治理的职责，不断探索独具中国特色的生态文明建设道路。

## （三）健全生态保护和修复制度体系

党的十九届四中全会中关于坚持与完善生态文明制度体系的重要论述从制度体系建设的层面为新时代生态文明建设事业部署了重点任务、指明了实践方向。生态保护和修复制度体系的不断健全和逐渐完善将为环境污染事件的减少、节制资源能源的减损提供重要制度支撑，从而维护好自然生态系统的自我调节与良性运转，不断积蓄其提升生态环境质量与提供优质生态产品的能力。一是在生态保护制度方面要不断健全自然资源产权制度。要进一步对摸清当前自然资源资产底数，解决其所有者及相应权益的落实问题，明晰权责，规避监管不到位的问题。针对现存的资源能源开发利用方式粗放、生态保护力度欠缺、自然资源产权纠纷事件频发等问题，要全国一盘棋，通过设立专门的机构实现对生态环境及资源能源的全方位、全地域、全过程的统一性管理与保护，辅之以职权明晰的分级设立、分级管理的体制机制，以统一的分级管理机制实现对涉及环境保护、自然资源资产管理、用途管制、生态服务等事项的统筹管理，并由国家设立的专门机构来协调需多部门联动配合的生态保护事宜，有效规避以往"九龙治水，各自为政"的体制机制弊端。二是要构建完备的生态系统修复制度体系。有效地修复已被破坏或污染的生态环境，使日渐失衡的生态系统得以恢复，使得生态修复治理制度体系在实践中落地生根。一方面，要针对生态修复资金短缺的问题，健全资金保障机制。借助于具有地方特色的"基金会"型、"公司"型和"专项资金"型生态修复基金的生动实践，边实践边总结经验，不断完善生态环境修复基金的实际运作方式以实现对其公益性和盈利需求的统筹兼顾。同时要借助于财政拨款、政府转移支付、社会捐助、企业缴纳生态补偿费用等方式拓宽生态修复基金长期稳定的资金来源，为生态修复提供充足的资金保障，保障其稳定、长期地运行。另一方面，要依据所要修复生态环境的具体情形制定条目清晰的生态修复规划，明确修复对象、遵循修复目标制定短、中、长期等不同时间段的阶段性计划，为生态修复的稳步推进提供制度保障。

## 四、建设美丽中国全民行动

走人与自然和谐共生的绿色发展之路、建设美丽中国是全民共同参与、携手并进的伟大事业。习近平强调，要"把建设美丽中国转化为全体人民自觉行动"[①]。发挥全民力量建设美丽中国不仅

---

[①] 《习近平谈治国理政》第四卷，外文出版社 2022 年版，第 366 页。

是新时代推进生态文明建设的重要优势与鲜明特色，同时是践行以人民为中心的发展理念、回应新时代民众生态民生需求的集中体现。众所周知，生态环境作为公共产品，与所有民众息息相关，"每个人都是生态环境的保护者、建设者、受益者，没有哪个人是旁观者、局外人、批评家，谁也不能只说不做、置身事外"①。因此，建设美丽中国需要全民参与，在共参、共建、共享中凝聚成推进美丽中国建设的全民合力。

## （一）以生态文明与民生建设的有机融合助力美丽中国建设

生态文明与民生建设的有机融合是党的十八大以来以习近平同志为核心的党中央推进美丽中国建设的原创性理论指导与实践探索，是对以良好的生态及不断稳步推进的生态文明建设普惠民生、提升民众生态幸福感及生态文明参与意愿的深入探究与全面揭示。推进美丽中国建设、走中国式人与自然和谐共生的现代化之路势必要从观念与认识层面重新审视以往经济发展与环境保护之对立思维，切实实现对二者实践中冲突与矛盾的有效规避，使人与自然在美丽中国的建设实践中实现由二元分离向和谐共生的转化。众所周知，生态文明建设于民生而言不仅具有普惠性且是一项需接续推进的重大工程，而作为创设良好生态环境重要目标的美丽中国建设则使得新时代民生福祉的内涵与外延得以进一步彰显，不断满足着民众对高质量生态环境与高品质美好生活的追求与期待。回溯党的十八大以来生态文明建设的理论与实践探索，其中一大重要特色则是中国共产党的领导优势及社会主义的制度属性实现了对于经济发展与环境保护的统筹兼顾与协调推进。正如习近平总书记所一直强调

---

① 习近平：《论把握新发展阶段、贯彻新发展理念、构建新发展格局》，中央文献出版社 2021 年版，第 257 页。

的，"发展经济是为了民生，保护生态环境同样也是为了民生"①。
"把建设美丽中国转化为全体人民自觉行动"②，这也即是说发展
经济及环境保护的根本价值指向是人民，同时人民也是最终的依
靠力量，这一以贯之的最终指向恰是对群众路线的贯彻与坚守。
那么现今立足新发展阶段，在实践中逐步将"努力建设美丽中
国"的任务化为民众皆愿参与、皆可享有的现实图景，离不开接
续探索中战略构想与理论框架的不断完善，同时需依托于全民行
动和共享共建思维，对全民凝结而成的"生态文明建设合力"加
以科学引导与灵活运用，秉持生态与民生有机统一、生态环境难
题与社会民生问题协调解决的辩证思维，进而以全民行动为有效
破解美丽中国建设征程中的具体问题与风险挑战贡献不竭之
动力。

### （二）加强舆论引导，形成全民共创绿色环保的社会氛围

从意识与实践辩证关系的视角来看，绿色环保的宣传教育及相
应的舆论引导将为民众从具备意识到转变为实践行为提供重要支
撑。习近平总书记在注重权威信息及时发布的同时强调舆情引导的
重要作用。因而建设美丽中国的全民行动要着力完善宣传舆论引导
机制以营造全民共建美丽中国的社会氛围。一方面，在思想观念层
面要加强生态道德建设。以重塑全民的生态意识与增强其生态道德
感为基点，以全民节约、环保的生态意识、道德行为取代奢侈浪费
及不合理的思想意识，进而发挥意识之于实践的指导作用，形成简
约适度、绿色低碳的生活方式，并以此为契机倒逼生产方式实现绿

---

① 习近平：《论把握新发展阶段、贯彻新发展理念、构建新发展格局》，中央文献出版
社 2021 年版，第 256 页。

② 《习近平谈治国理政》第四卷，外文出版社 2022 年版，第 366 页。

色转型。与此同时，要加强以绿色价值观念为引领的生态文化建设，重塑敬畏自然、爱护自然的价值观念，进而构建科学化、系统化的生态文化体系，使得绿色、生态、环保等理念日益熔铸于主流文化及民众社会生活之中，进一步助力政府为主导、企业为主体、社会组织和公众共同参与的环境治理体系建设。另一方面，要加强生态宣教及舆论引导，动员全民以实际行动共建美丽中国。一直以来，党中央始终坚持发挥宣传思想工作在统一思想、凝聚力量中的重要作用，并提出了一系列新思想新要求来不断夯实新形势下举旗帜、聚民心、育新人、兴文化、展形象的舆论引导工作，从而以其不可或缺性与不可替代性来动员全民共建美丽中国。在此基础上，要引导广大文化文艺工作者坚持实事求是与群众路线，在深入生活与密切联系群众中不断提升文艺作品的质量、接续书写中华生态文化的新史诗，主动讲好中华儿女携手共建美丽中国的奋进故事，使得中华文化的凝聚力与影响力在顺应时代潮流与精准施策中不断得以提升。此外，高校思政课教师作为生态文化的重要传播者，要切实担负起发挥思政课立德树人、铸魂育人的意识形态战略任务，进而在全社会范围内形成"美丽中国，全民共建"的良好氛围。

## （三）倡导简约适度、绿色低碳、文明健康的生活方式

一直以来，生态环境的现状及资源能源的状况决定着民众生活方式及其未来发展方向，而民众生活方式的选择与重塑则始终熔铸于人类文明演进的复杂历程之中，从一定程度上反映出人与自然之间对立抑或共生及利用与被利用的交融关系。现今民众在生态环境领域的问题众多且复杂多变，从人的本质属性来看，追根究底则要归结于人类的生产及生活领域。习近平总书记曾一语中的地指出：

"生态环境问题归根到底是发展方式和生活方式问题"①。显而易见，解决生态环境问题、应对影响美丽中国建设进程的各方挑战，走人与自然和谐共生的绿色发展之路，现存的经济结构和运行方式及与之密切相连的发展方式及生活方式问题的合理性成为了亟待解决的重大难题。这就决定了建设美丽中国将是一场涉及以上诸多方面的重大变革。而绿色生活方式的形成不仅要诉诸自上而下的制度规范与政策引导，而且要依靠自下而上的公众合力与道德自觉。具体而言，要不断完善可有效引领民众绿色生活方式的政策体系，为绿色生活方式在资源节约、生态环保等领域的落实提供重要保障，借助于绿色消费政策体系、宣传教育机制、绿色生活方式激励政策等重要支撑，引导人们实现对于绿色生活方式的思想认识向自主、持续、稳定的行为习惯转变，即实现绿色生活方式"知"与"行"的有机统一与相互转换，从而在资源节约标准及标识不断普及的基础上使得节约水、电、粮的实践行为及先进适用节能技术和产品不断得以推广，通过民众绿色生态观念与消费观念的培育使得出行、购物、垃圾分类等领域成为民众积极践行绿色发展、培育绿色生活方式的重要阵地，从而促使民众在日常生活中自觉、自主地规范好自身的生活及行为方式，进而在全民参与的生态环境保护行动中不断增进民众的生态环保意识，以民众的积极参与实践与崇尚绿色低碳的生态意识共同塑造勤俭节约社会新风尚，从提升人们对绿色发展的认同度和自主参与的践行力双重视角使得每一个公民皆可成为美丽中国建设的倡导者和践行者，使得民众生活领域的绿色低碳成为美丽中国建设的重要内容与特色性标识。

---

① 《习近平谈治国理政》第四卷，外文出版社 2022 年版，第 363 页。

## （四）构建多元社会主体共同参与的现代环境治理体系

在社会主义制度下以全民的绿色行动推进美丽中国建设离不开体系完备、多元参与的现代环境治理体系。即以公众参与为切入点助力环境治理体系的完善与治理能力的提升。对此，习近平总书记提出，"构建政府为主导、企业为主体、社会组织和公众共同参与的环境治理体系"①。现今，推进绿色发展、构建现代化的环境治理体系的主体并非仅仅局限部分人而是全民共同参与的伟大事业，需要多元社会主体的共商与共建，因此实践中需顺势而行，明晰主体责任，即谁来管、谁参与、如何参与的问题，在此基础上加以集成融合，形成协同推进环境治理的合力。具体而言，要切实转变政府职能，各级党委、政府，企业主体、社会组织和公众要切实提高自身的政治站位，共同应对生态环境保护的挑战，促使各主体切实担负起自身对于提升生态文明建设水平、改善生态环境质量的重任与担当，积极构建现代环境治理体系。一是从国家发展的整体格局中来推进生态环境治理。始终坚持以习近平生态文明思想为理论遵循，不断加强党的领导，改变以往政府在绿色经济发展过程中的越位、缺位及错位问题，发挥好政府主导作用及其政策引导的职能、担负起市场监管的责任；真正发挥企业在绿色发展、环境治理中的主体地位，转变观念并主动承担起自身在环境治理中的责任。二是社会组织和公众要积极倡导和形成绿色低碳的消费理念和生活方式，杜绝消费主义对人性的侵蚀和对自然生态环境的无视与损害。政府通过委托代理、服务外包等形式使社会组织承担起部分生态环境治理职责，凸显其在生态环境治理体系不可替代性作用的同时在

① 习近平：《论把握新发展阶段、贯彻新发展理念、构建新发展格局》，中央文献出版社2021年版，第205页。

治理实践中发挥其公益性、高效性和灵活性优势。而公众自身集绿色发展推动者、发展成果共享者、环境污染受害者于一体的身份特征，决定了公众在现代环境治理中则发挥着不可或缺的重要作用，公众的理性精神、责任意识和参与积极性成为了环境治理的活力及动力源泉之所在。

总之，新时代的十年，中国共产党人始终坚持以习近平生态文明思想为理论指导，在我国生态文明建设实践中理念坚定、思路清晰、制度保障健全完善、实践执行强劲有力，构建起了一个理念、思路、制度及其执行环环相扣、协调并进的严密逻辑体系和有机统一体。在党的二十大报告中，习近平总书记继续强调"推动绿色发展，促进人与自然和谐共生"[1]，这就要求要借助于社会主义制度优越性的发挥，动员更为广泛的力量使得民众都能参与到探索人与自然和谐共生绿色发展之路的实践中，为美丽中国建设提供更为科学精准、强劲有力的政策支撑及动力保障，推进着我国的生态环境保护事业不断迈上新台阶、开创新格局，使得美丽中国建设以全民行动不断谱写我国推进绿色发展、促进人与自然和谐共生的新华章，同时为共谋全球生态文明之路提供了经验借鉴与现实方案。

---

[1] 习近平：《高举中国特色社会主义伟大旗帜　为全面建设社会主义现代化国家而团结奋斗——在中国共产党第二十次全国代表大会上的报告》，人民出版社 2022 年版，第 49 页。

# 第十章　贯彻总体国家安全观，
## 建设平安中国之路

　　总体国家安全观的孕育形成，继承和借鉴了马克思主义以及中国传统文化中的安全观，贯穿于中国共产党的百年党史。党的二十大报告指出："国家安全是民族复兴的根基，社会稳定是国家强盛的前提。必须坚定不移贯彻总体国家安全观，把维护国家安全贯穿党和国家工作各方面全过程，确保国家安全和社会稳定。"①在维护国家安全的实践中，总体国家安全观的内涵得到不断丰富

---

　　①　习近平：《高举中国特色社会主义伟大旗帜　为全面建设社会主义现代化国家而团结奋斗——在中国共产党第二十次全国代表大会上的报告》，人民出版社 2022 年版，第 52 页。

和发展，同样，平安中国建设也是一个动态发展、不断升级的过程。坚持总体国家安全观，推进国家安全体系和能力建设，将为建设更高水平的平安中国提供充足的智力支撑和理念引领，二者也必将在中华民族伟大复兴的征程中得到发展和统一。

## 一、贯彻总体国家安全观

总体国家安全观内涵丰富、思想深邃，是一个系统完整、逻辑严密、相互贯通的思想和理论体系，是新时代国家安全工作的根本遵循和行动指南。

### （一）总体国家安全观的首次正式提出

2015 年 4 月 15 日，在中央国家安全委员会第一次全体会议上，习近平总书记准确把握我国国家安全面临的新形势新特点，深刻总结中国历代兴衰成败、世界大国兴衰成败的经验教训，创造性提出总体国家安全观。他指出，"当前我国国家安全内涵和外延比历史上任何时候都要丰富，时空领域比历史上任何时候都要宽广，内外因素比历史上任何时候都要复杂，必须坚持总体国家安全观"[1]。

总体国家安全观的核心要义，集中体现为"十个坚持"：坚持党对国家安全工作的绝对领导、坚持中国特色国家安全道路、坚持以人民安全为宗旨、坚持统筹发展和安全、坚持把政治安全放在首要位置、坚持统筹推进各领域安全、坚持把防范化解国家安全风险摆在突出位置、坚持推进国际共同安全，坚持推进国家安全体系和

---

[1] 《习近平谈治国理政》第一卷，外文出版社 2018 年版，第 200 页。

能力现代化、坚持加强国家安全干部队伍建设。"十个坚持"是习近平总书记着眼中华民族伟大复兴历史进程、对总体国家安全观做出的新的全面系统论述,是对中国特色国家安全道路的集中深刻阐释,也是指导新时代国家安全工作的纲领性文件,为做好新时代国家安全工作提供了行动指南和根本遵循。

总体国家安全观的"五大要素",就是以人民安全为宗旨,以政治安全为根本,以经济安全为基础,以军事、科技、文化、社会安全为保障,以促进国际安全为依托。以人民安全为宗旨,就是要坚持以人民为中心的发展思想,坚持国家安全一切为了人民、一切依靠人民,真正夯实国家安全的群众基础。以政治安全为根本,就是要始终坚持党的领导,坚持中国特色社会主义制度不动摇,把制度安全、政权安全摆在首要位置,为国家安全提供根本政治保障。以经济安全为基础,就是要确保国家经济发展不受侵害,促进经济持续稳定健康发展,为国家安全提供坚实的物质基础。以军事、文化、社会安全为保障,就是要注意这些领域面临的大量新情况新问题,遵循不同领域的特点规律,建立完善强基固本、化险为夷的各项对策措施,为维护国家安全提供硬实力和软实力保障。以促进供给安全为依托,就是要始终坚持走和平发展道路,在注重维护本国安全利益的同时,兼顾他国安全需求,注重维护共同安全,推动建设持久和平、共同繁荣的和谐世界。

总体国家安全观的"五个统筹",就是统筹外部安全和内部安全、国土安全和国民安全、传统安全和非传统安全、自身安全和共同安全,统筹维护和塑造国家安全。统筹外部安全和内部安全,对内坚持求发展、求变革、求稳定,建设平安中国,对外坚持求和平、求合作、求共赢,建设和谐世界,强调内外安全彼此联系,相互影响。统筹国土安全和国民安全,就是要坚持国土安全与国民安全的有机统一。国土是国民赖以生存的物质空间，在中国国家安全理念中历来占据重要地位，将国土安全与国民安全放在同等重要地位，体现了总体国家安全观以人民为中心的发展思想，是对传统国家安全思想的扬弃与超越。统筹传统安全和非传统安全，强调传统安全与非传统安全相互影响，并在一定条件下相互转化。近年来，恐怖主义、能源危机、难民危机等非传统安全威胁呈上升趋势，成为影响国家安全的重要因素，将非传统安全威胁与传统安全威胁放在同等重要位置，体现了国家安全思想的与时俱进。统筹自身安全和共同安全，既重视自身安全，又重视共同安全，将自身安全与国际安全并重，体现了中国的和平理念与大国担当。统筹维护和塑造国家安全，既要善于运用发展成果夯实国家安全的实力基础，又要善于塑造有利于经济社会发展的安全环境。坚持总体国家安全观不但要做好维护国家安全的工作，更要在如何塑造国家安全上下大力气，牢牢掌握国家安全工作主动权，在国际舞台上积极塑造、主动发声，筑牢国家安全屏障，为实现中华民族伟大复兴作出应有贡献。

### （二）总体国家安全观的丰富和发展

总体国家安全观是一个开放包容的思想体系和理论体系，不断随着国际国内安全形势的变化而丰富发展，体现了以习近平同志为核心的党中央强烈的忧患意识和高度的使命担当。

2015 年 7 月 1 日，《国家安全法》颁布，明确国家安全概念、拓宽国家安全领域、清晰国家安全（主体）职责，进一步丰富了国家安全内涵和外延。

2017 年 2 月，在国家安全工作座谈会上，习近平总书记强调，"维护国家安全，要立足国际秩序大变局来把握规律，立足防范风险的大前提来统筹，立足我国发展重要战略机遇期大背景来谋划"，① 党的十九大报告明确将"坚持总体国家安全观"纳入新时代坚持和发展中国特色社会主义的基本方略，表明了我们党对保障国家安全的高度自觉，凸显总体国家安全观的重要性。

2018 年 4 月，习近平总书记在十九届中央国家安全委员会第一次会议上提出坚持人民安全、政治安全、国家利益至上的有机统一，坚持维护和塑造国家安全等重大论断，进一步完善了总体国家安全观。

2019 年，党的十九届四中全会对完善国家安全体系作了战略部署，将科技安全提升至国家安全体系保障的重要地位。

2020 年 10 月，党的十九届五中全会强调牢牢守住安全发展底线，首次把统筹发展和安全纳入"十四五"时期我国经济社会发展的指导思想，历史性地用专章对筑牢国家安全屏障作出战略部署，突出了国家安全在党和国家工作大局中的重要地位。12 月，习近平总书记在中共中央政治局第二十六次集体学习时，对总体国家安全观作出全面、系统、完整的论述，提出了贯彻总体国家安全观"十个坚持"，意味着总体国家安全观中的国家安全篇正式绘就，标志着总体国家安全观思想和理论体系全面得到发展。

2021 年 7 月，习近平在庆祝中国共产党成立 100 周年大会上提出，"贯彻总体国家安全观，统筹发展和安全，统筹中华民族伟大复兴战略全局和世界百年未有之大变局"。② 11 月，十九届六中全会通过的《中共中央关于党的百年奋斗重大成就和历史经验的决议》提出新的五个统筹，即"统筹开放和安全，统筹传统安全

---

① 《习近平著作选读》第一卷，人民出版社 2023 年版，第 236 页。
② 习近平：《在庆祝中国共产党成立 100 周年大会上的讲话》，人民出版社 2021 年版，第 17—18 页。

和非传统安全，统筹自身安全和共同安全，统筹维护国家安全和塑造国家安全"。①

2022年，党的二十大报告列专章论述"国家安全体系与能力现代化，坚决维护国家安全和社会稳定"专题，这是党代会历史上首次明确国家安全在党的中心任务中的位置，明确提出新安全格局保障新发展格局的战略部署，进一步丰富"五对关系"和"五个统筹"，凸显国家安全对于全面建设社会主义现代化国家、全面推进中华民族伟大复兴具有重要战略地位。

### （三）总体国家安全观的鲜明特征

总体国家安全观是习近平新时代中国特色社会主义思想的"国家安全篇"，是新时代做好国家安全工作的根本遵循，学习总体国家安全观，既要掌握其核心内涵和理论发展，又要充分认识总体国家安全观的鲜明特征。

#### 1. 全面性

总体国家安全观是维护各领域国家安全的指导思想，强调的是国家安全的全面性和系统性。总体是一种系统理念，强调的是"大安全"，既包括政治、国土、军事等传统安全，也包括经济、文化、社会、网络、生态等非传统安全；既包括当下的安全领域，也包括太空、深海、极地、生物等新型领域；既包括物的安全，也包括人的安全。实践表明，各领域之间绝对不是孤立割裂的，而是必然地相互影响、相互联系，甚至在一定条件下相互转化，传统安全威胁得不到及时有效解决会衍生出非传统安全问题，非传统安全问题得不到及时有效解决也会引发传统安全问题，维护国家安全需

---

① 《中共中央关于党的百年奋斗重大成就和历史经验的决议》，中华人民共和国中央人民政府网，https://www.gov.cn/zhengce/2021-11/16/content_5651269.htm。

要全面看待问题，不能头痛医头、脚痛医脚。另外，总体强调的是全面而不是全部，绝不能把安全问题泛化，一定要把握好安全的边界，离开基本国情谈安全、离开国际环境谈安全、离开发展谈安全，都是行不通的。

2. 创新性

总体国家安全观是我们党关于国家安全理论的重大创新，丰富和发展了中国特色社会主义理论体系。首先，总体国家安全观承载着为实现中华民族伟大复兴提供坚强保障的历史使命，具有鲜明的时代特色。总体国家安全观是时代的产物，同时又为时代注入了新的内涵，适应了进行具有许多新的历史特点的伟大斗争的新要求，确保中华民族伟大复兴进程不被滞缓或打断。其次，总体国家安全观是我们党关于国家安全理论的重大创新，丰富和发展了中国特色社会主义理论体系。它把国家安全置于中国特色社会主义事业全局中来把握，统筹发展与安全两件大事，深化了我们党对共产党执政规律、社会主义建设规律和人类社会发展规律的认识，开辟了中国特色国家安全理论新境界。最后，总体国家安全观运用马克思主义基本原理总结我们党维护国家安全的理论和实践，汲取中华传统文化精髓，在国家安全领域形成了具有中国特色和时代特征的立场、观点和方法，实现了我们党在国家安全理论上的历史性飞跃和对传统国家安全理念的重大突破。

3. 可持续性

随着时代的不断发展变化，影响和威胁国家安全的因素在不断改变，维护国家安全的手段和措施也在不断提高，所以说，维护国家安全是一个动态过程。总体是一种状态，强调的是国家安全的相对性和可持续性。安全是相对的，风险因素始终存在，没有绝对的安全。总体安全强调的是保持一种相对没有危险和不受内外威胁的状态。既要立足当下，又要着眼长远；既要立足对态势的动态感知和动态评估，又要着眼对中长期发展趋势的前瞻把握；既要有目标导向的总思路总框架总布局，又要善于根据新情况新问题新任务及时调整国家安全的战略战术。习近平总书记指出："可持续，就是要发展和安全并重以实现持久安全"[①]，说明维护国家安全不是一时之计，而是为了实现长治久安。

## 二、推进国家安全体系和能力现代化

2020 年，习近平总书记在中央政治局第二十六次集体学习时提出"推进国家安全体系与能力现代化"战略要求，为国家安全体系和能力建设明确了发展方向和目标。2022 年，党的二十大报告列专章再次强调"推进国家安全体系和能力现代化"战略部署，并将其看作"坚决维护国家安全和社会稳定"的工具选择，对于"全面建设社会主义现代化国家、全面推进中华民族伟大复兴"具有不可替代的作用。目前，国际安全环境日趋复杂多变，我国面临的安全风险和挑战日益增多，国家安全问题层出不穷，推进国家安全体系和能力现代化是有效化解和解决国家安全问题，实现国家安全的必由之路。

### （一）国家安全体系和能力现代化的内涵

所谓国家安全体系和能力现代化就是指国家安全主体为防范化解国家安全问题，实现国家安全目标，推进国家安全体系和能力结构科学化、回应规范化、效能优化的过程。其中，国家安全体系现

---

① 《习近平谈治国理政》第一卷，外文出版社 2018 年版，第 356 页。

代化是指国家安全主体为了预防和化解国家安全问题，实现国家安全目标，推进组织和制度结构科学化、回应规范化、效能优化的过程。国家安全能力现代化是指国家安全主体为了预防和化解国家安全问题，实现国家安全目标，推进国家安全能力结构科学化、回应规范化、效能优化的过程。

### （二）国家安全体系和能力现代化的特点

现代化是人类社会走向文明的必然过程，也是人类社会现代性的集中体现。由于世界各国的科学技术水平、政治制度、文化传统、社会风俗习惯各不相同，各国现代化特点独特，形式多样。中国式现代化作为一种崭新的现代化模式，凸显中国智慧、中国方案、中国力量。国家安全体系和能力现代化是中国式现代化的重要组成部分，呈现以人民安全为价值取向、以维护政治安全为核心、以统筹自身安全和共同安全为己任的特点。

1. 以人民安全为价值取向

"以人民安全为宗旨"贯穿国家安全的始终，是"江山就是人民，人民就是江山"理念的集中体现。维护人民利益是国家安全的目的，任何离开人民利益的国家安全既不是人民所期盼的，也不是以为人民服务为宗旨的共产党人所追求的国家安全。作为预防和化解国家安全问题，实现国家安全目的的有效工具，国家安全体系和能力现代化追求以人民为中心的基本价值取向，主要体现在如下两个方面：一是国家安全体系和能力现代化的目的是"一切为了人民"。在社会主义国家的中国，国家权力属于人民，其他政权、主权、统一和领土完整、人民福祉、经济可持续发展等国家重大利益也离不开人民性，离开人民性的重大国家利益是不存在的。国家安全主体通过结构科学化、回应规范化、效能优化等过程，实现国家安全体系和能力现代化，其目的就是化解人民群众面临的国家安全问题，为人民群众提供更多的安全产品，增强人民群众的安全感。离开"一切为了人民"这一价值理念和追求，国家安全体系和能力现代化必将失去工具性意义。二是实现国家安全体系和能力现代化必须"一切依靠人民"。党的二十大报告把"增强全民国家安全意识和素养，筑牢国家安全人民防线"作为推进国家安全体系和能力建设的重要举措，充分揭示了人民群众在国家安全体系和能力现代化过程的重要作用。离开了人民群众的满意评价，国家安全体系和能力现代化就失去了意义。

### 2. 以维护政治安全为核心

党的二十大报告列专章提出"推进国家安全体系和能力现代化"战略部署时，再次强调"以政治安全为根本"，充分表明推进国家安全体系和能力现代化必须以维护政治安全为核心，事关国家核心利益。习近平总书记在总体国家安全观中强调以政治安全为核心，"要把维护国家政治安全特别是政权安全、制度安全放在第一位"。[1] 2020 年 11 月，中共中央在《中共中央关于制定国民经济和社会发展第十四个五年规划和二〇三五年远景目标的建议》中首次列专章阐述国家安全问题，并明确"坚定维护国家政权安全、制度安全、意识形态安全"作为"加强国家安全体系和能力建设"的重要任务。2022 年 10 月，党的二十大报告列专章专门再次提出"推进国家安全体系和能力现代化"战略部署，充分表明我们党把维护政治安全作为推进国家安全体系和能力现代化的核心使命。

### 3. 统筹自身安全与共同安全

2014 年，习近平总书记在总体国家安全观中，就把"既重视

---

① 《坚持把政治安全放在首要位置——学习〈总体国家安全观学习纲要〉系列谈⑥》，中国共产党新闻网，http://theory.people.com.cn/n1/2022/0629/c40531-32459767.html，2022 年 6 月 29 日。

自身安全，又重视共同安全"列为"五对关系"之内，把自身安全与共同安全关联起来，凸显自身安全观与全球安全的统一。2017年党的十九大报告明确提出"统筹自身安全与共同安全"时代命题，并与"完善国家安全制度体系，加强国家安全能力建设"并列，凸显国家安全体系与能力建设与统筹自身安全与共同安全的关联性。这是中共中央首次把追求自身安全与共同安全的理念与国家安全体系和能力建设相关联。党的十九届六中全会提出"五个统筹"战略布局，其中之一就是"统筹自身安全和共同安全"。中共中央把"五个统筹"战略布局作为加强国家安全体系和能力建设的统领，统筹自身安全和共同安全深深根植于国家安全体系和能力现代化价值追求的内涵之中。2022年，党的二十大报告列专章提出"推进国家安全体系和能力现代化"战略部署时，再一次明确把统筹"自身安全与共同安全"作为新"五大统筹"之一，充分表明推进国家安全体系和能力现代化不仅是维护中国自身安全的需要，也是维护世界共同安全的需要。

### （三）推进国家安全体系和能力现代化的路径

党的二十大报告发出推进国家安全体系和能力现代化的动员令，从当前我国国家安全体系和能力现代化的现状以及国内外安全形势来看，坚持党的绝对领导、强化中央国家安全委员会的统合功能、加快国家安全人才队伍建设等是推进国家安全体系和能力现代化的有效途径。

1. 坚持党的绝对领导是国家安全体系和能力现代化的统领

党的绝对领导为国家安全体系和能力现代化明确了目标和方向。中国共产党是中国特色社会主义事业的领导核心，处在总揽全局、协调各方的地位。加强国家安全体系和能力现代化离不开党对国家安全的绝对领导，否则将会失去方向和目标。习近平总书记指出"坚持人民安全、政治安全、国家利益至上的有机统一"，[①] 这就为国家安全体系和能力现代化指明了方向，明确了要求。在社会主义中国，人民、共产党、国家三位一体，人民是国家的主人，共产党立党为公、执政为民，以捍卫国家利益、代表最广大人民的利益为己任。国家安全体系和能力现代化作为维护国家安全的工具性选择，在其结构科学化、回应规范化和效能优化的过程中，就是要贯彻落实习近平总书记的要求，坚持人民安全、政治安全、国家利益至上的有机统一，做到以人民安全为宗旨、以政治安全为根本，维护国家利益的同时不能以损害其他国家利益为代价。坚持党的绝对领导是国家安全体系和能力现代化建设目标和方向路径的根本保证。党的全领域全过程领导是推动国家安全体系和能力现代化的动力。目前，国家安全体系和能力覆盖政治、军事、国土、经济、金融、文化、社会、科技、网络、粮食、生态、资源、核、海外利益、太空、深海、极地、生物、人工智能、数据等诸多领域。国家安全体系和能力现代化面临的复杂性、多元性前所未有，离开党的全领域领导，将会陷入极其被动境界。

2. 强化中央国家安全委员会的统筹是国家安全体系能力现代化的关键

国家安全体系和能力现代化由党的二十大报告列专章进行战略部署，标志着中共中央已经把国家安全体系和能力现代化定位为国家安全重大事项，中央国家安全委员会对国家安全体系和能力现代化事项进行协调统筹既是自身安全职责使然，也是由目前中国国家

---

① 《习近平：国家安全是民族复兴的根基》，人民网，http://politics.people.com.cn/n1/2022/1026/c1001-32552460.html。

安全重大事项内涵所决定的。

在国家安全体系和能力结构科学化、回应规范化和效能优化过程中，中央国家安全委员会对国家安全职能和职责机关的统筹和协调至关重要。目前，国家安全职能机关存在体系和能力结构科学化不足、回应性规范化欠缺、效能优化不佳等问题，严重制约国家安全体系和能力现代化的推进。只有中央国家安全委员会通过国安办统筹协调国防部、公安部、国家安全部等国家安全职能机关，才能明确各自安全职责，加强自身制度建设，不断提升能力效能，加快国家安全体系和能力现代化步伐。另外，根据《国家安全法》相关规定，中央国家机关也承担一定的国家安全工作职责，但我们必须承认，国家安全职责机关的安全职责尚未厘清、国家安全一般或专门制度尚未建立和完善、安全能力效能不尽如人意等涉及结构科学化、回应规范化和效能优化等问题日益增加。化解和解决这些问题，除了国家安全职责机关积极主动采取有效举措加强国家安全体系和能力现代化进程外，中央国家安全委员会发挥协调职责不可或缺。

3. 加快国家安全人才队伍建设是构建安全体系和能力现代化的基础

党的二十大报告指出"人才是第一资源"，并把人才与教育、科技一起看做是"全面建设社会主义现代化国家的基础性、战略性支撑"。国家安全体系和能力现代化既是全面建设社会主义现代化国家的重要组成部分，又是全面建设社会主义现代化国家的强大安全保障，需要一批高素质国家安全人才作为基础性和战略性支撑。国家安全人才是国家安全体系和能力现代化的第一资源，加快国家安全人才队伍建设迫在眉睫。

加快国家安全研究人才队伍建设，是推进国家安全体系和能力现代化建设的基础。目前，涉及国家安全体系和能力以及国家安全体系和能力现代化的论文数量不足，质量也有待提高，大多数论文只是泛泛而谈，不但没有对国家安全体系和能力内涵进行深刻分析，而且对国家安全体系和能力现代化内涵几乎没有涉及，进一步凸显国家安全研究队伍严重不足。加强国家安全研究人才建设，加大对国家安全体系和能力现代化内涵、逻辑、特点、路径等基础研究，是推动国家安全体系和能力现代化不可逾越的门槛。

加强国家安全专门人才队伍建设。国家安全专门人才队伍建设是确保国家安全体系和能力现代化实现的人才保障。习近平总书记提出的"坚定纯洁、让党放心、甘于奉献、能拼善赢"① 16 字标准是打造国家安全专门人才队伍的总方针和总原则。国家安全专门人才只有不断强化党性修养，树牢"四个意识"，坚定"四个自信"，才能在推动国家安全体系和能力现代化建设过程中明确政治方向，树牢奋斗目标，在维护国家安全的伟大事业中发光发热。

## 三、共建共治共享的社会治理制度

党的二十大报告指出，要健全共建共治共享的社会治理制度，提升社会治理效能。共建是基础，是指党和政府领导下，企事业单位、社会组织、人民群众等各类主体充分发挥其各自优势和特点，共同参与建设社会；共治是关键，是指各类主体共同参与社会治理，努力形成人人参与、人人尽责的良好社会治理格局；共享是目标，是指全体人民共同享有治理成果，社会治理归根到底要维护国家安全和社会稳定，让全体人民安居乐业。

---

① 《习近平关于总体国家安全观论述摘编》，中央文献出版社 2018 年版，第 9 页。

党的十七大报告要求，"发展为了人民、发展依靠人民、发展成果由人民共享"；党的十八大报告，"在改善民生和创新管理中加强社会建设"部分提出，"实现发展成果由人民共享"；党的十九大报告在"提高保障和改善民生水平，加强和创新社会治理"部分首次提出"打造共建共治共享的社会治理格局"；党的二十大报告，在"推进国家安全体系和能力现代化，坚决维护国家安全和社会稳定"部分提出，要"健全共建共治共享的社会治理制度，提升社会治理效能"，相关表述发轫于"发展"，最终成熟落脚到"安全"，不仅语言文字更加完善、逻辑更加清晰，更是不断适应形势、深化认识、精准把握问题的过程，可谓日臻完善、渐入佳境。

共建共治共享社会治理理念的提出和不断发展完善，为进一步贯彻总体国家安全观、维护国家安全和社会稳定提供了指引和遵循，旨趣高远、内涵深刻，是中国特色国家安全道路在社会治理层面的具体体现。

## （一）共建共治共享是坚持统筹发展与安全两件大事的必然要求

发展与安全是当前形势下国家安全工作中的一对基本矛盾，统筹发展和安全，是我们党治国理政的重大原则之一，是总体国家安全观的理论创新，也是深刻理解总体国家安全观的关键抓手之一。正如习近平总书记指出的那样，"贫瘠的土地上长不成和平的大树，连天的烽火中结不出发展的硕果"①，二者如一体之两翼、驱动之两轮，既相互依存，又相互制约。

---

① 《习近平谈治国理政》第一卷，外文出版社 2018 年版，第 356 页。

　　发展是安全的保障，不可能离开发展谈安全。发展是解决我国一切问题的关键，是我们党执政兴国的第一要务。没有经济社会发展作为基础，国家安全只能是空中楼阁，不可能得到真正实现。中华民族创造了人类史上最为辉煌灿烂的古文明之一——华夏文明，在古代，我们曾长期在经济社会发展上领先世界其他文明。但明清以来，天朝上国的迷梦让统治者开始故步自封、闭关锁国，使得中国长期对外部世界一无所知。最终，率先完成第一次工业革命的英国凭借坚船利炮打开了中国的大门，列强随后蜂拥而至，中华大地遂陷入百年的风雨飘摇。离我们并不遥远的惨痛过往，足以深刻地说明发展之于安全的极端重要性，生动阐释了"不发展就是最大的不安全"。

　　安全是发展的前提，不可能为了发展而罔顾安全。习近平总书记指出："推动持续发展、协调发展、绿色发展、开放发展、共享发展，前提都是国家安全、社会稳定。没有安全和稳定，一切都无从谈起。"① 只有国家安全、社会稳定，发展才能不断取得突破，否则，不仅改革发展会停滞不前，甚至已经取得的发展成果也要丧失。与百年前中国形成鲜明对比的，是新中国改革开放以来持续40 多年的高速发展，而这一举世瞩目成果的取得，无疑得益于党中央带领全国人民，坚决维护国家安全，塑造了相对稳定的国际国内环境。而从世界范围看，许多国家由于不能有效维护国家安全，失去了发展机遇，人民陷入深重的苦难中。例如叙利亚，曾经是一个人均 GDP 达到 1. 2 万美元的国家，接近发达国家水平，但由于国际国内安全风险叠加共振，未能有效防范处置，使得国家陷入了长期战乱，50 万人丧生，经济损失超过两万亿美元。

---

　　① 《习近平谈治国理政》第二卷，外文出版社 2017 年版，第 222 页。

发展和安全相辅相成、不可偏废，而发展和安全的辩证关系存在于各个领域中，社会治理也是如此。要想实现全体人民共同享有发展成果，全体人民、各类主体共同建设、共同治理，实现社会稳定是前提；反之，社会实现发展、成果惠及全体人民，又为全体人民共同实施社会建设和社会治理提供了坚实的物质基础和不竭的精神动力。共建共治共享的社会治理理念蕴含着坚持统筹发展和安全的国家安全思想，是"把维护国家安全贯穿党和国家工作各方面全过程"要求在社会治理领域的具体体现。

## （二）共建共治共享是坚持人民安全为宗旨根本立场的必然体现

"江山就是人民、人民就是江山"[1]，人民安全是国家安全的宗旨和目的，国家安全，归根到底保障的是人民的利益；人民安全也是总体国家安全观的精髓所在，是我们党的性质宗旨和秉持的唯物史观，在国家安全领域的集中体现，是我们党区别于其他执政党的独特标志。

共建共治共享是国家安全"一切为了人民"这一理念在社会治理领域的集中体现。社会治理是国家安全工作的重要组成部分，人民群众最为关心关注的切身利益在基层社会，影响群众幸福感的各类矛盾问题也发轫于社会基层。改革开放以来，中国共产党团结带领全国各族人民走过了西方国家百年的发展历程，这也意味着不同历史阶段的矛盾问题在短短的几十年里集中出现。特别是随着我们改革发展进入攻坚期和深水区，社会上各类矛盾聚集交织，极易影响社会稳定和人民群众安居乐业，需要统筹安排、综合治理。从

---

[1] 习近平：《在党史学习教育动员大会上的讲话》，中国政府网，https://www.gov.cn/xinwen/2021-03/31/content_5597017.htm? eqid=a0edad3b0001d3a2000000046459f1bd。

党的十八届三中全会首次提出要"加快形成科学有效的社会治理体制"，到党的十九大明确指出要"打造共建共治共享的社会治理格局"，再到党的二十大报告要求"健全共建共治共享的社会治理制度，提升社会治理效能"。党中央对社会治理的重视一以贯之，充分体现了我们党对人民群众最切身利益的重点关照和切实维护。

共建共治共享蕴含了我们党"从群众中来、到群众中去"的传统工作方法。共建共治共享充分尊重人民群众的创造力和主观能动性，把社会治理从党和政府单一主体的实践，转变为亿万群众"人人有责、人人尽责、人人享有"的生动实践，全体社会成员在治理过程中各司其职、各谋其政，并共同享受治理所取得的成果，进一步提升了治理的针对性、科学性和民主性。在这方面，"枫桥经验"是党领导下，人民群众集体参与治理的典型经验。20 世纪60 年代，浙江省诸暨县枫桥镇干部群众在社会治理中创造了"发动和依靠群众，坚持矛盾不上交、就地解决，实现捕人少、治安好"的枫桥模式，得到毛泽东同志的亲笔批示："要各地效仿，经过试点，推广去做"，经过数十年的不断探索完善、丰富发展，形成了以"五个坚持"为主要内容的新时代"枫桥经验"。"五个坚持"即坚持党建引领、坚持人民主体、坚持"三治融合"、坚持"四防并举"①、坚持共建共享。习近平总书记在《求是》杂志上发表署名文章，要求坚持和发展新时代"枫桥经验"，完善社会矛盾纠纷多元预防调处化解综合机制，更加重视基层基础工作，充分发挥共建共治共享在基层的作用，推进市域社会治理现代化，促进

---

① 三治融合是指自治、法治、德治，四防并举是指人防、物防、技防、心防。相关内容参考自人民网评论：《薪火相传显担当——写在"枫桥经验"纪念大会召开之际》，http://politics.people.com.cn/n1/2018/1112/c1001-30396409.html。

社会和谐稳定①，充分肯定了社会主义新时代，"枫桥经验"为代表的党的社会综合治理方案，在维护国家安全和社会稳定方面所发挥的巨大作用。

### （三）共建共治共享是切实有效维护社会安全的必然途径

党的二十大强调，贯彻总体国家安全观，要"以军事科技文化社会安全为保障"，再次明确了社会安全在国家安全体系中不可或缺的重要地位。

狭义的社会安全指防范、消除、控制直接威胁社会公共秩序和人民群众生命财产安全的治安、刑事、暴力恐怖事件以及规模较大的群体性事件等。② 从更广泛的意义上说，维护社会安全不仅涉及打击犯罪和维护秩序，还包括减少和化解各类社会矛盾、妥善处置公共卫生等领域可能对人民群众切身利益和社会稳定造成重大影响的突发事件。

社会安全事关全体社会成员的切身利益，在国家安全体系中发挥着晴雨表、风向标的保障作用。而进入新时代以来，在全面建成小康社会的基础上，人民群众对美好生活有了更高的期待，不仅关心人身安全，而且关心饮食安全、出行安全；不仅关心惩治犯罪效率，而且关心公共服务水平；不仅关心自身合法权益是否得到保障，而且关心整个社会的公平正义能否实现。这些都给社会安全注入了新的内涵，也相应地对社会安全提出了更高的标准。我国是世界上民众安全感最高的国家和地区之一，但仍然面临着不小的社会

---

① 习近平：《坚定不移走中国特色社会主义法治道路　为全面建设社会主义现代化国家提供有力法治保障》，《求是》2021 年第 5 期。
② 《总体国家安全观干部读本》编委会：《总体国家安全观干部读本》，人民出版社2016 年版，第 125 页。

安全风险挑战。一是虽然暴力恐怖活动处于蛰伏期，但三股势力阴魂不散、恐怖主义思想借助网络回潮，必须加以防范；二是境外敌对势力亡我之心不死，加紧对我颠覆渗透，在各类社会矛盾冲突交织地带挑拨离间，手段方法趋于隐蔽，对社会稳定的危害性却大大增加；三是新型违法犯罪形式多样，高新技术犯罪、民生领域犯罪、借助网络犯罪等多发高发，给打击行动带来不小挑战；四是社会加速转型期，各类矛盾诸如劳资冲突、社会信任危机、收入分配落差等积聚叠加，既有历史遗留问题也有新发展阶段带来的新问题，稍有不慎就会酿成安全风险。

健全共建共治共享的社会治理制度，提升社会治理效能，正是维护社会安全、回应人民群众对美好生活的更高向往的方法论。共建共治共享是一种系统治理，蕴含着系统安排，是在坚持党的领导、政府主导和法治保障的前提下，强调社会协同和全民参与，是一种更加系统化、精细化的社会治理格局；共建共治共享是一种综合治理，改变过去由国家安全职能机关单一主体、强制手段为主的单一治理模式，由党政机关、社会团体、企事业单位和公民个人等多元主体各司其职、充分发挥各自优势，实现全方位的社会综合治理，共同维护社会安全；共建共治共享是一种源头治理，社会基层是许多矛盾冲突的策源地，防范不及、应对不力就会使得风险传导、叠加，乃至形成系统性国家安全风险，通过形成共建共治共享的社会治理体系，事实上将安全风险防范关口前移，治源头、治未病，有效在安全风险升级之前予以化解，实现对社会稳定的保障维护。

## 四、平安中国建设迈向新水平

"马上相逢无纸笔，凭君传语报平安"，1100多年前，岑参在西去龟兹的路上恰逢返京使节，挥笔写下这首《逢入京使》，历经千年的传唱，道尽了中国人对平安的执念和追求。可以说自古以来，平安二字就是中国人最朴素又最热切的向往。中华文明延续至今 5000 年的历史，无非是中华民族对平安生活不断探寻追求的历史。新中国成立以来，中国共产党团结带领中国人民上下求索，逐渐摸索出一条与中国国情相适应的中国特色社会主义道路。

## （一）平安中国建设的伟大成就

党的第一代领导集体通过艰苦卓绝的武装斗争，从战争硝烟中建立新中国，并在国内外安全形势严峻复杂的情况下，坚决维护了新生人民共和国的独立自主；党的第二代领导集体，在精准研判所处的国际形势、始终将国家主权和国家安全放在第一位的前提下，以极大的政治勇气将党和国家的工作重心转移到经济建设上来，由此开启了我国持续至今的高速发展进程；冷战结束后到 21 世纪初，面对相对和平的国际环境，我们不断更新国家安全观念，日益加深对经济安全、社会安全等非传统安全领域的认识，逐渐形成了一种既包括传统安全又重视非传统安全的综合安全观，用以指导国家安全建设，保障了国家安全、社会稳定、人民福祉。

党的十八大以来，以习近平同志为核心的党中央不断将马克思主义基本原理同中国具体实际相结合、同中华优秀传统文化相结合，不断注重回应人民群众对美好生活的向往，擘画了建设平安中国宏伟目标、创造性地提出了总体国家安全观，为实现更高水平的国家安全、社会稳定指引了方向、绘就了蓝图。十年来，平安中国建设已取得一大批标志性成果、夺取了阶段性胜利。

国家政治安全得到坚决维护。政治安全是国家安全的根本，攸关党和国家的安危。经济、军事、社会、文化等其他安全领域的维系，要以政治安全为前提，而其他安全领域的问题，最终都将反作用于政治安全。一是党的十八大以来，中国共产党以刀刃向内的决心和勇气，开展了力度空前的惩治腐败行动；进一步严明政治纪律和政治规矩，把守纪律、讲规矩放在更加重要的位置，不断树牢党中央的权威。在此基础上，党的肌体得到净化，党的建设得到加强，与人民群众的血肉联系进一步牢固，人民群众对党的爱戴拥护进一步加深，政权安全得到空前巩固。二是与倚仗境外势力的"台独"分子进行了坚决斗争。坚持"一国两制"的基本国策不动摇，同时对台湾当局"越界""踩线"行为和域外大国"以台制华"图谋予以坚决回击。如今，中国人民解放军已多次组织环岛军演，台湾当局臆想中的"海峡中线""防空识别区""12海里领海线"先后被突破，台湾海峡战略主动权已被我牢牢掌握，主权安全得到坚决捍卫。三是坚决防范颜色革命，抵制境外势力渗透。制度上，不断完善中国特色社会主义民主政治制度，施行全过程人民民主，切实保障人民群众的民主权利；思想上，理直气壮、旗帜鲜明地坚持和维护马克思主义的主流意识形态地位，批驳错误思想观念，广大党员干部和人民群众的道路自信、理论自信、制度自信和文化自信不断加强；行动上，制定和实施香港国安法，落实"爱国者治港"原则，坚决打击了乱港分子和境外势力相互勾结搞颜色革命、妄图在中国香港的土地上"换旗""变天"的痴心妄想，丰富和完善了"一国两制"伟大实践，制度安全和意识形态安全得到有力保障，"意识形态领域形势发生全局性、根本性转变"[1]。

---

[1]　《习近平著作选读》第一卷，人民出版社2023年版，第9页。

社会治安状况取得空前好转。社会安全是国家安全的"晴雨表""风向标",而社会是否安全稳定,老百姓最有发言权。据统计,我国人民群众安全感指数已从 2012 年的 87.55% 上升至 2021 年的 98.62%,① 社会治安治理成效得到百姓充分认可。一是始终保持着对暴力恐怖活动的严打高压态势的同时,不断加强国际反恐合作、发展民生消除暴力恐怖活动滋生土壤,打好反恐防恐组合拳,至今已经连续 6 年零暴恐活动。二是扫黑除恶斗争取得压倒性胜利,在 2018 年到 2020 年开展的为期三年的扫黑除恶专项斗争中,累计摧毁 3644 个涉黑组织、11675 个涉恶犯罪集团,查处涉黑涉恶腐败和保护伞问题 8.97 万起,② 人民群众拍手称快,社会风气持续好转。三是其他犯罪和安全事故常年保持低发态势。2012 年以来,我国刑事案件、安全事故均大幅下降。2021 年,杀人、强奸等八类主要刑事犯罪、毒品犯罪、抢劫抢夺案件、盗窃案件的立案数和一次死亡 3 人以上的较大的交通事故数较 2012 年分别下降了 64.4%、56.8%、96.1%、62.6% 和 59.3%。③

公共安全治理水平得以持续提升。一是完成脱贫攻坚,全面建成小康社会,赢得了人类有史以来最大的脱贫攻坚战的伟大胜利,实现近一亿农村贫困人口摆脱贫困,在中华民族历史上第一次解决了绝对贫困问题,人民群众总体获得感、幸福感大幅提升。二是人民生活水平全方位提升,人均寿命逐年提高、人均可支配收入不断增加,建成了世界上最大规模的教育体系、社会保障体系、医疗卫

① 《中宣部发布丨我国群众安全感上升至 98.62%》,腾讯新闻,https://view.inews.qq.com/wxn/20220725A02UDN00?。
② 《平安中国建设取得历史性开创性标志性成就》,中国警察网,https://baijiahao.baidu.com/s? id=1719444318088228912&wfr=spider&for=pc。
③ 张宇轩:《公安部:我国是命案发案率最低、刑事犯罪率最低、枪爆案件最少的国家之一》,腾讯新闻,https://view.inews.qq.com/wxn/20221019A04T6P00?。

生体系，生活居住环境显著改善，绿水青山不再是梦想。三是妥善处理人民内部矛盾，把人民内部矛盾处理好。预防性法律制度不断完善、社会稳定风险评估机制建设不断加强、社会矛盾纠纷多元预防调处化解综合机制不断健全，一大批时间长、难度大、涉及面广的信访案件得到有效解决，"枫桥经验"在社会主义新时代越磨砺越光芒、中国特色社会主义社会治理道路越走越开阔，社会矛盾总量转折性下降。四是有效治理新冠疫情。暴发于 2019 年末的新冠疫情是人类有史以来面临的传染性最强、传播范围最广、防控难度最大的公共卫生疾病，给包括中国人民在内的全世界人民的生命安全造成了重大威胁。疫情暴发以来，中国共产党贯彻以人民安全为宗旨的总体国家安全观，带领全中国人民以超凡卓越的组织能力和英勇无畏的斗争精神，在短时间内控制住了病毒的大规模扩散，有力保障了人民生命安全和社会基本稳定，并根据不同阶段疫情的不同特点，顺势而为、科学施策，取得疫情防控重大决定性胜利。

## （二）平安中国建设的有益经验

在平安中国建设取得的既有成就基础上，深刻总结其做法，有助于丰富中国特色社会主义治国理政经验，更有助于继续将平安中国建设推向更高水平。

### 1. 贯彻以人民为中心的发展理念

实现好、维护好、发展好最广大人民群众的根本利益，是我们党开展一切工作的出发点和落脚点。以人民为中心是平安中国建设的根本价值取向，深刻回答了平安中国建设为了谁、依靠谁的关键问题。一方面，想人民所想、急人民所急，从人民群众最关心的问题入手，如常态化开展扫黑除恶专项斗争、打击新型网络犯罪、推进行政管理服务改革系列举措等，切实提升了人民群众的幸福感和获得感；另一方面，发挥人民主体作用，在平安中国建设中放手发动群众、紧紧依靠群众，如在抗击新冠疫情斗争中，最大限度地激发了广大群众的主人翁精神，网格员、快递员、外卖员、志愿者等群防群治力量的发挥功不可没。

### 2. 坚持中国共产党的领导

中国共产党是中国特色社会主义事业的领导核心。平安中国建设是中国特色社会主义事业的重要组成部分，坚持共产党的绝对领导既是取得成绩的关键保障，也是必须遵守的政治原则。一方面，平安中国建设的根本目标与新中国成立以来中国共产党的最高理想一脉相承、一以贯之，只有坚持中国共产党的领导，才能确保既定目标不动摇、中国特色社会主义建设事业不偏离正确的方向，才有可能取得平安中国建设的成功；另一方面，在当前内外安全形势日趋复杂、安全内涵不断扩容的时代大背景下，建设社会主义平安中国并不必然就能轻松取得成功，国外多的是发展受限、发展中断的例子，必须确保党对国家安全工作的绝对领导，才能为平安中国建设夯实保障。

### 3. 坚持总体国家安全观的理论指引

总体国家安全观是习近平总书记创造性的重大理论创新，是新时代维护国家安全、社会稳定的根本遵循，对平安中国建设起到了重要的指导作用。一方面，总体国家安全观丰富了安全的内涵，囊括政治、军事、国土、经济、金融、文化、社会、科技、网络、粮食、生态、资源、核、海外利益、太空、深海、极地、生物、人工智能、数据等诸多领域，使得平安中国建设不再片面聚焦打击犯罪、维护稳定等方面，而是将上述所有方面纳入建设考量，是一种更全面的平安中国建设；另一方面，总体国家安全观强调以人民安全为宗旨、以政治安全为根本、以经济安全为基础、以军事科技文化社会安全为保障、以促进国际安全为依托，明确了各个安全领域在国家安全体系中的地位作用，落实到平安中国建设上，使得建设有重点、成体系，是一种更加系统的平安中国建设。

### 4. 创新社会治理模式

建设平安中国，加强社会治理是题中应有之义。党的十八大以来，党中央不断探索创新适应新时代社会治理的体制机制，共建共治共享的社会治理模式初步形成。一方面，横向形成了党委领导、政府牵头、企事业单位协同、公众参与的全员治理格局，平安中国建设不再是国家相关职能职责单位的分内之事，而是全社会的共同责任；另一方面，全员建设、全员治理、全员享受，贯穿社会治理全过程，打通社会治理的"最后一公里"，最大限度地发挥社会力量的独特优势、激发人民群众的创造力和积极性。

### （三）建设更高水平的平安中国

行百里者半九十，在既往成绩的基础上，《中共中央关于制定国民经济和社会发展第十四个五年规划和二〇三五年远景目标的建议》专章部署了"十四五"期间"统筹发展和安全，建设更高水平的平安中国"任务；党的二十大报告在"推进国家安全体系和能力现代化，坚决维护国家安全和社会稳定"部分，继续强调要"建设更高水平的平安中国，以新安全格局保障新发展格局"，并为下一步的平安中国建设作出了健全国家安全体系、增强维护国家安全能力、提高公共安全治理水平和完善社会治理体系四个方面的部署安排，为将平安中国建设推向更高水平规划了路径。

但"实现伟大梦想，必须经过伟大斗争"，伟大的目标从来不是可以敲锣打鼓、一帆风顺轻松实现的，"十四五"期间，虽然我国仍然处于重要战略机遇期，但内外环境的深刻变化带来了一系列挑战。从国际形势看，世界百年未有之大变局正在加速演变，国际形势日趋复杂。和平与发展的时代主题下，霸权主义、逆全球化、民粹主义、单边主义的暗流涌动。从国内看，新发展带来的许多前所未有的挑战和困难，存在与存量问题交织叠加、互相联动、酿成系统性威胁的现实风险。这些就要求我们时刻注意将更高水平的平安中国建设置于社会主义事业的全局来考量，既要保持战略定力、又要具备应变能力，既要有宏观的全局视野、又要在处理具体问题时具体分析，不断塑造新安全格局来保障新发展格局。

# 第十一章　为解决人类共同问题
## 提供中国智慧

社会发展的动力不仅来自特定社会内部的矛盾，也产生于不同国家、不同社会制度和不同文明间的交往。马克思、恩格斯在《共产党宣言》中指出："资产阶级，由于开拓了世界市场，使一切国家的生产和消费都成为世界性的了。""物质的生产是如此，精神的生产也是如此。各民族的精神产品成了公共的财产。"[①]20世纪50年代以来，席卷全球的新科技革命将人类社会推向信息化、网络化时代。社会生产力快速发展，各种物质和精神成果的生产消费打破了国家的

---

① 《马克思恩格斯选集》第1卷，人民出版社2012年版，第404页。

界限，资本、技术和信息的跨国界结合创造了一个"全球市场"。"人类命运共同体"给社会主义的生存和发展带来了前所未有的机遇，也提供了更多渠道广泛传播中国特色社会主义的理论与实践。就中国特色社会主义而言，对外开放是全方位、多层次和宽领域的，重点是向发达资本主义国家开放，并在这个过程中处理不同国家、不同社会制度和不同文明之间的关系，从中获取发展动力。

## 一、走具有自己特色的发展道路

19 世纪以来，西方资本主义国家主导着世界现代化的历史进程，后发现代化国家既要突破本土旧势力的阻挠，同时还要应对西方资本势力挑起的竞争。所以，后发展国家无法简单复制西方的发展模式，而必须依据本国国情，探索符合自身特点的发展道路。中国特色社会主义道路，是实现中国式现代化的必由之路，是创造人民美好生活的必由之路。

中国道路是一条基于国情实际探索出的社会主义现代化道路，它与西方资本主义道路存在显著区别。习近平总书记指出："道路决定命运，找到一条正确道路是多么不容易。中国特色社会主义不是从天上掉下来的，是党和人民历尽千辛万苦、付出各种代价取得的根本成就。"① 习近平总书记在党的二十大报告中指出六个我们前进路上需要把握的重大原则，其中第二个就是要"坚持中国特色社会主义道路"。② 中国特色社会主义道路，既坚持以经济建设

---

① 习近平：《在纪念毛泽东同志诞辰 120 周年座谈会上的讲话》，人民出版社 2013 年版，第 14 页。
② 习近平：《高举中国特色社会主义伟大旗帜　为全面建设社会主义现代化国家而团结奋斗——在中国共产党第二十次全国代表大会上的报告》，人民出版社 2022 年版，第 27 页。

为中心，又全面推进经济建设、政治建设、文化建设、社会建设、生态文明建设以及其他各方面建设；既坚持四项基本原则，又坚持改革开放；既不断解放和发展社会生产力，又逐步实现全体人民共同富裕、促进人的全面发展。中国特色社会主义道路首先坚持的是"社会主义"，但不囿于以苏联为代表的传统社会主义模式。1953年斯大林逝世后，苏联国内和党内出现了许多新情况、新问题。毛泽东敏锐地洞察到了苏联模式的不足，因此提出要在中国实现马克思主义与中国实际的深度结合，独立探索一条既不同于苏联模式，又符合中国国情的社会主义建设新路径。1982年9月1日，邓小平在党的十二大上致开幕词，指出："把马克思主义的普遍真理同我国的具体实际结合起来，走自己的路，建设有中国特色社会主义，这就是我们总结长期历史经验得出的基本结论。"① 习近平总书记也在庆祝中国共产党成立100周年大会上的讲话中强调："走自己的路，是党的全部理论和实践立足点，更是党百年奋斗得出的历史结论。"②

自党的十一届三中全会以来，中国共产党带领全国各族人民在总结正反两方面历史经验的基础上，提出一系列重大理论创新和战略举措，中国特色社会主义道路在改革开放的伟大实践中愈加清晰、愈加开阔。这是一条有别于资本主义发展模式和苏联模式的创新之路，从根本上打破了对西方资本主义发展路径的依赖。这条创新之路的关键词就是改革开放，如同党的十四大报告指出"新时期最鲜明的特点是改革开放"，"改革开放是决定当代中国命运的

---

① 《邓小平文选》第三卷，人民出版社1993年版，第3页。
② 习近平：《在庆祝中国共产党成立100周年大会上的讲话》，人民出版社2021年版，第13页。

关键一招，也是决定中国式现代化成败的关键一招"。① 英国学者马丁·雅克评价说："1989 年之后，西方一直认为中国共产党注定也会下台。共产党执政这一事实始终对西方的中国政策产生深刻影响，的确，偏见似乎可能持续很长的时间，如果不是永远的话。但是，根据中国近来的经历，我们现在应当比过去更多地将共产主义视为多元化模式：中国共产党与苏联共产党大不相同，自 1978 年以来，它采取了完全不同的战略；它所展示的灵活性和实用主义与苏联共产党截然不同。"② 中国特色社会主义道路的成功开辟，为世界社会主义运动重新焕发生机提供了重大启示，在中国特色社会主义的感召和引领下，世界社会主义运动逐渐从低谷中走了出来。

独立自主走具有自己特色的发展道路，需要政治领导的有力保障。列宁指出："任何革命运动，如果没有一种稳定的和能够保持继承性的领导者组织，就不能持久。"③ 中国共产党是中国特色社会主义事业的领导核心，在中国这样一个人口多、底子薄、经济文化发展不平衡不充分的发展中国家，坚持党的领导是中国特色社会主义事业胜利的根本保证。中国共产党在领导中国革命、建设和改革的实践中，先后开创了中国特色革命道路和中国特色社会主义道路。习近平总书记也多次指出："中国共产党的领导是中国特色社会主义最本质的特征。没有共产党，就没有新中国，就没有新中国的繁荣富强。坚持中国共产党这一坚强领导核心，是中华民族的命运所系。"④ "坚持党的全面领导是坚持和发展中国特色社会主义的

---

① 习近平：《中国式现代化是中国共产党领导的社会主义现代化》，《求是》2023 年 6 月 1 日。
② ［英］马丁·雅克：《当中国统治世界》，中信出版社 2010 年版，第 338 页。
③ 《列宁选集》第 1 卷，人民出版社 2012 年版，第 404 页。
④ 《习近平关于社会主义政治建设论述摘编》，中央文献出版社 2017 年版，第 41 页。

必由之路。"① 党的领导地位是历史的必然选择，也是广大人民的选择。1840 年鸦片战争，国门被迫打开，帝国主义的侵略使我们签订了一系列不平等的条约，中华民族处于民族危亡之时，激发了有识之士的民族意识的觉醒，开始了救亡图存的道路。从地主阶级抵抗派到洋务派再到资产阶级维新派、革命派经历了自器物到制度再到思想的探索，各阶级轮番探索的失败，告诉我们资本主义模式并不适合中国。十月革命一声炮响，给我们送来了马克思列宁主义。马克思主义犹如漫漫黑夜的灯塔，为亿兆在十字路口徘徊的国人指明了方向。中国共产党应运而生承担起解放中华人民，实现民族独立的任务。在革命战争年代，"如果我们的军队没有共产党领导，如果没有共产党领导的革命的军事工作与革命的政治工作，那是不能设想的"②。古田会议确立党对军队绝对领导的原则，确立了军队政治工作的方针、原则、制度，是党和人民军队建设史上的重要里程碑。在此之前，已经有过了 1927 年八七会议的"枪杆子里出政权"。这使中国共产党领导的工农武装力量被改造成为党领导下的为中华民族伟大复兴事业保驾护航的政治力量。"党的百年奋斗成功道路是党领导人民独立自主探索开辟出来的"③，中国共产党不仅带领人民实现了民族独立，更带领人民进行了改革开放和社会主义现代化建设，并取得了举世瞩目的成果。改革开放 40 多年社会主义建设的累累硕果印证了：中国特色社会主义道路是符合中国国情的唯一正确的发展道路，而要确保中国特色社会主义道路的正确方向，必须坚持中国共产党的领导，只有始终不渝地坚持中国共产党的领导才能保证中国特色社会主义事业永葆健康、欣欣向荣，才能实现中华民族的伟大复兴，才能实现人民幸福安康的生活。

走具有自己特色的发展道路就要做到理论与实际的"两个结合"，在五千多年中华文明深厚基础上开辟和发展中国特色社会主义，把马克思主义基本原理同中国具体实际、同中华优秀传统文化相结合是必由之路。[①] 中国特色社会主义道路，首先是社会主义，是从马克思那里来的。"一个国家选择什么样的国家制度和国家治理体系，是由这个国家的历史文化、社会性质、经济发展水平决定的。"[②] 中国共产党着眼于"解决新时代改革开放和社会主义现代化建设的实际问题，不断回答中国之问、世界之问、人民之问、时代之问，作出符合中国实际和时代要求的正确回答，得出符合客观规律的科学认识，形成与时俱进的理论成果，更好指导中国实践"[③]。中国特色社会主义道路是在党的领导下，依照马克思主义基本原理，历经革命、建设和改革开放三个历史阶段的长期实践探索而形成的。在此基础上，我们党成功实现了党的历史上马克思主义中国化的历史性飞跃，并在此基础上形成了两大理论成果，即毛泽东思想和中国特色社会主义理论体系。这两大理论成果均秉持了一种深入骨髓的哲学理念，即"解放思想、实事求是"。目前，我们正处于历史的关键节点，成功实现了马克思主义中国化新的飞

---

① 习近平：《在文化传承发展座谈会上的讲话》，《求是》2023年第17期。
② 《习近平谈治国理政》第三卷，外文出版社2020年版，第119页。
③ 习近平：《高举中国特色社会主义伟大旗帜　为全面建设社会主义现代化国家而团结奋斗——在中国共产党第二十次全国代表大会上的报告》，人民出版社2022年版，第18页。

跃，从而诞生了习近平新时代中国特色社会主义思想。中国特色社会主义理论体系不是对马克思主义的抄袭篡改，而是发展了的马克思主义，是马克思主义的与时俱进，紧跟时代发展愈加彰显其浓郁的"中国气派"。中国特色社会主义理论体系，既展现了中国化马克思主义的盎然生机，又为我们继续开拓社会主义理论打开了广阔空间。同时，中国特色社会主义道路是从五千多年中华文明史中走出来的，中国文化中朴素的社会主义元素是中国道路的文化根基。① 毛泽东同志在《新民主主义论》中强调，对于传统文化需要"剔除其封建性的糟粕，吸收其民主性的精华，是发展民族新文化提高民族自信心的必要条件"②。中国特色社会主义道路本质上是对五千多年中华文明在当代的延续和发展，是中华优秀传统文化是中华民族的"根"和"魂"，如果丢掉了就等于割断了我们的"精神命脉"。推动马克思主义基本原理同中华优秀传统文化相结合，"要讲清楚中国特色社会主义植根于中华文化沃土、反映中国人民意愿、适应中国和时代发展进步要求，有着深厚历史渊源和广泛现实基础"。"只有植根本国、本民族历史文化沃土，马克思主义真理之树才能根深叶茂。"③ 要"站立在 960 万平方公里的广袤土地上，吸吮着中华民族漫长奋斗积累的文化养分，拥有 13 亿中国人民聚合的磅礴之力，我们走自己的路，具有无比广阔的舞台，具有无比深厚的历史底蕴，具有无比强大的前进定力。中国人民应该有这个信心，每一个中国人都

---

① 习近平：《在文化传承座谈会上的讲话》，《求是》2023 年第 17 期。
② 《毛泽东选集》第二卷，人民出版社 1999 年版，第 707 页。
③ 习近平：《高举中国特色社会主义伟大旗帜　为全面建设社会主义现代化国家而团结奋斗——在中国共产党第二十次全国代表大会上的报告》，人民出版社 2022 年版，第 18 页。

应该有这个信心。"①

走具有自己特色的发展道路，还要有世界和平以及稳定的外部环境。"面对变革和动荡两种趋势持续演进，团结与分裂两种取向相互激荡，中国一如既往做世界和平的建设者、全球发展的贡献者、国际秩序的维护者。"② 1989 年 10 月邓小平会见外宾时说："我们搞的是有中国特色的社会主义，是不断发展社会生产力的社会主义，是主张和平的社会主义。只有发展社会生产力，国家才能一步步富强起来，人民生活才能一步步改善。只有争取到和平的环境，才能比较顺利地发展"。③ 与中国一贯主张的互利共赢立场不同，西方资本主义的扩张则处处打着掠夺、霸权和战争的烙印。美国的"军事—工业联合体"每年都会被《财富杂志》评定为"500强"，但这种财富光环是掩盖不了由战争支撑的巨额军费开支的血腥。一份题为《军事干预项目：1776—2019 年美国军事干预的新数据集》的研究报告表明："近年来美国越来越依赖将武力作为外交政策工具。根据瑞典斯德哥尔摩国际和平研究所的估算，美国每年军费开支约 8000 亿美元，占全球军费开支的近 40%"。④ 西方的资本主义政党都要依仗利益集团的竞选捐助，所以当他们上台之后就得不断回馈利益集团的先期资助，要么通过免税、要么通过政策扶植，而有的时候这种回馈是不计较公共利益的，甚至会凌驾于整个国家利益之上。而中国向来奉行和平共处的外交政策，

---

① 习近平：《在纪念毛泽东同志诞辰 120 周年座谈会上的讲话》，《人民日报》2013 年 12 月 27 日。

② 和音：《为人类和平与发展事业贡献中国智慧、中国方案》，《人民日报》2023 年 1 月 3 日。

③ 《邓小平文选》第三卷，人民出版社 1993 年版，第 328 页。

④ 李志伟：《冷战后美国海外军事干预愈演愈烈》，人民网，2022 年 10 月 10 日，http://usa.people.com.cn/n1/2022/1010/c241376-32542079.html。

习近平总书记指出："和平发展、合作共赢才是人间正道。"① 中国始终坚持维护世界和平、促进共同发展的外交政策宗旨，致力于推动构建人类命运共同体。② 中国特色社会主义道路是一条和平发展之路，这是建成富强民主文明和谐美丽的社会主义现代化强国的必然要求。

## 二、坚持以人民为中心的发展思想

当前，世界百年未有之大变局加速演进，新一轮科技革命和产业变革深入发展，国际力量对比深刻调整，全球性问题具有明显的公共性，是人类生存和发展的共同挑战，全球性问题日益显现出国际化的特征，全人类的共同利益的实现要求新的思维与方案。如今，资本主义世界范围还有一些所谓"历史终结论""修昔底德陷阱""中国威胁论"等错误观念，扭曲了中国同世界共同发展的愿望和合作共赢的事实。中国呼吁世界各方"应该坚持以人民为中心，提升全球发展的公平性、有效性、包容性，努力不让任何一个国家掉队"③。这体现了中国长期以来的战略眼光和负责任的国际形象。中国呼吁世界各方共同努力，实现更加公正、普惠的全球发展格局，共同促进人类社会的繁荣与进步。

人民性是马克思主义的鲜明特征。"坚持以人民为中心。人民是历史的创造者，是决定党和国家前途命运的根本力量。"④ 依据

---

① 《习近平谈治国理政》第四卷，外文出版社 2022 年版，第 78 页。
② 习近平：《高举中国特色社会主义伟大旗帜　为全面建设社会主义现代化国家而团结奋斗——在中国共产党第二十次全国代表大会上的报告》，人民出版社 2022 年版，第 60 页。
③ 《习近平谈治国理政》第四卷，外文出版社 2022 年版，第 480 页。
④ 《习近平谈治国理政》第三卷，外文出版社 2020 年版，第 17 页。

马克思主义基本原理，解决社会矛盾的"手段不应当从头脑中发明出来，而应当通过头脑从生产的现成物质事实中发现出来"①。中国在很大程度上能够摆脱"苏联模式"的束缚，走上中国特色社会主义道路，根本原因并不是中国共产党人的头脑事先有了一个新的观念，而是来源于亿万人民的伟大智慧和首创精神，以及他们在"希望的田野上"的伟大创举。中国特色社会主义道路之所以取得巨大的成功，主要原因就是改革开放充分调动了亿万人民的积极性和创造性，在这个意义上，中国共产党指导思想的彻底性发挥了重大影响。理论上的成熟是政治上坚定的基础。何谓成熟？就是"理论必须彻底"！何谓彻底？就是要抓住"人的根本"，而"人的根本就是人本身"！只有，而且必须如此，理论才能释放出巨大的能量。正如马克思说的："理论一经掌握群众，也会变成物质力量。"② 马克思主义之所以经由中国共产党在中国发挥广泛、长远的影响力，关键在于抓住了"人的根本"。就像达尔文发现有机界的发展规律一样，马克思发现了人类历史的发展规律，即"人们首先必须吃、喝、住、穿，然后才能从事政治、科学、艺术、宗教等等；所以，直接的物质的生活资料的生产，从而一个民族或一个时代的一定的经济发展阶段，便构成基础，人们的国家设施、法的观点、艺术以至宗教观念，就是从这个基础上发展起来的，因而，也必须由这个基础来解释，而不是像过去那样做得相反。"③ 马克思主义是科学的世界观和方法论，其出发点是现实的个人，归宿点是人的解放。共产党坚持马克思主义，并以最终实现人的自由全面发展为己任。中国共产党坚持以人民为中心的执政理念，是对马克

---

① 恩格斯：《社会主义从空想到科学的发展》，人民出版社 2014 年版，第 61 页。
② 《马克思恩格斯选集》第 1 卷，人民出版社 2012 年版，第 865 页。
③ 《马克思恩格斯文集》第 3 卷，人民出版社 2012 年版，第 601 页。

思主义人的学说的继承和发展，这是中国特色社会主义理论体系的深厚基础。"任何思想，如果不和客观的实际的事物相联系，如果没有客观存在的需要，如果不为人民群众所掌握，即使是最好的东西，即使是马克思列宁主义，也是不起作用的。"① 由是观之，人民作为一切实践的主体，也是经验和理论的载体，而人的解放又作为发展的终极目的与归宿，重视人民在发展中的重要地位，坚持以人民为中心，发展依靠人民是人类实践的应有之义，也是必经之路。

中国共产党自成立以来就把人民利益至上作为自己的行为准则，在各个时期都继承和发展了有关人民主体和坚持执政为民的思想。党的七大把"全心全意为人民服务"写进党章、作为我党的宗旨，并进一步进行阐述："所谓全心全意为人民服务，就是要无时无刻都紧密联系群众，无时无刻都要着眼于人民群众的利益，无时无刻都要对人民负责。"② 毛泽东强调，"共产党人的一切言论行动，必须以合乎最广大人民群众的最大利益，为最广大人民群众拥护为最高标准"③。邓小平提出了三个有利于作为评判党工作是非的得失标准，其中之一便是是否有利于提高人民群众的生活水平。他说，"党的全部任务就是全心全意地为人民群众服务"④，"我们是为人民群众的利益而工作"⑤。邓小平高度重视人民生活的改善和水平提升，指出要让改革成果使人民共享。江泽民在党的十六大报告中提出，"贯彻'三个代表'重要思想……本质在坚持执政为民"⑥，其中"三个代表"重要思想之一就是始终要代表最广大人

---

① 《毛泽东选集》第四卷，人民出版社 1991 年版，第 1470、1515 页。
② 《毛泽东选集》第四卷，人民出版社 1991 年版，第 1256 页。
③ 《毛泽东选集》第三卷，人民出版社 1991 年版，第 1096 页。
④ 《邓小平文集》第一卷，人民出版社 1994 年版，第 217 页。
⑤ 《邓小平文集》第一卷，人民出版社 1994 年版，第 250 页。
⑥ 江泽民：《全面建设小康社会，开创中国特色社会主义新局面》，人民出版社 2002 年版，第 12 页。

民的根本利益，显示了中国共产党与世界各党派的阶级立场的根本不同之处。胡锦涛提出"以人为本"的科学发展观，为中华民族伟大复兴事业提供了人民"在场"的不竭动力，提出了"权为民所用、情为民所系、利为民所谋"的重要理念。①

中国特色社会主义进入新时代，习近平总书记在党的十八届五中全会上明确提出，"坚持以人民为中心的发展思想"，这一思想就是作为对中国共产党立党为公、执政为民思想的传承与发展。"以人民为中心"是习近平新时代中国特色社会主义思想的重要内容，充分凸显出人民在党治国理政中的地位。在完成了第一个百年奋斗目标并向第二个百年奋斗目标的时刻，习近平总书记提出："江山就是人民、人民就是江山，打江山、守江山，守的是人民的心。"② 党的二十大强调，在前进路上我们必须"坚持以人民为中心的发展思想"，这是一条重要原则。以人民为中心的发展理念作为习近平新时代中国特色社会主义思想的重要组成部分，是与马克思主义基本原理与中国具体实际相结合、同中华优秀传统文化相结合的产物。党在各个时期对坚持人民为主体、以人民为中心的发展思想的贯彻也是中国共产党能踏平艰险、高歌猛进的制胜法宝。

实践已经充分证明，能否得到最广大人民群众的拥护和支持，直接关系到执政党能否有稳固的社会基础，这是任何一个执政党能否长期执政的决定性因素。③ 习近平总书记指出："在中国实行人民代表大会制度，是中国人民在人类政治制度史上的伟大创造，是

---

① 《胡锦涛文选》第二卷，人民出版社 2016 年版，第 37 页。
② 习近平：《在庆祝中国共产党成立 100 周年大会上的讲话》，人民出版社 2021 年版，第 11 页。
③ 习近平：《在庆祝全国人民代表大会成立 60 周年大会上的讲话》，人民出版社 2014 年版，第 5 页。

深刻总结近代以后中国政治生活惨痛教训得出的基本结论，是中国社会一百多年激越变革、激荡发展的历史结果，是中国人民翻身做主、掌握自己命运的必然选择。"① 美国有一家著名的皮尤调查中心，2008 年该中心就国民对国家总体状况的满意度在 24 个国家再次进行民调，结果显示中国 86% 的受访者感到满意，比排名第二的澳大利亚高出 25 个百分点；英国、法国、德国的满意度只有三成，而美国仅有 23% 的受访者表示满意。2013 年该中心的又一次全球态度调查显示，85% 的中国人对本国发展方向"十分满意"，而在美国这一数字仅为 31%。② 为什么会形成这么大反差？主要在于中国真正建立起来人民的政权，人民代表大会制度充分保障了人民的权益，中国的制度能够最大限度地维护和实现全中国人民的整体利益。而在西方世界，政治冷漠日渐呈现扩大趋势，人们普遍对投票选举出来的总统和议员不信任。美国的拉斯穆森在 2014 年秋季进行的一项民意调查显示，63% 的人认为大多数国会议员为了获得现金或竞选献金，会出卖他们的选票，并且有 59% 的人认为他们自己的议员可能已经这么做了。66% 的人认为大多数国会议员不在乎选民的想法，51% 的人甚至认为他们选区的议员不在乎他们的想法。③ 与西方的代议制民主相比，人民代表大会制度具有全面、广泛的代表性；与西方的贿选集团化相比，人民代表大会制度真正代表人民，赋予人民应有的权利。在各种民调中，人民不谋而合、不假思索地对于中国民主集中制的赞誉，对于社会主义民主生活的

---

① 习近平：《在庆祝全国人民代表大会成立 60 周年大会上的讲话》，人民出版社 2014 年版，第 4—5 页。

② 章传家、马占魁、赵周贤主编：《中国自信》，人民出版社 2016 年版，第 116—117 页。

③ ［美］罗伯特·赖克：《拯救资本主义》，曾鑫、熊跃根译，中信出版社 2017 年版，第 186 页。

参与感和满足感更是明证。

中国始终以人民为一切工作的出发点和落脚点，从顶层设计上提出了创新、协调、绿色、开放、共享新发展理念，始终以人民为统筹工作的中心，以人民为改革的动力，全面深化推动五位一体建设，努力做到发展依靠人民、发展为了人民、发展成果由人民共享，增强人民的参与感、获得感、幸福感。正如习近平总书记在达沃斯世界经济论坛 2017 年年会开幕式上向世界宣告中国改革开放的道路的要义："这是一条把人民利益放在首位的道路。中国秉持以人民为中心的发展思想，把改善人民生活、增进人民福祉作为出发点和落脚点，在人民中寻找发展动力、依靠人民推动发展、使发展造福人民。"[1] 中国式现代化关键是要维护人民根本利益，增进民生福祉，不断实现发展为了人民、发展依靠人民、发展成果由人民共享，让现代化建设成果更多更公平惠及全体人民，提升人民的参与感、获得感、幸福感。随着全球化的发展的加深，国家间的经济往来愈加频繁，利益关联度更加广泛与复杂，习近平总书记指出："不论遇到什么困难，我们都要坚持以人民为中心的发展思想，把促进发展、保障民生置于全球宏观政策的突出位置，落实联合国 2030 年可持续发展议程，促进现有发展合作机制协同增效，促进全球均衡发展。"[2]

## 三、以制度现代化带动全面现代化

实现现代化是人类文明发展的必经之路。中国式现代化是一项系统工程，包括经济现代化、政治现代化、文化现代化、社会现代

---

① 《习近平谈治国理政》第二卷，外文出版社 2017 年版，第 483 页。
② 《习近平谈治国理政》第四卷，外文出版社 2022 年版，第 486 页。

化、生态现代化等。中国式现代化十分重视通过制度现代化来推动全面现代化，它既区别于西方现代化背景下的资本主义体制，又区别于苏联模式，具有鲜明的"中国特色"，推进国家治理体系和治理能力现代化是全面建设社会主义现代化国家的客观要求。

1940 年毛泽东发表《新民主主义论》，开篇就提出"我们要建立一个新中国"①。"新中国"的"新"，不仅包括"新政治"和"新经济"，还包括"新文化"。这完全不同于近代以来"被迫现代化"的道路，是自主探索现代化的道路。新中国成立后，中国首先开始的便是对工业现代化的探索，开展了多个五年计划，大力开展了三线建设，这个时期的积累为改革开放后的社会主义现代化探索打下了深厚的基础，是推动中国式现代化生成的重要步骤。在1964 年的《政府工作报告》中我国领导人首次将四个现代化的表述明确下来，即工业现代化、农业现代化、科学文化现代化、国防现代化。并且为了实现现代化，提出了"两步走"的战略。改革开放伊始，党中央就强调，"实现四个现代化是一场深刻的伟大的革命，在这场伟大的革命中，我们是在不断地解决新的矛盾中前进的，因此，全党同志一定要善于学习，善于重新学习。"② 十一届三中全会上确定以经济建设为中心，实行改革开放，开启了我国改革开放和社会主义现代化建设的新时期。之后，邓小平在党的理论工作务虚会上第一次正式提出了"中国式的现代化"这一重大命题。党的十八大以来，中国共产党在新时代继续坚持和发展了中国特色社会主义，不断完善中国特色社会主义道路。中国依据现阶段

---

① 中共中央文献研究室：《延安时期党的重要领导人著作选编》（上），中央文献出版社 2014 年版，第 110 页。

② 习近平：《在中央党校建校 80 周年庆祝大会暨 2013 年春季学期开学典礼上的讲话》，人民出版社 2013 年版，第 3 页。

实际的发展状况提出了"两步走"战略，即从 2020 年到 2035 年基本实现社会主义现代化；从 2035 年到本世纪中叶把我国建成富强民主文明和谐美丽的社会主义现代化强国。党的二十大对新时代党和国家事业发展作出科学完整的战略部署，提出实现中华民族伟大复兴的中国梦，要以中国式现代化推进中华民族伟大复兴。[①]

全面建设社会主义现代化国家，一个重要路径即在于推进国家治理体系和治理能力现代化。习近平总书记指出："国家治理体系和治理能力是一个国家制度和制度执行能力的集中体现。"[②] 国家治理以制度为基础，中国特色社会主义制度是一个体系，如基本经济制度、人民代表大会制度、政治协商制度、一府两院制度等。总的来说，这套制度具备高度的现代性特征，而且与当今中国社会发展的历史进程也是相吻合的。有些人不断强调"没有政治体制改革，中国的未来只有死路一条"的观点，把中国改革发展面临的所有问题都极其简单化地归咎为"体制"问题，根本原因只是中国特色社会主义制度与西方资本主义制度有差别。当然，中国也承认自身的制度缺陷。邓小平在《党和国家领导制度的改革》这篇经典文献中坚定地认为，"如果不坚决改革现行制度中的弊端，过去出现过的一些严重问题今后就有可能重新出现。只有对这些弊端进行有计划、有步骤而又坚决彻底的改革，人民才会信任我们的领导，才会信任党和社会主义，我们的事业才有无限的希望"[③]。所以，如今中国共产党号召全党和全国人民必须以更大的政治勇气和智慧，不失时机深化重要领域改革，坚决破除一切妨碍科学发展的

---

① 习近平：《高举中国特色社会主义伟大旗帜 为全面建设社会主义现代化国家而团结奋斗——在中国共产党第二十次全国代表大会上的报告》，人民出版社 2022 年版，第 7 页。

② 《习近平谈治国理政》第一卷，外文出版社 2018 年版，第 91 页。

③ 《邓小平文选》第二卷，人民出版社 1994 年版，第 333 页。

思想观念和体制机制弊端，构建系统完备、科学规范、运行有效的制度体系，使各方面制度更加成熟更加定型。全面深化改革，完善和发展中国特色社会主义制度、推动国家治理体系和治理能力现代化，这是中国未来形成更大制度自信的重要前提和基础保障。

实践证明，中国特色社会主义制度和国家治理体系是以马克思主义为指导、植根中国大地、具有深厚的中华优秀传统文化根基、深得人民拥护的制度和治理体系，其强大的生命力和巨大的优越性主要体现出五个基本特性，这对世界其他民族国家推动本国制度现代化具有一定借鉴意义。

一是坚定的战略导向性。实现现代化、实现共产主义的远大理想是一代又一代中国共产党人接续奋斗的目标。为了实现这一目标，中国特色社会主义制度在其发展完善的过程中，始终坚持党的集中统一领导，坚持党的科学理论，保持政治稳定，确保国家始终沿着社会主义方向前进。中国特色社会主义最本质的特征是中国共产党领导，中国特色社会主义制度的最大优势是中国共产党领导。党政军民学，东西南北中，党是领导一切的，党是最高政治领导力量。体系是诸多系统的集成，中国特色国家治理体系是由多个系统构成的复杂系统，这一体系运转的轴心就是中国共产党，人大、政府、政协、监委、法院、检察院、军队，各民主党派和无党派人士，各企事业单位，工会、共青团、妇联等群团组织，都要坚持中国共产党领导。习近平总书记指出："历史和人民把我们党推到了这样的位置，我们就要以坚强有力的政治领导承担起应该承担的政治责任。"① 中国特色社会主义进入新时代，完成伟大事业必须靠党的领导。中国共产党人能不能打仗，新中国的成立已经说明了；

---

① 《习近平谈治国理政》第三卷，外文出版社 2020 年版，第 94 页。

中国共产党人能不能搞建设搞发展，改革开放的推进也已经说明了；但是，能不能在日益复杂的国际国内环境下坚持住党的领导，坚持和发展中国特色社会主义，还需要一代一代中国共产党人继续作出回答。

二是系统的组分层次性。作为科学制度体系，中国特色社会主义制度涵盖经济、政治、文化、社会、生态、军事和外事等多个领域，层次清楚、组分特色鲜明。这是把我国制度优势转化为国家治理效能的一个结构性前提。在经济方面，我国国家制度和国家治理体系坚持公有制为主体、多种所有制经济共同发展和按劳分配为主体、多种分配方式并存，把社会主义制度和市场经济有机结合起来，不断解放和发展社会生产力。在政治方面，我国国家制度和国家治理体系坚持人民当家作主，发展人民民主，密切联系群众，紧紧依靠人民推动国家发展；坚持全面依法治国，建设社会主义法治国家，切实保障社会公平正义和人民权利；坚持各民族一律平等，铸牢中华民族共同体意识，实现共同团结奋斗、共同繁荣发展；坚持"一国两制"，保持香港、澳门长期繁荣稳定，促进祖国和平统一。在文化方面，我国国家制度和国家治理体系坚持共同的理想信念、价值理念、道德观念，弘扬中华优秀传统文化、革命文化、社会主义先进文化，促进全体人民在思想上精神上紧紧团结在一起。在社会方面，我国国家制度和国家治理体系坚持以人民为中心的发展思想，不断保障和改善民生、增进人民福祉，走共同富裕道路。在外事和军事方面，我国国家制度和国家治理体系坚持独立自主和对外开放相统一，积极参与全球治理，为构建人类命运共同体不断作出贡献；坚持党指挥枪，确保人民军队绝对忠诚于党和人民，有力保障国家主权、安全、发展利益。面对复杂多变的治国理政新形势，中国特色社会主义制度这一科学制度体系还将不断提升系统完备性、扩展系统的组分层次，着力固根基、扬优势、补短板、强弱项。比如，实行最严格的生态环境保护制度、全面建立资源高效利用制度、健全生态保护和修复制度以及严明生态环境保护责任制度等。

三是整体的交互协同性。中国特色社会主义制度和国家治理体系，结合经济、政治、文化、社会等各领域实际工作，构建起了一整套相互衔接的根本制度、基本制度和重要制度。作为一个整体，制度体系内各个部分彼此之间不是孤立的，而是交互连通的，具有高度的协同性。中国特色社会主义制度和国家治理体系能够坚持全国一盘棋，调动各方面积极性，集中力量办大事。改革开放 40 多年来，我国先后战胜了汶川大地震等各种自然灾害；建成了三峡工程、京沪高铁以及世界上最大的电信网络等举世瞩目的项目；完成了运算速度达到每秒千万亿次的超级计算机"天河一号"等高科技项目。正如邓小平同志所指出的："社会主义同资本主义相比较，它的优越性就在于能够做到全国一盘棋，集中力量，保证重点。"① 中国特色社会主义制度和国家治理体系能够集中力量办大事的优势不断凸显，首先，是因为中国共产党的领导核心作用。习近平总书记指出："党的历史、新中国发展的历史都告诉我们，要治理好我们这个大党、治理好我们这个大国，保证党的团结和集中统一至关重要，维护党中央权威至关重要。"② 什么时候党中央有权威，党就有力量。如果党中央没有权威，党的理论和路线方针政策可以随意不执行，党就会变成一盘散沙，就会成为自行其是的'私人俱乐部'，党的领导就会成为一句空话。其次，是因为在完善我国国家制度和国家治理体系的进程中始终坚持民主集中制，将

---

① 《邓小平文选》第三卷，人民出版社 1993 年版，第 16—17 页。
② 《习近平关于社会主义政治建设论述摘编》，中央文献出版社 2017 年版，第 36 页。

党的集中统一领导与人民的积极性、主动性结合起来。在充分发扬民主的基础上进行集中，坚持党中央权威和集中统一领导，集中全党智慧，体现全党共同意志，是我们党的一大创举。这样做，既有利于做到科学决策、民主决策、依法决策，避免发生重大失误甚至颠覆性错误；又有利于克服分散主义、本位主义，避免议而不决、决而不行，形成推进党和国家事业发展的强大合力。

四是发展的自适应性。创新是民族进步的灵魂，是国家兴旺发达的不竭动力。党的十八大以来，以习近平同志为核心的党中央将理论创新作为社会发展和变革的先导，坚持以理论创新引领科技创新、制度创新、文化创新以及其他各方面创新。① 坚持改革创新、与时俱进，善于自我完善、自我发展，使社会始终充满生机活力是我国国家制度和国家治理体系的显著优势。中国特色社会主义制度和国家治理体系的形成并不是一蹴而就的，而是经历了一个根据内外部环境变化、不断发展完善自身的过程。在这一过程中，由于有实事求是的思想路线的正确引导以及民主集中制的体制保证，中国特色社会主义制度和国家治理体系实现了内外部要素与信息的交流互动，实现了自身的新陈代谢，革除了旧的、不适应环境变化的体制机制，建立起了新的体制机制，使我国国家制度和国家治理体系更加具有活力，充满动力，同时也使马克思主义理论不断丰富发展。

中国特色社会主义事业作为前无古人的开创性事业，前进道路不可能一帆风顺。事业越发展、改革越深入，新情况新问题就会越多，面临的风险和挑战就会越多，面对的不可预料的事情就会越多，马克思主义理论不是教条，而是行动指南，必须随着实践的变

---

① 肖贵清、林晨：《新时代中国特色社会主义理论与实践的守正创新》，《山东社会科学》2023 年第 5 期。

化而发展，面对快速变化的世界和中国，如果墨守成规、思想僵化，没有理论创新的勇气，不能科学回答中国之问、世界之问、人民之问、时代之问，不仅党和国家事业无法继续前进，马克思主义也会失去生命力、说服力。对此，我们必须坚持马克思主义的发展观点，发挥主动性和创造性，锐意进取、大胆探索，不断有所发现、有所创造、有所前进。我们推进全面深化改革，既要保持中国特色社会主义制度和国家治理体系的稳定性和延续性，又要抓紧制定国家治理体系和治理能力现代化急需的制度、有利于满足人民对美好生活新期待的制度，推动中国特色社会主义制度不断自我完善和发展、永葆生机活力。

五是广泛的开放包容性。制度的实质，即在于塑造人类社会关系的、稳定的秩序结构，促进人口以及各资源要素在不同层次之间的流动。我国国家制度和国家治理体系坚持德才兼备、选贤任能，聚天下英才而用之，培养造就更多更优秀人才；坚持独立自主和对外开放相统一，积极参与全球治理，为构建人类命运共同体不断作出贡献。今天，经济全球化大潮滚滚向前，新一轮科技革命和产业变革深入发展，全球治理体系深刻重塑，国际格局加速演变，和平发展大势不可逆转。人类交往的世界性比过去任何时候都更深入、更广泛，各国相互联系和彼此依存比过去任何时候都更频繁、更紧密，和平、发展、合作、共赢已成为时代潮流。马克思、恩格斯指出："各民族的原始封闭状态由于日益完善的生产方式、交往以及因交往而自然形成的不同民族之间的分工消灭得越是彻底，历史也就越是成为世界历史。"历史和现实日益证明了这个论断的科学价值。在中国特色社会主义制度和国家治理体系发展完善的过程中，开放包容性始终是其显著特性。党的十八大以来，我们始终不渝走和平发展道路，促进"一带一路"合作，推动建设相互尊重、公平正义、合作共赢的新型国际关系，积极参与引领全球治理体系改革和建设。中国特色社会主义制度的开放包容性使其在形成并不断发展完善的过程中能够不断吸收、借鉴人类文明成果。可见，中国特色社会主义制度和国家治理体系的形成发展过程并非在因循既有制度和体系下安常守故，而是在承纳衍化中不断推陈出新。①

## 四、传承与弘扬本国的优秀传统文化

马克思说，"凡是民族作为民族所做的事情，都是他们为人类社会而做的事情"②。在漫长的历史进程中，中华民族以自强不息的决心和意志，筚路蓝缕、跋山涉水，走过了不同于世界其他文明体的发展历程，创造了璀璨夺目的中华文明，为人类文明进步事业作出了重大贡献。历史学家汤因比说过："我们持续探究的对象是唯一延续至今的社会的背景。"③ 习近平总书记指出："优秀传统文化是一个国家、一个民族传承和发展的根本，如果丢掉了，就割断了精神命脉。"④ 21 世纪以来，文化对一个国家的经济、政治和社会发展发挥着越来越深刻的影响。"当今时代，文化越来越成为民族凝聚力和创造力的重要源泉、越来越成为综合国力竞争的重要因素"。⑤ 正是因为中国文化源远流长，中华文明博大精深。所以我们只有全面深入了解中华文明的历史，"才能更有效地推动中华优

---

① 徐浩然：《我国国家制度和国家治理体系优势的五个基本特性》，人民网，https://bai-jiahao.baidu.com/s？id=1651402568448162026&wfr=spider&for=pc。
② 《马克思恩格斯全集》第 42 卷，人民出版社 1979 年版，第 257 页。
③ ［英］阿诺德·汤因比：《历史研究》，上海世纪出版集团 2005 年版，第 23 页。
④ 《习近平谈治国理政》第二卷，外文出版社 2017 年版，第 313 页。
⑤ 胡锦涛：《高举中国特色社会主义伟大旗帜　为夺取全面建设小康社会新胜利而奋斗——在中国共产党第十七次全国代表大会上的报告》，人民出版社 2007 年版，第 33 页。

秀传统文化创造性转化、创新性发展，更有力地推进中国特色社会主义文化建设，建设中华民族现代文明"①。

1987 年党的十三大把我们在社会主义初级阶段的基本路线确定为"把我国建设成为富强、民主、文明的社会主义现代化国家"，这就是将"精神文明"同"经济富强""政治民主"并列为中国特色社会主义现代化建设的战略目标。党的十四大后，第三代中央领导集体坚持解放思想、实事求是、与时俱进的思想路线，立足于文化建设的新形势，提出"建设中国特色社会主义文化"这一概念和"文化是综合国力的重要标志"这一新的论断，提出党要代表中国先进文化的前进方向，这些都是我国在社会主义市场经济确立后有关文化发展战略的重大进步。2011 年 10 月 18 日，党的十七届六中全会通过《中共中央关于深化文化体制改革推动社会主义文化大发展大繁荣若干重大问题的决定》，提出"坚持中国特色社会主义文化发展道路，努力建设社会主义文化强国"。提高国家文化软实力，努力建设社会主义文化强国已经成为中国实现全方位和平发展的必然要求。

中华文明具有突出的连续性。在漫长的历史长河中，5000 多年独具特色、辉煌灿烂的中华文明，成为我们坚定弘扬中华优秀传统文化的历史依据。但近代以后，由于中华民族饱受外强侵略和凌辱，中国文化曾一度遭受否定和唾弃。一些人甚至对自己绵延5000 多年的文化传统持一概否定的态度——认为中国数千年的文明史就是一部专制史，一切都要推倒重来。但人类历史上曾经出现的四大古文明即古埃及文明、古巴比伦文明、古印度文明和中华文明，只有中华文明绵延五千多年而从未中断。这是因为中国文明有

---

① 习近平：《在文化传承发展座谈会上的讲话》，《求是》2023 年第 17 期。

强大的国家认同来支撑。纵观古代国家的形成过程，当世界绝大多数文明的氏族组织形式在私有制冲击下迅速土崩瓦解，让位于以地缘关系为基础的政治性国家之时，中国不仅没有建立在氏族部落的废墟上，反而将氏族社会"忠、孝、仁、义"的道德伦理发扬光大，成为国家组织的基本原则，开创了人类历史上独特的"家国一体"的政治形态。从古代到近现代，中国的国家体制和组织形态由先秦的分封制转向秦汉以至明清的帝国体制，到 20 世纪中期完成现代意义的民族国家构建，国人的国家观念、认同情状亦随之发生相应变化。总体来看，古代中国的政治文化传统，对近现代国人的民族国家观念、民族国家认同建构产生了深刻影响。儒家理想中的"大一统"和"伦理政治"的系列观念，明确了中国古代国家认同对象的属性及其精神特质，由此铺垫并发展出中国人民对国家认同的基本底色。中华民族是世界上唯一维系了五千年而没有中断的伟大文明，其文化传统的多样性、文化内涵的丰富性可谓世界之最。中国文化和价值是中国人骨子里的东西，怎么可能撇得干干净净！文化，说到底是一个民族心理及行为方式的长期沉淀，没有对民族文化的深刻认识，很难搞清楚我们"从哪里来、到哪里去"。在全球化和信息化的时代，中华文明不被西方文化霸权主义撼动，这也是我们始终弘扬中华优秀传统文化的历史依据。中华文明具有突出的创新性，从根本上决定了中华民族守正不守旧、尊古不复古的进取精神，决定了中华民族不惧新挑战、勇于接受新事物的无畏品格。[①]

　　与西方所提倡的所谓"普世价值"相比，中国有着悠久的文明史和截然不同的习俗传统。正如费正清在《观察中国》中指出："以人权这一新的美国宗教为例，它与文化有超过我们想象的密切

---

　　① 习近平：《在文化传承发展座谈会上的讲话》，《求是》2023 年第 17 期。

联系。在中国，人权不会成为主要教义，除非它成为和美国一样的法治社会，但这在很长一段时间内似乎难以实现。"① 在全球化进程中，中国价值和传统文化在同西方文化激烈交锋、碰撞的过程中，西方人开始对中国文化产生了浓厚的兴趣，但是文化差异所形成的张力使西方人对中国文化的心态比较复杂，他们要么排斥、要么吸收、要么皈依。无论从哪个方面看，都足以证明中国文化的感召力在增强。李约瑟曾极力主张："今天保留下来的各个时代的中国文化、中国传统、中国社会的精神气质和中国人的事事物物，将对日后指引人类世界作出十分重要的贡献"，所以他一再声明"要按东方见解行事"②。李约瑟的论断不是空穴来风，有学术良心的西方学者普遍承认，中国至少在 1500 年内在政治、经济、文化、科技等方面都全面领先于当时的西方。五千年绵延不断的历史使中国在人类知识的所有领域几乎都形成了自己的知识体系和实践传统。中华优秀传统文化建立在平等和相互尊重之上，而当今世界各族人民渴望更和平的世界秩序，因此更容易被外部世界所接受。

中华文明具有突出的统一性。显然，西方倡导的普世价值是有边界的，并非如他们宣讲得那么纯粹。与西方的种族歧视和种族不平等相比，中国倡导各民族之间平等友好相处，并通过民族区域自治制度来保障。习近平总书记指出："要正确把握党的民族、宗教政策，及时妥善解决影响民族团结的矛盾纠纷，坚决遏制和打击境内外敌对势力利用民族问题进行的分裂、渗透、破坏活动。"③ 中

---

① ［美］费正清：《观察中国》，傅光明译，世界知识出版社 2008 年版，第 2 页。
② Joseph Needham, "History of Human Values: A Chines Perspective for World Science and Technology", *Centennial Review*, 1976, XX: 1.
③ 《习近平谈治国理政》第一卷，外文出版社 2018 年版，第 203 页。

华人民共和国成立后，中国政府开始在少数民族聚居的地方全面推行民族区域自治，民族自治地方的面积占全国国土总面积的 60%以上。中国政府自第一个五年计划开始，就在民族自治地方安排了一批重点建设项目。国家通过投资建设"西气东输"、"西电东送"、青藏铁路等一批重大工程，帮助民族自治地方进一步把资源优势转化为经济优势。从 1999 年开始，中国政府相继大规模地实施了惠及所有民族自治地方的"县际和农村公路建设"等一大批交通基础设施建设，"投资近 1000 亿元人民币，新建和改造了 22.5 万公里农村和县级道路，使一些少数民族地区落后的交通条件得到了显著改善"①。如今，以广西为例的各民族地区依然立足其边疆、民族地区特点，统筹考虑区域经济社会发展、运输需求、资金筹措等因素，持续加大脱贫地区铁路规划建设力度，优化项目施工组织，扩大铁路覆盖面和通达水平。统一性决定了"中华民族各民族文化融为一体、即使遭遇重大挫折也牢固凝聚，决定了国土不可分、国家不可乱、民族不可散、文明不可断的共同信念，决定了国家统一永远是中国核心利益的核心，决定了一个坚强统一的国家是各族人民的命运所系"②。

当然，中国文化不都是宏大叙事，而是充满人情味儿的文化体系。中国人尊老爱幼的文化传承对现在的医保制度和养老制度是一种有益的补充，而在美国那种秉持个人主义的"原子化"社会，你归你，我归我，老人归老人，孩子归孩子。极度弱化了人与人之间的社会情感关系，看似讲究个人独立，是在摆脱社会关系的桎梏，实际上是削弱人的社会性，顺从人的动物本性，这是反道德

---

① 徐鸿武、李敬德、朱峻峰：《制度自信：在习近平总书记系列重要讲话精神指引下推进民主政治建设》，社会科学文献出版社 2016 年版，第 134 页。
② 习近平：《在文化传承发展座谈会上的讲话》，《求是》2023 年第 17 期。

的。你老了病了，你自己扛着，你的老伴也许可以帮帮你，但哪有什么子女尽孝道的观念？哪有什么单位领导和同事来看望慰问？多少美国公司专门找"合法"借口来解雇 50 多岁的员工，以减少自己医保和养老的负担。2013 年英国前首相撒切尔夫人去世，她的孩子声明不来料理后事，还要求外界尊重他们的隐私，这在个人权利第一的西方社会是可以理解的，但中国人有自己更为温馨的文化传承，不只是对亲缘关系的群体，也对非亲缘群体，这从中国人"群"与"和"的文化中可以看出。① 美国微软—全国广播公司网站曾经发表过一篇文章，称"我们的问题不是会计问题，而是道德问题"。当文化和精神领域趋于靡费和混杂，社会怎么能实现可持续发展？美国当代著名伦理学家、哲学家阿拉斯代尔·麦金太尔在《德性之后》一书中就指认，当代资本主义社会丢掉了自亚里士多德以来的德性传统，人类的道德已处于深刻的危机中。他认为，资本主义社会之所以陷入道德危机，表现在三个方面：第一，社会生活中的道德判断的运用，是纯主观的和情感性的；第二，个人的道德立场、道德原则和道德评价的选择，是一种没有客观依据的主观选择；第三，从传统的意义上，德性已经发生了质的改变，并从以往在社会生活中所占据的中心位置退居到生活的边缘。② 在资本主义社会大多数人只能活在由资本主导的世界中，被迫适应资本制定的剥削规则，个人解放无从谈起，谈自由仅能停留在浅显的物质层面。这种不平等适应了资本主义的目标、手段和势力。③ 在

---

① 张维为：《中国超越：一个"文明型国家"的光荣与梦想》，上海人民出版社 2014 年版，第 57 页。

② ［美］阿拉斯代尔·麦金太尔：《德性之后》，中国社会科学出版社 1995 年版，第 2 页。

③ ［美］道格拉斯·多德：《不平等与全球经济危机》，逸昊译，中国经济出版社 2011 年版，第 99 页。

全球化的巨变时代，资本主义无论从广度和深度上都在突飞猛进地扩张，与此同时，以贫富分化为主要特征的不平等也在持续拉大，由此产生了各种风险叠加的社会后果，治安混乱和道德靡费正在挑战资本主义制度的合法性。

中华文明具有突出的包容性。中国文化的丰富性也意味着中国具有海纳百川的文化包容性，可以博采众长，实现多元一体的布局。中西文化碰撞不但没有使中国人丧失文化自信，反而促进了中国人新的文化自觉。这是一种国家全方位对外开放情况下形成的文化自觉，其意义非同凡响。外国许多好东西与中国文化碰撞后，擦出的炫目的火花使得我们既有的文化不断地推陈出新。① "不忘本来才能开辟未来，善于继承才能更好创新。"② 要把中华优秀传统文化作为中华文化发展繁荣的必备条件，而且特别重视结合新的时代条件传承和弘扬好中华优秀传统文化，从而让中华优秀传统文化成为治国理政的重要思想文化资源。包容性决定了"中华民族交往交流交融的历史取向，决定了中国各宗教信仰多元并存的和谐格局，决定了中华文化对世界文明兼收并蓄的开放胸怀"③。

中华文明具有突出的和平性，从根本上决定了中国始终是世界和平的建设者、全球发展的贡献者、国际秩序的维护者，决定了中国不断追求文明交流互鉴而不搞文化霸权，决定了中国不会把自己的价值观念与政治体制强加于人，决定了中国坚持合作、不搞对抗，决不搞"党同伐异"的小圈子。④

---

① 张维为：《中国震撼：一个"文明型国家"的崛起》，上海人民出版社 2011 年版，第 69 页。
② 《习近平谈治国理政》第一卷，外文出版社 2018 年版，第 164 页。
③ 习近平：《在文化传承发展座谈会上的讲话》，《求是》2023 年第 17 期。
④ 习近平：《在文化传承发展座谈会上的讲话》，《求是》2023 年第 17 期。

　　西方资本主义国家一直妄想利用其强大的经济技术和文化优势主导世界文化，使其他国家的民族文化被其意识形态、价值观念、生活方式等方面所同化，这种世界文化一元化、霸权化的企图和做法都是后发现代化国家必须警惕和排斥的。中国主张世界文化的多元化，承认文化之间的差异并且主张文化生而平等，保持各民族文化的独立性格和特点，强调多种文化之间互相尊重，平等共存，从而让东西方文化日益走向交流、形成良性互动。

# 后 记

　　本书是内蒙古自治区党委宣传部组织出版的"五个必由之路"研究丛书之一。由中共中央党校（国家行政学院）科学社会主义教研部梁波教授负责统筹提纲论证和全书统稿工作，参与者均是中共中央党校（国家行政学院）科社部以及高等院校的相关领域的研究人员。全书写作分工如下：

　　第一章由梁波、刘涵撰写；第二章由何海根、李宜佳撰写；第三章由汪赛撰写；第四章由张源撰写；第五章由张冠玉撰写；第六章是由刘春海撰写；第七章由刘晓君、朱笑爽撰写；第八章由孙良瑛撰写；第九章由刘玮焕撰写；第十章由李文良、李志博撰写；第十一章由徐浩然、黄英撰写。

　　本书的编写是在内蒙古自治区党委宣传部成立的丛书编委会的大力支持下完成的，得到了中央党校（国家行政学院）科研部洪向华教授的统筹指导，在此致以衷心感谢。

编　者

2024 年 7 月

责任编辑：洪　琼

**图书在版编目（CIP）数据**

中国特色社会主义 ：实现中华民族伟大复兴的必由之路 / 梁波主编. -- 北京 ：人民出版社，2024. 8. （"五个必由之路"研究丛书 / 洪向华主编）. -- ISBN 978－7－01－026657－2

Ⅰ. D616

中国国家版本馆 CIP 数据核字第 2024UW9503 号

**中国特色社会主义**
ZHONGGUO TESE SHEHUIZHUYI

——实现中华民族伟大复兴的必由之路

梁　波　主编

**人民出版社** 出版发行
（100706　北京市东城区隆福寺街 99 号）

北京汇林印务有限公司印刷　新华书店经销

2024 年 8 月第 1 版　2024 年 8 月北京第 1 次印刷
开本：710 毫米×1000 毫米 1/16　印张：18.5
字数：290 千字

ISBN 978－7－01－026657－2　定价：79.00 元

邮购地址 100706　北京市东城区隆福寺街 99 号
人民东方图书销售中心　电话（010）65250042　65289539